本译作得到上海高校高峰高原学科建设计划资助，并作为国家社会科学基金项目（18BZX055）“《阿尔贝特·施韦泽哲学—伦理学文集》翻译及研究”的阶段性成果。

Ara Paul Barsam

敬畏生命

——阿尔贝特·施韦泽对伦理思想的伟大贡献

〔美〕阿拉·保罗·巴萨姆 著　黄素珍 译

上海人民出版社

前　言 v

施韦泽的形象自小就笼罩着我。在我父亲的书房里，在一堆医疗器械中，壁炉架上最重要的位置摆放着这位伟大医生的照片。记得在孩提时，我对施韦泽那严厉的面容感到深深的敬畏，尤其是他浓密的胡子和深邃的目光。直到稍年长后，我才开始认识这张照片下面的文字，但当时还不理解它们的意思："敬畏生命为我提供了最根本的道德原则。"

多年后我搬到牛津大学曼斯菲尔德学院，住在一个小书房里，我仍浑然不知施韦泽就在这个小书房写下这句话。正是在曼斯菲尔德学院，他发表了主题为"欧洲哲学中关于世界伦理观的斗争"的戴尔系列讲座[1]，后来这些讲座公开出版，书名为《文明的衰落与重建》(*The Decay and Restoration of Civilization*)和《文明与伦理》[*Civilization and Ethics*，作为《文化哲学》(*The Philosophy of Civilization*)* 第1卷和第2卷]。施韦泽在这个书房撰写他的德语手稿，随后在校园另一端的教室里用法语发表演讲。因此，施韦泽首先在曼斯菲尔德学院的学术环境中公开阐述他的敬畏生命(*reverence for life*)伦理学思想。

在接下来的5年里，我深入研读施韦泽的著作，跟随他的足迹去过欧洲和非洲——还应该补充一点，这期间偶尔有曼斯菲尔德教堂的风琴声帮助着我(施韦泽本人在1922年到访时弹奏过这架风琴)。在这个旅程中，施韦泽成了我不可缺少的同伴和导师。

正当我沉浸到施韦泽的思想世界中，那些对他的生活和思想的大量误解越来越令我感到沮丧——必须说的是，那些误解持续地塑造了 vi

* 该书标题的中文译名采用已出版的译著，参见[法]阿尔贝特·施韦泽：《文化哲学》，陈泽环译，上海人民出版社2017年版。——译者注

对施韦泽形象揣测性的学术判断和流俗看法。不管施韦泽有什么局限——我也无意掩饰这一点——不得不说的是，当我们把这些误解搁置一边，呈现出来的则是一位卓越不凡的人，他完全称得上是20世纪的道德巨人。

施韦泽同时也是一位名副其实的知识分子。确实，他的学术造诣经常被其辩护性目标所伤(或得到提高，这取决于个人立场)，特别是他渴望颂扬宗教和神学洞见。此外，他著述的范围囊括了哲学、神学、音乐和医学，这使得他成为少见的文艺复兴时期的全能学者。所有这些都足以证实他从事的是严肃的理智研究，但他的思想还蕴含更多东西。也就是说，他敬畏生命的观念越来越具有伦理和实践上的重要性。施韦泽大约会对此感到很满意，因为他把敬畏视为拱顶石般的贡献，并且最希望这个观念得到世人的铭记。

在这些旅程中，我受惠良多。基思·沃德(Keith Ward)是一位富有洞见的评论家，多年来他一直支持我的项目。在我撰写这本书的整个过程中，我要对安德鲁·林基(Andrew Linzey)和我的学术切磋表示极大的感激，这为该书得以付梓助益甚大。彼得·J.韦克斯勒(Peter J.Wexler)在他去世前不久批判性地审阅了整部手稿，我深深受益于他渊博的逻辑和语言学知识。他的辛勤工作让我得以从一个全新的视角思考施韦泽的遗产，并让我意识到施韦泽和我自己研究的不足。很遗憾的是，他已经无从知道他的影响力引向了何方。

我也要衷心感激我家人的支持，以及深深感念我的祖父母，他们在一个新世界的和平之旅中已经孕育了我自己的和平之旅。

注　释

[1] Elaine Kaye, Mansfield College, *Oxford*: *Its Origin*, *History*, *and Significance* (New York: Oxford University Press, 1996), 179.

目录

导　论 ix

施韦泽认为，敬畏生命的观念降临在他身上，犹如一个“意想不到的发现，就像在紧张思绪之中突然出现的启示”。 他描述他如何在一只小小的蒸汽船上苦苦思索，而此时小船在旱季的奥戈维河上缓慢地逆流而行，艰难地驶向一段漫长的旅程，

> 努力寻找我在任何哲学思想中都没有发现的基本和普遍的伦理概念。为了能够集中于这一问题，我逐页写着并不连贯的句子。两天过去了。在第三天傍晚，日落时我们穿过一群河马，这时，我的脑海中突然闪过一个概念：“敬畏生命”，我还从未听过和读到过这个词。铁门终于打开了。灌木丛中的小路清晰可见。[1] *

这个过程是否如此简单，施韦泽是否发现了迄今没有在任何哲学思想中发现的概念，这些成了争论未决的问题。 但不存在异议的一点是，他确实揭示出和有力阐述了一个在他去世后在伦理学和社会中

---

* 参见[法]阿尔贝特 · 施韦泽：《敬畏生命——五十年来的基本论述》，陈泽环译，上海人民出版社 2017 年版，第 6 页。 根据英文原文在中译文基础上略作修改。 ——译者注

越来越产生共鸣的观念。

观念并非凭空产生的。在奥戈维河上，呈现在施韦泽面前的犹如一刻看到直接光照的体验，但在这个观念背后是一个交织着哲学与
x 宗教的复杂的思想史。这本书的论证在于，为了牢牢把握敬畏生命这一概念，我们需要奋力探讨这份精神遗产。所有伟大的思想家都站在巨人的肩上，施韦泽就是这样一个典范。

另一些人则反过来站在他的肩上。雷切尔·卡森(Rachel Carson)于1962年出版的《寂静的春天》(*Silent Spring*)被视为当代环境运动的开端。卡森把这本书献给施韦泽，她在书的开头引用了施韦泽这句话："人类已经丧失了预见和预先制止灾难的能力。人类必以毁灭地球为结局。"[2]当卡森在1963年获得施韦泽奖章，她以施韦泽的口吻对她的工作做出如下总结："重要的是人与所有生命的关系。"在她的书房中央，有一张施韦泽的题字照片(以及一封褒扬《寂静的春天》的贡献的感谢信)。根据卡森的管家艾达·斯普露(Ida Sprow)所言，这是她"最珍爱的财产"[3]。

卡森和其他人在施韦泽身上发现了一种更广泛的生态伦理的灵感，这并不令人感到奇怪。他是以生命为中心伦理学(*life-centered ethics*)的先驱——用现代术语来说——他预见了当代环境和动物问题。他一再提醒人们注意，作为对世界理性批判，以人为中心的思想是不充分的，并寻求扩展伦理的范围，以囊括对一切生命形式的关怀。因此，把施韦泽的遗产缩小到任何一个当前关切的问题上，这是错误的。相比这些关切，他以生命为中心的伦理学范围更广泛，横跨了从安乐死到动物实验，再到核试验等广泛的生命议题。

我们之所以要费力挖掘施韦泽的思想，理由在于通过阐明他的思想的起源和发展，我们可以更近距离地评价敬畏生命对当代伦理学关切的问题所做出的贡献。尽管施韦泽以生命为中心的伦理学的开创

性贡献经常被忽视，以生命为中心的伦理学——在最广泛的意义上——已经在道德议程上得到持续的蓬勃发展。施韦泽不仅把这个议题提上议程，最重要的一点是，他还为这些洞见提供了哲学和神学的基础。需要着力克服的一点是，在敬畏这一整个概念中存在着根深蒂固的宗教—哲学的维度；不仅如此，还包括神秘的维度，施韦泽在他的著作和实际经验中都有所表达。

然而，要理解施韦泽的思想，诸多问题之一就是不能对他进行简单的概念化。他是一位博学多才的人物：《圣经》学者、音乐家、医生、哲学家和神学家。他因《寻找历史上的耶稣》（*The Quest of the Historical Jesus*）一书而在神学界得到纪念；或因在非洲的医疗援助使命，或因对巴赫音乐的解释而得到更广泛的大众的铭记。但施韦泽认为他最有意义的贡献是他的敬畏生命伦理学（*Ehrfurcht vor dem Leben*），他也最希望这一贡献能够为世人所怀念。

在这本书里，我们将跟随施韦泽，在他曾经逗留过的各种不同的 xi
智性世界里展开一段旅程——哲学的、神学的和宗教的——这些对敬畏生命观念的起源起到至关重要的作用。必须承认的是，对许多读者来说，其中有些领域比他们所设想的显得更陌生，甚至更深奥难懂。但施韦泽并不是一个神秘主义术士，他所有的智性活动之旅最终都导向在奥戈维河上那决定性的一刻。

施韦泽的伦理观同样激发了各种各样的矛盾反应。他的思想似乎被夹在支持者和批评者之间，支持者主张掩盖他思想中的矛盾，批评者则认为他的遮阳帽象征着他的伦理思想已经过时了。马格努斯·拉特纳（Magnus Ratter）的书曾被传记作家乔治·西维尔（George Seaver）称赞为“毫无疑问是对施韦泽的生平和思想最全面、最深入的研究”[4]，但他的这番话几乎完全流于对施韦泽的过分赞美：

> 期待后代的裁决，为一位活着的人带上光环，这等同挑战这个世界：而我们就是要挑战它。……敬畏生命让个体的精神生活变得深刻，并具有创造理想社会的力量。[5]

这种浪漫英雄主义通过宣传他的公众形象，而忽视了他思想的根源和其中一些矛盾，从而妨碍了我们严肃参与到施韦泽的思想之中。

在反对者一端，极端看法更为突出。在当代神学和哲学文献中，到处充斥着拒绝把施韦泽视为伦理学家的声音。敬畏生命被认为包含随机的决定[查尔斯·伯奇(Charles Birch)和小约翰·B.科布(John B.Cobb，Jr.)]，坚持所有生命在道德上的不可侵犯性[埃米尔·布伦纳(Emil Brunner)和保罗·蒂利希(Paul Tillich)]，是站不住脚和不切实际的[布伦纳和汉斯·雷瑟岗(Hans Leisegang)]，在神学上是不充分的[卡尔·巴特(Karl Barth)]，只是纯粹哲学的[D. E.洛夫斯(D.E. Rölffs)]，不符合《圣经》原意[奥斯卡·卡尔曼(Oscar Cullmann)和彼得·福格尔桑格(Peter Vogelsanger)]，是不自洽的(卡尔曼和福格尔桑格)，泛神论的(布伦纳)，有悖基督教教义的[詹姆斯·达恩(James Daane)、加百利·朗费尔特(Gabriel Langfeldt)和约翰·米德尔顿·莫瑞(John Middleton Murry)]，是信奉生命共同体的"一神论"[H.莱因霍尔德·尼布尔(H.Reinhold Niebuhr)]，是不充分的末世论[尤尔根·莫尔特曼(Jürgen Moltmann)，巴特和卡尔曼]。正如人们从他们的语调中可以猜到的，这样的批评建立在假定的前提之上，并掺杂了不少成见。

这些极端观点，事实上包括所有先前的著作都有一个共同点：这种或另一种形式的偏向性。这听起来可能有点令人惊奇，但之前对施韦泽的著述汗牛充栋的研究中，没有一项研究对施韦泽的伦理观进行过完整的考察，也没有分析导向他发展敬畏生命所受到的神学、哲

学、伦理和个人因素的影响。以往的学术界要么是在没有充分的批 xii
判性分析的情况下，重复他的术语和观点；要么在大多数情况下，仅仅根据他的一小部分文献，尤其是他的哲学著作来评价他的敬畏生命的思想。这种做法导致了不可避免的误解。例如，像许多评论家和批评者所做的那样，忽略施韦泽思想的神学方面，必然意味着完全曲解他的整个伦理思想。总而言之，之前对施韦泽思想的研究仍然留下许多有待发现的空白领域。

研究施韦泽存在几个障碍，尤其是如何才能最好地对他的事业进行分类这一问题。施韦泽是一个神学家，抑或是一个哲学家？他承认，他的特点在于不对“宗教和哲学思考做出截然分明的区分”[6]。他认为这两门学科是密不可分的，并认为接受（更不用说假设）神学和哲学属于两个不同的领域，有着不同（如果不是不相容的话）的词汇和推理模式的这一做法不会带来任何助益。确实，他的智性事业可以被看作是一个长期的尝试，即让传统上被区分为两个领域的学科达至互动共鸣。但值得注意的是，施韦泽试图把这两门学科结合起来，却让人认为他对这两门学科都没有做出实质性的贡献。不出意料，当施韦泽被看作是一个哲学家，他就经常被指控为了宣传他的宗教观点而滥用哲学；而当他被看作是一个神学家，他就被指责将基督教贬低为中立的、非神学的概念。但如果有谁要为这个问题负责，那就是施韦泽本人，以及对他的思想的诠释者们。

施韦泽努力以“中立的”、哲学化的语言阐释他的伦理思想，这虽然出于良好的意图，但也缺乏远见，事实上，这个做法只获得短暂的成效。他使用 19 世纪的哲学术语，再加上他的写作风格好辩而宏大，这让他对现代读者来说显得有些陌生。因此，他遭受误解和忽视就不足为奇了。约翰·埃弗雷特（John Everett）在 1966 年讨论施韦泽思想的会议上进行辩论：“很有可能阿尔贝特·施韦泽无法在当今美国任何一所著名大学找到教授哲学的工作。根据当今许多学术界哲学家的观点，施韦泽的著作属于文学系里的诗歌领域，如果他的著作确实能够属于一所大学的话。”[7]

哲学让理解施韦泽的思想进退两难。神学也不知如何处理施韦泽的思想。他为什么在一些作品中集中探讨基督和圣灵，但在其他时候却连上帝都甚少提及？他的作品缺乏一种简易明了的系统化的、教条的或忏悔式的神学，这让他成为神学界里的漫游者。

施韦泽未能认真考虑还有其他原因。他的作品即便不存在明显的矛盾，也给读者带来许多令人望而生畏的模棱两可之处：他的伦理
xiii 思想既表现为理性的（*rational*），却又是神秘的（*mystical*）；既是普遍的（*universal*），却又是主观的（*subjective*）。不论他认为自己的伦理思想如何根本（*elemental*），他的道德推理往往缺乏系统性，这令人深感不安。同时，他的大多数重要的作品要么不久前才被翻译成英文；要么发表在鲜为人知，甚至深奥难懂的期刊上。要对施韦泽的思想进行严肃的探讨充满了诸多障碍，但这些障碍可以通过对他的著作进行详细分析而得以克服。

据说，没有元伦理学就不会有伦理学；施韦泽会说这话太对了。施韦泽所使用的哲学平面图——尤其是叔本华和尼采关于意志（*will*）的形而上学——将在第1章“寻找施韦泽的新旅程”中探讨，这一章旨在理解施韦泽把生命的特质描述为生命意志（*will-to-live*）。此外，鉴于之前的评论家集中探讨施韦泽的敬畏生命，把它理解成在哲学伦理学传统中的一种理论，这一章将证明施韦泽的神学为他的伦理神秘主义（*ethical mysticism*）提供了基础，而这一基础迄今还没有得到深入的识别。

深入探讨“敬畏”这一观念，而非将其视为一个边缘主题，这要求我们处理神学和伦理学的一些前沿议题。鲜有神学家对施韦泽的

作品提供详细的分析。 但其中有两位20世纪神学家卡尔·巴特和埃米尔·布伦纳，他们既赞扬也批评敬畏生命的观念。 第2章“通往入口的对话”将处理他们对施韦泽伦理神秘主义的评论和反对意见。虽然他们都持有批判性的观点，但都支持施韦泽关于伦理学话语中缺乏对非人类生命的关切这一观点，甚至采用了施韦泽的一些洞见。尤其能够说明问题的是巴特对“敬畏”概念的探讨：他在神学方面对“生命的命令”的讨论显示了施韦泽以哲学术语表达的关键概念，并由此将施韦泽从学术边缘带到了神学的中心。

这个诱人的可能性在于，虽然施韦泽的观点披着哲学和神学的外衣，但他最初所欣赏的洞见来自印度的伦理思想，尤其是耆那教的传统，第3章“印度之旅”将揭示这一点。 与施韦泽创立了“还没有在任何哲学中发现的”伦理概念这一主张相反[8]，施韦泽很明显受到耆那教伦理思想中不杀生主张(ahimsā，非暴力，不伤害)的很大影响。 同样值得注意的是施韦泽对不杀生主张的分析，以及他与耆那教伦理思想之间密切的亲缘关系。

施韦泽对耶稣末世论的投入是他使用敬畏理念克服两个难题的首要关切，敬畏将要克服人类社会中伦理的迷失(他通常称为“文明的衰落”)与生命面临自然世界时和自身分裂的“骇人戏剧”。[9]尤其以捕食行为呈现的自然主义是一条道德的死亡之路。 因此，伦理学 xiv
为了自身的繁荣，需要一种超自然主义的，或更准确地说需要一种末世论的框架。 第4章“追寻上帝的国”将探讨近来发现的施韦泽在兰巴雷内发表的布道，表明他认为末世论的发现对于伦理学本身的重新发现如何必不可少。 换句话说，没有对另一个更好世界的希望，我们就难以在这个世界里识别出伦理动机。 但这并非简单的空洞希望；它具有被施韦泽称为基督神秘主义(*Christ-mysticism*)的道德赋能的作用。

施韦泽的兴趣不在于神秘主义本身，而是伦理神秘主义，即神秘主义被引向对其他受苦生命的服务。基督神秘主义提供了通往服务他人的新生活的入口，并预示了全新的创造性。第5章“认识‘一个未知领域’”则展现了对施韦泽而言的末世论和神秘主义之间的有机关系，尤其在他关于实践末世论（*practical eschatology*）这一观点中，这预示了巴特以末世论激进主义所表述的道德生活，或更新近的尤尔根·莫尔特曼在希望神学中对这个概念的使用。

普遍认为敬畏已经在兰巴雷内消逝了，但与这一观点相反，尤其是以自由主义新教与过程神学形式呈现的现代神学一直被认为受惠于施韦泽的思想。保罗·蒂利希生动地表白道：“从我的学生时代开始，在我的一生中[施韦泽都与我同行]。”约翰·科布和查尔斯·伯奇在发展他们的“生命伦理”的过程中，把施韦泽视为“20世纪西方一位伟大的思想家，他严肃对待所有生命的价值”，并承认他的敬畏生命“对其他人具有广泛的影响”。[10]第6章“重新发现兰巴雷内”将为施韦泽对生命伦理学持续不断的争论所做出的贡献打下基础。

在最后一章“寻找之旅在继续”，我们直接面临施韦泽的伦理思想对当代神学和伦理学提出的挑战。其中最主要包括：对生命价值本身的神秘理解；把一个人对生命的态度视为伦理学的检验标准；对受苦生命的敏感性。我们从施韦泽的概念中所学到的就是“敬畏”这一术语本身不能单独成立。尽管这可能是施韦泽个人历史上的一个启发时刻，但真实情况是对生命价值的认识几乎完全取决于哲学，尤其是宗教的其他预设。只有诉诸生命本身以外的事物，我们才能建立或真正守护生命的价值。施韦泽强调，伦理学不是也不可能是一套自成一系的话语。生命的价值并不是我们可以通过常规的推理方式发现的关于这个世界的另一个事实；与之相反，生命即真理，它可以也应该通过神秘的直觉而得到恰当的领悟。正是这种对生命价值的神秘领悟才产生了施韦泽在奥戈维河上的启发时刻，也成为了他自己的人生见证。

注 释

[1] Albert Schweitzer, *Out of My Life and Thought*: *An Autobiography*, trans. Antje Bultmann Lemke(New York: Henry Holt & Company, 1990), 154—155. 此后引用为 *OMLT*。

[2] Rachel Carson, *Silent Spring*(New York: Houghton Mifflin, 1962), v.

[3] Linda Lear, *Rachel Carson*: *Witness for Nature*(London: Allen Lane, 1997), 438, 440.

[4] George Seaver, *Albert Schweitzer*: *The Man and His Mind*(London: A. & C. Black, 1947), 305.

[5] Magnus Ratter, *Albert Schweitzer*: *Life and Message*(Boston: Beacon Press, 1950), 232.

[6] Schweitzer, in Oskar Kraus, *Albert Schweitzer*: *His Work and His Philosophy*, trans. I.G. McCalman(London: A. & C.Black, 1944), 171.

[7] John Everett, "Albert Schweitzer and Philosophy," *Social Research* 33, no.4 (Winter 1966):513.

[8] *Out of My Life and Thought*: *An Autobiography*. Translated by Antje Bultmann Lemke(New York: Henry Holt & Company, 1990), 185.

[9] *The Philosophy of Civilization*. Vol.1, *The Decay and Restoration of Civilization*. Vol.2, *Civilization and Ethics*. Translated by C.T. Campion(New York: Macmillan, 1950; reprint New York: Prometheus Books, 1987), 312.

[10] *Liberating Life*: *Contemporary Approaches in Ecological Theology*, ed. Charles Birch, William Eaken, and Jay B. McDaniel (Maryknoll, N. Y.: Orbis Books, 1990), 148.

3 # 第1章　寻找施韦泽的新旅程

我们不应该把施韦泽视作基督徒。这至少是著名的挪威精神病学家加百利·朗费尔特的观点，他在施韦泽于1954年在挪威获得诺贝尔和平奖后撰写他的研究成果。朗费尔特得出结论："把阿尔贝特·施韦泽称为基督徒没有什么意义"，因为他"从哲学的观点看，无法信奉任何一种宗教"。遗憾的是，不止朗费尔特一个人持有这个观点。D.E.洛夫斯同样总结道："我们在这里处理的是一个纯粹的哲学伦理学……施韦泽的'敬畏生命'完全不能被归于宗教的统治之下。"奥斯卡·克劳斯(Oskar Kraus)是施韦泽的一位私人朋友和布拉格大学的哲学教授，他把施韦泽归为一个"不可知论者"。杰克逊·李·艾斯(Jackson Lee Ice)不仅质疑施韦泽的有神论，还否认他在神学家团体中的地位，具有讽刺意味的是，他一度被认为是杰出的施韦泽研究者，他认为："如果施韦泽真的能够被称为神学家，那么它或多或少被用作一个荣誉称号，一个对制度化基督教的内部圣所做出的杰出服务的褒奖。……[对施韦泽来说] 不是上帝或基督，而是人类和生命才是重要的。"[1]这些误解流传甚广，甚至在学术界尤其广受推崇。

这些评论家大多集中探讨敬畏生命，将其视为施韦泽在《文化哲学》一书中详细诠释的一种哲学伦理学。他们的关注点过于狭隘，局限于某一类学术领域和某一本著作，这导致他们的批评存在严重的错误解读。因为施韦泽在《文化哲学》中谨慎地避开提及他的基督信仰(作为一个策略)，例如，避免提及上帝，而是以无限的生命意志 4
(*infinite Will-to-Live*)和普遍的生命意志(*universal Will-to-Live*)作为替代。对那些并不熟悉他的其他著作的人来说，施韦泽这种做法的意义必然是难以觉察的。我们将回到这个意义上来。

正如我们所见，施韦泽对术语的选择很大程度上让评论家相信他是一位无神论者或不可知论者。这一学派的观点极为有力，以至于给人留下这种印象，认为这个问题已经解决，新发现的文献材料也不会添加什么了，包括施韦泽分别于 1900—1913 年、1918—1921 年在法国斯特拉斯堡圣尼古拉教堂发表的几次布道。[2]但在他的布道、书信和其他作品中，不难发现有许多段落提出与之相反的证明。

施韦泽布道辞的出版进一步揭示了他很重视布道时自己对基督信仰的理解，或许这是最受评论家所忽视的施韦泽公共生活的方面。他认为布道是他“存在”的“一种必要性”，并且对以布道形式对待“生命最深刻的问题”感到“非常奇异”。[3]为了本研究的目的，最重要的一点是，这些布道阐明了敬畏生命的一些神学基础，而这些神学因素隐含在施韦泽的哲学思想中。在某种程度上，未能考虑到这些文本证据是可理解的：其中某些布道才出版没多久，而许多其他的神学著述由于发表在一些鲜为人知的杂志或期刊上，人们并不容易获得。

把敬畏生命严格理解为一种哲学伦理学，这确实容易招致误解和批评。在那些仅仅基于《文化哲学》这本书就展开批评的学者中，我们可以提到埃米尔 · 布伦纳和卡尔 · 巴特。作为神学家，他们将施韦泽的伦理观总结为“在神学上是不充分的”[4]，这并不令人感到奇怪。从哲学的立场理解敬畏生命与从神学视角理解这一观念，两者的区分在本质上是显而易见的：在神学伦理中，一个或多个前提均基于宗教信仰或教义。本章将证明施韦泽的基督论对他的伦理神秘主义提供了至今还没有被充分认识的基础，并且与上述学者的观点相反，他的敬畏生命伦理观应该被理解成神学性质的。

神秘主义：伦理学的盟友抑或敌人

施韦泽的概念伦理神秘主义（*ethische Mystik*）概括了他关于道德和精神性是密不可分的信念。“神秘主义绝不能被认为因其本身而存在。……这样的神秘主义不是伦理学的盟友而是敌人。只为自身而存在的神秘主义是失去味道的盐。”[5]就像许多人对神秘主义的理解一样，施韦泽把神秘主义理解成一种内在的体验，与对外部世界的关切无关。神秘主义让人“走在通往内在的灵性之路，而非通往充满活力的伦理之路”[6]。相反，伦理（*ethical*）神秘主义将是积极参与世界事务的（唯一）途径，并由此通往与无限存在者（*infinite Being*）的神秘结合之路。施韦泽重新诠释了神秘主义的目的，使其有能力产生更高的伦理意识，从而实现自身与神圣存在者的神秘结合。

但施韦泽对神秘主义特征的刻画反过来成了困惑的根源。尽管施韦泽的部分作品带有神秘主义的性质，但它们不像大多数其他神秘主义者一样，主要提供对个人体验的描述性记录。他的作品对神秘主义在伦理学和社会中的作用提供了许多反思，这有别于个人对神秘主义体验的关注。正如他所理解的那样，神秘主义不是指个人通过祈祷或冥想而获得的体验，而是指通过把外在活动与内心生活统一起来而获得的体验。伦理神秘主义意味着人与其他生命之间的积极关系，与神圣存在者的结合很大程度上是通过与生命的互动来实现的。

他相信这种积极的、基于伦理的神秘主义消除了通常与神秘主义有关的被动性和消极性问题。

施韦泽反对人类与上帝之间泛神论或一元论的认同。对他来说，一元论意味着意识的丧失，包括个体不加区分或限制而与神圣存在者融为一体。这种认同的“巨大危险”在于，它意味着“自身的一种终结”。这种被动性难以令人满意，因为正是“伦理的存在”，而非与神圣存在者的被动和谐，才被认为是“精神的最高显现（manifestation）”[7]。神秘主义因此被视作“只有当它合乎伦理时，它才具有价值”[8]，他还拒绝一切不导向行动的精神形式。“在对世界的沉思中我们不会找到伦理的、活生生的上帝”[9]，相反，个人与神圣存在者的连接主要是通过参与到生命的共同体的活动，而不是通过严格意义的思想活动。施韦泽所提出的信仰理论不是关于知识的实现，而是关于实践的实现。人类要找到一种神秘主义，它既能激发道德行动，又能从行动中获得力量，同时也能使一种根植于神秘体验的伦理变得更丰富：

> 只有通过无限存在者的各种显现，也只有通过我与之建立关
> 系的存在之显现，我的存在才与无限的存在者建立联系。我的存
> 在对无限存在者的奉献意味着我的存在对所有存在之显现的奉 6
> 献，它们需要我的奉献，并且我有能力为之献身。
>
> 我的范围只是无限存在中一个无限渺小的部分。……但是，通过把我自己奉献给那些在我的影响范围内，并且需要我的存在之显现，我把对无限存在在精神上的内在奉献变成现实。[10]

“存在之显现”即世界上各种形式的生命（就生命这个词最充分的意义而言）。概而言之，施韦泽武断地认为，只有通过与其他生命的互

动，人才能与神圣存在者结为一体。

这个观点与其他许多形式的神秘主义有两大不同。首先，它保持着一种“我—你”的关系，把人与神圣存在者的统一和区分结合起来。这样的观点并不主张造物主与世界所显现的生命之间构成对立关系；与之相反，它源自这样一个观念，上帝创造这个世界的同时，通过世界而显现自身（“无限存在者的所有显现”），并意愿人类参与到世界的活动中。第二，这个观点引入了人类、非人类生命和无限存在者之间相互依赖的关系——这种神秘主义不仅为了达到精神性目的，还旨在达到更高的伦理目的。

作为教育者的叔本华

施韦泽的伦理神秘主义，实际上几乎他的整个形而上学，都源自对这个关键概念生命意志（*Wille zum Leben*）的反思。“关于伦理，最根本的是要认识到，它是我们生命意志的体现。”[11]这个概念是敬畏生命的核心，正如施韦泽相信神秘的结合发生在意志之中。除了生命意志之外，还有其他三个关键的哲学概念：

(1) 无限的生命意志

(2) 爱的意志（will-to-love）

(3) 无限的爱的意志（infinite will-to-love）

正如我们看到的，这些概念不仅是哲学概念，也是神学概念。

在施韦泽的形而上学中，叔本华在哲学上对他的影响最大。施韦泽或许不会把自己称为叔本华主义者（或任何这个领域暗示的名

称)，相反，他对叔本华哲学的许多方面提出了批评意见。 但他愿意 7
承认叔本华为他自己的哲学工作奠定了基础。 确实，正如我们将在下文所见，施韦泽受惠于叔本华，可能比他自己承认的还要多。 因此，为了把施韦泽放置于他的知识背景中，我们需要转向叔本华，以了解施韦泽所使用的哲学平面图和赋予他的体系生命力的具体争议点。 对这些争议点的强调与《文化哲学》中的要素相呼应，并对叔本华思想的优缺点做出分析，是证明施韦泽观念合理性的必要前提。

阿尔布雷希特 · 迪勒(Albrecht Dihle)说道："哲学史中普遍承认，从早期的经院学者到叔本华和尼采，许多哲学理论都使用意志这一概念作为分析和描述的工作，而这一概念最早由圣奥古斯丁发明。"[12]迪勒认为，奥古斯丁发展意志(*voluntas*)这一概念是为了在他的神学和人类学之间建立关联，让意志的力量成为个人对神圣意志的反映。 从奥古斯丁的沉思中形成了人类意志这一概念，它"先于并独立于理智的认识活动，同时与感性的、非理性的情感存在根本性的区别，通过人类意志，人可以回应神圣意志难以言传的话语"[13]。

叔本华和随后的施韦泽扩展了意志这一概念的范围：意志不仅仅在人类身上出现，而且体现为整个生机勃勃的世界(甚至超越这一范围)。 叔本华论证道，与直觉相悖的是，意志存在于整个自然之中："斯宾诺莎说，如果一块被抛到空中的石头有意识，它就会想象自己在自由飞翔。 我只补充一点，石头是对的。"[14]施韦泽(和尼采)提出类似的主张。[15]但我们把对生命的理解限制在一个更小(和更普遍接受)的范围，即把它理解成由有机物所构成的(即不包括无机物)。

叔本华的哲学以康德的本体界—现象界的区别作为出发点。 很明显，施韦泽也有类似的出发点，他在 1898 年完成的哲学博士学位论文是关于康德的宗教哲学。[16]康德批评那种声称通过理性但超越感性经验的知识。在《纯粹理性批判》(1781 年)一书中，他在终极实在或本体(*noumena*)与现象(*phenomena*)之间做出区分，前者属于物自体(*Ding an sich*)，后者通过人类感性知觉和心灵而被我们所知。理性主义者认为知识是通过纯粹理性而获得的，它超越于感性经验之上，但这个观点缺乏根基。对康德来说，对本体界和现象界的区分刻画了知识的绝对边界。但叔本华并不这么认为。

8 对叔本华来说，有一点非常重要，他认为我们以两种截然不同的方式认识自己：通过认知的方式，我们认识外界事物；通过内在的方式(*from within*)，这可以被描述为“意志”：

> 我的形而上学基础知识的第一步是，我们在自己身上发现的意志并不像哲学先前假定的那样，首先来自知识；事实上，它并不仅仅是知识的一种修饰，而成为一种次要的、派生的事物，就像知识本身一样受大脑的制约；但它是知识的前提(*prius*)，是我们真实存在的核心。意志是原始的力量……它以某种方式表达世界上的一切事物，并且是一切现象的核心。[17]

叔本华在确立了意志的首要地位之后，对这一概念进行了精炼，将其描述为生命意志：

> 世界的每一瞥……确认并确立生命意志，它不是一种武断的本体，甚至不是一种空洞的表达，而是对世界最内在本质的唯一真实的表述。万物都朝着存在(*existence*)运动，如果可能的话，都朝着有机的存在运动，即生命(*life*)，然后达到可能的最高程度。[18]

施韦泽对“生命意志”概念的具体运用(并非没有修改)源自叔本

华。施韦泽同意叔本华的观点，即生命意志不是第二位的（即作为知识生活的后果），而是首要的、即刻的和无条件的。[19]他同样假定，既然生命意志不是作为世界的结果而产生，而是世界是生命意志活动的结果，那么生命意志应当作为哲学思想的起点。施韦泽称赞叔本华的这一信念："作为所有现象基础的物自体的本质在于生命意志。"[20]

施韦泽被认为部分受到与尼采相关的运动的启发，这一运动体现在亨利·柏格森等哲学家身上，柏格森试图把他们新哲学的基础建立在对生命的强烈肯定之上。生命意志作为一个解释性和评价性的概念，在 19 世纪末因回应科学唯物主义和康德先验唯心主义而变得重要起来。柏格森在《创造进化论》（*L'évolution créatrice*，1907）一书中详细阐述了*活力论*（*vitalist*）哲学，认为进化被*生命冲动*（*élan vital*），或创造性的生命力量所驱动。[21]对他来说，生命冲动是一种神秘的生命力量，赋予所有生命以生机，而自然科学对此一无所知。对活力论者来说，生命意志通过直觉而获知，这与通过概念或抽象推理而认识事物的方式形成鲜明对照。施韦泽在这一点上同意柏格 9
森，他写道："哲学化意味着将我们的意识体验为统治这个世界的创造性冲动的能量散发。"[22]对这些思想家来说，生命冲动或生命意志被编织入我们的存在结构之网，它是生命的必要条件。

既然一个人的自我根基是作为生命意志的体验，施韦泽以自己的体验作为"类比"，由此相信世界上所有生命现象的基础同样也是生命意志。[23]因此，他所关心的是对人性的理解，同时也是对实在本质的更普遍的洞察。他的形而上学始于这样一种假设：尽管世界上的个体事物如此丰富多样，但它们都表现出同样的内在本质，即生命意志。

对这种意志的形而上学，施韦泽带来了一种新的要素（实际上是颠覆)。他拒绝叔本华的这一信念:“任何有助于削弱生命意志的东西都是善的”[24],与之相反,他认为生命本质上是善的,我们应该促进这种善。施韦泽以肯定生命对抗叔本华对生命的最终否定。对叔本华而言,这个世界和生命就是如此:“我们不必为世界的存在感到高兴,而是感到遗憾;世界不存在要比存在好;它在根本上是不应该存在的。”[25]但正如施韦泽所见,叔本华把生命意志转向不存在的意志(will-*not-to-live*)可能包含“自相矛盾”,因为人即便为了最基本的肉体存在,也总是被迫对生命意志做出让步。[26]

施韦泽说道,对生命意志(“肯定生命”)是“自然的”,因为它与我们每个人“渴望”维持生命本能活下去的意愿相对应。人类身体本能地肯定生命,因为它事实上意愿活着:一种人对自己的生命“本能的生命意志”或“本能的敬畏”。[27]从措辞中可以明显看出,对施韦泽而言,这个概念比他能够解释得更重要。通过努力地维持生命,生命意志就是对生命的肯定。通过有意识地肯定生命,人类的行为符合内在的生命意志,并通过在他们“有意识的思维中”重复生命意志,从而将其“肯定为一种本能”。[28]肯定生命(*Life-affirmation*)构成了施韦泽脱离叔本华的独立宣言。虽然施韦泽钦佩叔本华将实在视为生命意志,但他却站在了与他截然相反的立场:生命不是被否定的,而是要被肯定的。

施韦泽的论证主要基于这个问题:来自对生命意志内在体验的知识是否比来自对外部物理世界的经验检验的知识更可靠。他的想法是,所有实在像他自己一样都必须具有一个内在的本质(生命意志),
10 他用这个概念来提供一个关于自我、其他生命与神圣存在者之间关系的全新阐述。作为核心自我的意志的非经验性质是他著述的一个前提,尽管这个概念经常被表述为似乎是一个记录既定事实的报告。

这将我们带向了施韦泽意志形而上学的一个重要缺陷。首先,对于如何可能有一种途径可以认识不是作为表象的自我，我们很难说他提供了一个融贯一致的论述。他认为没有任何知识不是对主体的某种表象，这就要求他接受这样一个观点：要获得关于物自体（例如生命意志）的知识，就意味着否定他的表象理论的核心部分。然而，在其他地方，他宣称一个人对他的意志的认知（或直觉）使得他可以直接意识到物自体；对物质世界的经验与一个人对生命意志“直接的”、“直观的”意识之间存在鲜明的对比。他写得好像后者构成了对物自体的直接知识：

> 我从生命意志中获得的知识比从观察世界获得的更丰富。……正确的做法是让生命意志给予我们的观念成为更高阶的、更有决定性的知识。我对世界的认知是来自外部的，而且永远是不完整的。我从自己的生命意志中获得的知识是直接的。……这就是它为什么如此重要……［我们］完全由内在的给予所决定。[29]

这一观点似乎表明，我们与内在的物自体有直接的认知关系。表象主体与意愿主体之间的张力仍然存在。第二个困难令这个问题变得更复杂。通过从“内在”体验意志，认知主体把意愿主体视为它的对象。继叔本华之后，施韦泽同样认为这是认知主体理解自身的基础，在此基础上，认知主体把自己等同为作为物自体的意志。但只有通过放弃把世界作为表象——“认知主体按照假定（*ex hypothesi*）所具有的全部知识”——施韦泽才能够论证意志构成了我们的本质。[30]看起来一个人首先需要成为一个施韦泽式的形而上学家，认知主体才能把自己的同一性理解为生命意志。

作为形而上学的一种实践，施韦泽关于意志作为物自体的学说是有缺陷的。叔本华的意志理论没有许多其他的追随者，这也许并不奇怪。虽然在分析探究之下，施韦泽的思想在这一点上失败了，但如果我们无视它可能存在的优势，这将会是一种损失。我们将转向
11 施韦泽思想的理论优点，尤其是他对自我和世界的理解如何为他的伦理神秘主义的其他方面提供基础。

肯定生命

对施韦泽来说，肯定世界和肯定生命在于："人把在他自己身上体验到的存在与在世界上发展的存在视为本身(*per se*)就有价值的事物。"与之相对，否定世界和否定生命在于："人把在他自己身上体验到的存在与在世界上发展的存在看作是没有意义的、令人悲伤的，他由此采取如下方法解决：(a)停滞和抑制自己的生命意志，(b)放弃一切旨在改善世界状况的活动。"[31]他肯定生命的主张认为，所有丰富多样的生命形式都拥有内在的价值。

伦理的(*Ethical*)肯定世界和肯定生命有一个额外的要素，将其超越了对单纯存在的认可；它蕴含了积极参与帮助世界上所有生命形式的活动，让它们得到繁荣发展。接受了伦理的肯定生命信念的个体"无止境地渴望"服务于"所有生命"。[32]施韦泽的肯定世界和肯定生命的理论产生于他先前对生命意志的核心地位和肯定性本质的信念，这为发展他的世界观(*world-view*)提供了一个框架。

对施韦泽来说，通常被译为"生命观"(*life-view*)的"*Lebensanschauung*"指个人给予作为整体的人类生命以意义的观念。而通常被译为"世界观"的"*Weltanschauung*"，或被译为更宽泛的"宇宙学说"，则指个人把握宇宙的本质和目的，以及人类在宇宙中的位置的

思想集合。

施韦泽假定，对大多数人而言，世界观包含生命观，或世界观先于、次于或衍生自生命观，我们没有必要同意他的这个观点。但一旦做出假定（换言之，一个人对宇宙的理解很大程度上决定了他对人类生命的观念），他可以继续对此做出否定。在施韦泽看来，西方哲学的一大错误在于通过对世界的理解而形成生命观：

> 理解整体的意义——这就是世界观的要求！——对我们来说是不可能的。
>
> 我相信我是西方思想家中的第一人……对我们关于世界的认识持绝对怀疑的态度，同时又不放弃对肯定世界和生命以及对伦理的信念。[33]

施韦泽不认为我们有可能从对世界运作的充分理解就能推出一种 12
伦理观。相反，一个人必须学会有学问的无知（*docta ignorantia*），这是一种“开明的无知，它承认世界和生命在终极意义上是如此的神秘和奥妙”[34]。开明的心灵第一步是顺从的行动：它放弃了从外部现实中获得对宇宙或上帝完全的知识的欲望。对生命意志（肯定生命）乐观主义的伦理态度并不依赖于对整个世界乐观主义的伦理解释：

> 我们与世界的关系建立在我们生命意志的积极确定性之上，当它在思想中寻求对自己的理解：这就是我们的世界观。世界观是生命观的产物，而非相反。[35]

他认为，我们对世界和生命的观念应该由我们在生命意志中被赋予的信念所组成，并相应对知识问题持有认识论意义上的怀疑态度，因为这些知识妨碍他把对宇宙的理解和对生命完全肯定的态度并列放在一起。

自然世界中捕食者—被捕食者的关系妨碍了施韦泽把伦理的基础置于这个世界的运作图景之中。他坚信自然界中几乎没有明显的道德目的：

> 大自然不懂敬畏生命。它以成千上万种最有意义的方式创造生命，又以成千上万种最愚蠢的方式毁灭生命……生物的生存是以牺牲其他生物的生命为代价的。大自然允许他们犯下最可怕的暴行。
>
> 从外表上看，大自然美丽而崇高。但阅读自然之书是可怕的。它的残忍是如此的愚蠢！[36]

施韦泽接着说道：

> 世界是一出生命意志与自身分裂的骇人戏剧。一种存在以另一种存在为代价。……解决之道不是试图从世界中摆脱二元论，而是认识到它不能再伤害我们。这是可能的，只要我们把所有技巧和不真实的思想抛诸脑后，认同于这样一个事实：由于我们无法协调我们的生命观和世界观，我们必须下决心把前者置于后者之上。生命意志给予我们的意愿超越了我们对世界的认识。对我们的生命观起决定性作用的不是我们对世界的认识，而是我们的生命意志给予我们的意愿的确定性。[37]

施韦泽认为这个世界是寄生性的，充满死亡和显而易见的残忍。
13 在我们之外，生命意志作为一股创造—破坏的力量而显现自身，让这个物理世界缺乏总体上的道德肯定性目的。基于这个理由，施韦泽坚持认为，为了发展一种为伦理学奠基的思想体系，我们的世界观绝不能完全建立在自然世界的运作之上。既然我们不能在世界的进程中发现伦理的原则，那么生命观就不能建立在世界观的基础上。在他看来，伦理因此应该源于我们的生命观，而生命观产生自我们对生命的肯定。人的内在知识(生命意志)超越于他关于外部世界的知识："我只有通过内在的生命存在才能理解外在生命的本质……对[外部]现实的知识必须经过一个思考[个人]存在本质的阶段。"[38]

这里施韦泽与叔本华又一次进行了思想上的对话。他的思想似乎受惠于叔本华的"革命性的原则"，按照这个原则，"你要从自己出发理解自然，而非从自然出发理解你自己"[39]。叔本华将这一原则表述为：

> 我们对自己身体的本质和行动具有双重认识，它们以两种完全不同的方式[作为我们身体认识的主客观方面]被给予我们，现在这点已经清楚地提出来了。因此，我们将进一步把它作为理解自然界每一现象的内在存在的钥匙……通过与身体进行类比。因此，我们将假设，一方面它们是表象，就像我们的身体一样，在这方面与身体是同质的，所以，另一方面如果我们把它们的存在作为主体的表象，那么剩下的东西，根据它的内在本质，必然和我们自己所称作的意志是一样的。[40]

一个人从对自我(小宇宙)的理解中，可以形成对世界(大宇宙)的认识。理解世界的关键在于恰当的自我理解，这个命题可以把这个世界合理地称作"宏观人类性"的作品。[41]

施韦泽用自信的语调提到，一个人可以通过"生命意志"确立其生命观，这表明他没有意识到这个信念是极为大胆的。他发现，生命意志是个人所获知的最直接、最高级的知识，因此也是伦理体系最坚实的基础。他的伦理乐观主义当然是不可验证的，但它是对生命意志的一种假设或要求，主张生命意志拥有独立于经验来源的知识。正如施韦泽形而上学的方面，这个观点也并非没有理论困难。

14 施韦泽试图通过类比论证的方法证实这个论点——确实，这似乎是唯一可能的证明方式。世界即意志这一“真理”是通过把它从直接意识的层次提高到抽象知识的层次来得到确证的。[42]因此，对于任何一个人，如果这个意志理论不能恰当地唤起他类似的认同感，那么他就可能置身于整个事件之外。尽管这听起来带有极端的主观性，但施韦泽相信（而且需要相信）每个人都将会（*would*）意识到这种感觉，并对客观事态提供一种洞察。这使得他能够确认一种公共实在（正如理性主义者所做的那样），以反对唯我论或怀疑主义。但这也就是他与理性主义关系的终结之处。在他看来，我们所需要知道的就是实在，即生命意志。

神学假设

伦理神秘主义始于个人对自我在有限世界中的反思，它将人类生命和非人类生命与创造性意志（*Creative Will*）连接在一起。施韦泽宣称：“关于意识最直接、最全面的事实是‘我是意欲生活的生命，是意欲生活在生命之中的生命’。”[43]这个体验并不是一个“精致的教条式公式”，它只不过是个人的启示：

> 每日每夜，每时每刻，我生活在其中，活动在其中。每一次思

> 考都让我眼前之物焕然一新。它一次又一次地从那里迸发出来，就像永不干涸的根基，一个活生生的世界观和生命观——能够了解所有关于无限存在者的事实。一种联合伦理与无限存在者的神秘主义由此诞生。[44]

关于这个观点更明确的表述是：“在宇宙中，生命意志是一个事实；在我们身上则是一种启示。”[45]个人把自己的生命意志（生命）与其他生命达成直接的、经验性的认同，并通过生命而与无限存在者（*Being*）产生认同，这是施韦泽伦理神秘主义的基础。

因此，施韦泽的神秘主义开始于个人主体（“我是意欲生活的生命”），并将之扩展为对整个世界的概括（“是意欲生活在生命之中的生命”）。他并没有把生命意志局限在人类身上；在“繁花盛开的树上，在形态优美的水母里，在草丛间，［以及］在水晶里”[46]，我们都可以识别出生命意志。更具体地说：“因此，我在现象世界里遭遇到的一切，都是生命意志的显现。”[47]通过让思想的神秘要素变得完满，这个概括也由此扩展到整个宇宙［“万物都是宇宙无限生命意志的一个部分”[48]］。最后也是至关重要的一点，他回到有限生命的显现上，以实现与神圣意志的统一：

> 只有伦理才能让我通过服务于宇宙、与宇宙合作而与宇宙建 15
> 立真实的关系；而不是通过试图去理解它。……只有通过服务于每一种生命，我才能进入到对创造性意志的服务中，而所有生命都是从这种创造性意志中产生。我并不理解，但我知道，也足以让我以此为原则，通过服务于生命，我投身到对创造性意志的服务中。正是通过生命共同体而不是思想共同体，我和平地安住在无限意志中。这就是伦理的神秘主义体验。[49]

与创造性意志的神秘结合首先不是通过沉思，而是通过服务于其他生命而获得的。人类的道德行动是与上帝和其他生命神秘结合的场域："充满热情地把自己奉献给其他生命，我们在这其中实现了与无限存在者的精神结合。"[50]

施韦泽使用无限的生命意志、普遍的生命意志、无限的存在者和创造性意志等哲学术语来指称上帝。他对术语的使用是经过深思熟虑的。在一封给克劳斯的信中，他透露：

> 到目前为止，我的原则一直是，作为绝对逻辑反思的结果[即作为哲学演绎的结果]，我在自己哲学中所表达的永远不超过我所体验的。这就是我从不在自己哲学中提及"上帝"，而只是言说"普遍的生命意志"的缘故，普遍的生命意志以两种方式与我相遇：作为在我之外的创造性意志和作为在我之内的伦理性意志。但一旦我用传统的宗教语言言说，我就在历史的确定性和不确定性的意义上使用"上帝"这一词语。[51]

无限的生命意志和普遍的生命意志这样的表达遍及施韦泽的著作，他大概没有想到，他对这些概念的用法会遭到许多误解和批评。对于任何这类尝试都带有自欺的危险，他在这个问题上还很天真。

回到施韦泽对神秘主义的理解，我们有可能对敬畏生命的神学框架及其与叔本华形而上学的显著背离作一些初步的评论。从叔本华纯粹的哲学形而上学的意志来看，带有神圣意志的伦理神秘主义是不可理解的。首先，在叔本华看来，普遍的生命意志与上帝无关。叔本华是一个坚定的无神论者。他写道，有神论宗教"专门是为大多数人准备的，他们没有思考能力，只会盲从，不受理性论证的影响，

只屈从权威的影响”。诸种无神论宗教“只具有间接的，而非直接的
真理”[52]。此外，他反对世界的“内在本质”是由创造性意志所创
造的，整个世界是“神的显现”这一观点。[53]相反，他认为世界意
志（*world-will*）正是所有痛苦的根源。人们不禁要问，施韦泽如何相 16
信我们与叔本华的“争斗”意志和“痛苦”意志的联合会成为快乐的
根源，以及神秘结合的目标。

简而言之，他并不相信。

施韦泽使用叔本华一样的概念——意志，但他通过改变这个词的根本含义来达到完全相反的立场。关键在于，对同一术语的使用不应掩盖这两位思想家对它分别赋予了两极差异的意义。下文将讨论施韦泽在什么地方和如何从根本上背离叔本华的意志形而上学，并嵌入他自己的神学前提。

第二，在叔本华的哲学思想中，人类个体的意志与普遍生命意志的神秘结合（我—你的关系）是不可能的。人类意识与内在于所有现象内在本质的本体生命意志是严格一致的。对叔本华来说，这是意志形而上学（*metaphysical*）而非神秘主义（*mystical*）的关系。所有现象的内在本质是生命意志，对叔本华而言这是一件简单直白的事实；人类意志不可能进入到现象的内在本质之中。因此，除非借助（*via*）神学的前提（根本上改变叔本华形而上的意义），叔本华的意志形而上学不可能转变成施韦泽的伦理神秘主义。也就是说，除非无限的生命意志被设想为神圣者（即上帝），并且神圣意志是位格（personality），否则像施韦泽所提出的神秘主义关系是不可能存在的。没有隐含的神学前提，我们就难以理解无限的神秘意志除了在名义上，还在什么意义上等同为造物者上帝（创造性意志），或无限的生命意志等同为伦理位格（Ethical Personality）。

启示的协调

在施韦泽写给克劳斯的信中，他坚持称上帝以两种方式与他相遇："作为在我之外的创造性意志和作为在我之内的伦理性意志。"在《基督教和世界宗教》(*Christianity and the Religions of the World*)一书中，他宣称："宗教的终极问题是我在自然之中承认他[上帝]是客观的创造性力量，在我们之中我们承认他是伦理人格。"在施韦泽看来，这两种"启示并不同时发生"。他接着认为："它们同属一种启示，但它们为何成为一体，对此我一无所知。"[54]

具体地说，施维泽发现，尤其从自然界的捕食现象来看，很难把对上帝作为创造性意志和伦理意志(*Ethical Will*)这两种理解统一起来。他用最直率的语言断言这个问题："我们在爱之中相遇的仁爱的
17 上帝不可能与我们在自然之中相遇的上帝统一起来。伦理法则不能与自然法则一致。"[55]施韦泽把上帝同时理解为伦理位格和宇宙性的生命意志(*cosmic Will-to-Live*)，他由此面临如何把这两种理解协调起来的问题。他的解决方法有赖于对上帝的认识，即上帝作为伦理意志在我们的意志"之内"显现，并不是依靠对外在的自然世界的认识：

> 现在，哪一个才是关于上帝更重要的认识？……这是我从他作为伦理意志的经验中而获得的认识。从自然中获得的关于上帝的知识总是不完美的，不充分的，因为我们只能从外部感知世界上的事物。……另一方面，在我自己身上，我从内心认识事物。创造性意志创造并维持万物，它以一种我在别处无法理解的方式，以伦

> 理意志的方式在我身上显现。……世界上所有的奥秘和我的在世存在，最终会被抛在一边，从未得到解决，也无法解决。我的生命完全真切地由对上帝的神秘体验所决定，在这些体验里，他以伦理意志的形式在我身上显现，并渴望掌控我的生命。[56]

正如我们所见，他仍然相信，对物质世界的认识永远是不完整的（因为这种认识仅仅停留于现象表面）。与之相对，对普遍的爱的意志的认识是最高的知识，因为它根源于内心：与意志的关系。对施韦泽来说，要获得对外部世界的绝对（*absolute*）知识，其障碍是显而易见的；而获得内心世界的知识却与之相反。

尽管施韦泽决心避免把哲学问题与宗教立场混同起来（从宗教立场中他可能获得支持），爱的意志仍然是他对于属灵的基督内在复活的哲学意义上的密码。神学通过后门而回归了。我们在他关于保罗经历的文本中，而不是在他首先并主要表达其核心观点和概念的《文化哲学》中，发现爱的意志即耶稣基督："在耶稣基督中，上帝显现为爱的意志。"[57]正如叔本华清楚地看到，这些例子让我们想到一个魔术师，他从帽子里拿出了他一直放在那里的东西，使我们大为惊讶。叔本华的洞察力更强大：他意识到（施韦泽没有）"在基督教的数个世纪里，哲学伦理学一般都是无意识地以神学的形式呈现的"[58]。施韦泽未能辩护从神学到哲学伦理学的剧烈转变，这显示了他对神学无意的忠诚。

通过爱的意志，人类体验到上帝的爱，它寻求在我们身上实现自
身：基督超越了"对无限神秘的造物主上帝的信仰，[达到]对上帝之 18
爱的信仰"[59]。由此可见，施韦泽对上帝的理解不能简单地通过肯定上帝是爱的意志而不是无限的生命意志得到解决："以某种神秘的方式知道这一点就足够了……它们是一样的。"[60]他对上帝的观念

拒绝聚焦这种模糊性，这种对上帝的理智观念是一种抽象。而他宣扬基督的生命“并不取决于人能否接受一种历史上传统的上帝观念，而取决于人是否被爱的意志所占领”[61]。爱的意志被看作是由行动引发的神圣活动。伦理行动通过爱的意志而得以实现，它始终是我们应该优先考虑的。

施韦泽对上帝的理解看起来(至少)是双重的。首先，上帝是创造性的力量，它带来了生命意志在这个世界上丰富多样的显现。第二，上帝是爱的意志，是人类意志中伦理肯定的源泉，鼓励人们敬畏生命意志的显现。通过服务于其他生命，我们的意志可以与无限意志结合起来。神秘的结合发生在人类意志之中，正如无限的生命意志和无限的爱的意志一样，上帝在人类意志中显现自身。

但是，与其他生命意志的完全(*complete*)统一是永远无法实现的。正如施韦泽不断强调的那样，人类受制于“令人困惑和可怕的必然性法则”，这一法则迫使他们“以牺牲其他生命为代价而生活，并一次又一次地招致毁灭和伤害生命的罪责”[62]。根据施韦泽的观点，生命意志与自身的背离，即伤害其他生命的必然性并不会损害他关于持续敬畏所有生命形式的学说。对这个问题可以提供两个回应。第一个是现在所熟知的——与神圣意志的神秘结合可以振奋人类的意志，并不断地使其重新定向，以进一步服务于其他生命：

> 当我的生命以任何方式投入到生命之中，我有限的生命意志体验到与无限意志结为一体的经历，在其中所有生命成为统一整体，我享受一种焕然全新的感觉，它使我不会在生命的沙漠中憔悴枯萎。……就我的存在所能达到的影响而言，我选择在我的活动中消除生命意志与自身的分裂。[63]

但这个“积极的”回应本身并不充分。他对生命意志分裂的第二个和补充性回应引入了顺从（*resignation*）这一概念：

> 顺从是我们进入伦理的前厅。只有对自己的生命意志具有更
> 深的献身精神的人，才能摆脱外在的事情，获得内心的自由，才能 19
> 以深刻而稳定的方式献身于其他生命。[64]

顺从不是纯粹应用伦理的“前厅”，而是伦理战场的前厅。施韦泽提醒我们，我们的良好意愿承受着巨大的压力，“虽然如此”，我们更需要做出相应的努力坚持下去。与当代人的理解不同，顺从被理解为个人在伦理行动中对道德和精神自我的肯定，即便世界上存在诸多与之相冲突的因素。它是一种强大到足以经受生命意志分裂的信仰。对顺从的理解可类比为斯多葛学派的禁欲主义（*apatheia*）理想，它意味着一种内心自由，不受个人无法控制的外部事件的影响。这样一种状态可能意味着超然于世，但绝非麻木冷漠；如果一个不受激情支配的人不为自己感到痛苦，那么他会为其他同胞的生命而受苦。施韦泽在自传的一处文本承认道：

> 我感到我们所设想的在世界事件的进程中缺乏目标的全部重量。只有在非常难得的时刻，我才真正为活着而感到高兴。我不禁感觉到我周围的痛苦，不仅是人类的痛苦，而且是整个宇宙的痛苦。[65]

顺从不在于不再感到痛苦，而在于不再向痛苦屈服。这不是麻木不仁的消极条件，而是重新融入其他生命和精神自由的积极状态。一个人在情感上不会被世界上的苦难所击倒，相反，通过顺从，他“能

够作为上帝的工具而在世界上做工”[66]。有些人会在这里看到一种几乎不加掩饰的基督教形而上学。作为“上帝的工具”在世界上服务其他生命，并通过受苦以得到救赎，这是基督教最典型的主题。

这种内在自由是施韦泽神争论不可或缺的一个方面，因为它赋予那些“对痛苦”或对世界上存在的自然之恶感到“内疚”的人以力量。他承认：“对我来说，带着对生命的敬畏生活在一个由同是破坏性意志的创造性意志所支配的世界里仍然是一个痛苦的谜，而破坏性意志又是创造性意志。”[67]确实，如果在他的伦理学中没有神秘的维度，那么无法与其他生命结合而带来挫败感将是无法忍受的，并很有可能导致痛苦绝望的态度。但因为伦理意志就像爱的意志一样，与生命神秘地联系在一起，它的痛苦由此得到救赎：

> 真正的顺从不是对这个世界感到厌倦，而是一种平静的胜
> 20 利……生命意志在超越对生命条件最大的需求时刻颂扬生命。它
> 只有在肯定世界和肯定生命的土壤中扎根繁荣。[68]

这里引入的顺从概念和肯定生命之间的联系似乎与叔本华的观点相左，而这一次，施韦泽在处理顺从的看法上也与叔本华截然不同。[69]叔本华认为苦难的普遍性与形而上学意志之间存在不可分割的联系，这使得他主张否定生命意志(否定生命)。叔本华的顺从概念有一个目标明确的作用，它提供了救赎的希望，并加强了他关于我们倘若不存在会更好的观点。在这个图景中，顺从与施韦泽意义上的伦理活动无关，因为叔本华的哲学主张消极出世；它意味着接受命运的打击，不是作为与困难斗争的“动力”，而是作为从世界中解放出来的动力。在叔本华的顺从观中，没有改变世界的努力——只有对命运的服从：苦难是“不可避免的”“无法克服的”[70]。施韦泽

使用了同样的术语，但这不是第一次，也不会是最后一次，他的顺从观与叔本华不同：顺从帮助我们肯定生命，而非否认生命。

对叔本华来说，顺从以寂静主义者的隐世作为终结。施韦泽处理同样的概念——或赋予同样名称的另一个概念——将顺从与肯定生命联系起来，并由此最终形成了非叔本华式的对伦理的强调："人从世界中所能获得的最深刻的内心自由，是努力成为一个具有道德人格的人，并服务于这个世界。"[71]施韦泽用叔本华的术语来破坏他的论点，用他的术语的表面意思来颠覆他的思想核心。在这个意义上，施韦泽的顺从概念应该被理解为积极的，而不是消极的，并且与道德行动具有内在的联系。我们的行动作为对抗这个世界苦难的见证(但也会被这个世界的苦难从根本上所伤)。为了帮助证实这个重要概念，施韦泽谋求神学的支持。将"上帝视为一种与尘世截然不同的意志[即爱的意志]"，他总结道，我们被迫"不顺应这个世界"(盲目的生命意志)。[72]

施韦泽进一步阐述这个观点，将行动、顺从和与基督的神秘结合在一起，形成了一个更宏大、更反叔本华的概念：和平(*peace*)。如下是关于它们的关系最清晰的文本表达：

> 毫无疑问，我们必须面对一切存在的谜，这些谜呈现在我们的
> 思想面前，并扰乱我们的思想[即"必然性法则"]。但在最后，它
> [人类思想]必须离开难以理解的、无从理解的事物，走向一条在爱
> 的意志中寻求与上帝结合的道路，在爱的意志中找到内在的和平 21
> 和行动的源泉。[73]

他再一次不使用哲学术语去表达对内心和平和与基督的结合的评论。

> 积极、痛苦的意志在上帝那里所寻求到的和平，即基督耶稣保存心灵和头脑。……生命中只有一种幸福，那就是上帝的和平，它超越一切理解之上。[74]

施韦泽为什么尝试用派生自（或明显来自）纯粹哲学传统的术语去表达他的观点，这不难理解。但我们很快就会明显看到，这是欺骗性的表象，这些观点的基础不过是一种术语换位。他的和平远不止指向顺从或超然于世；它意味着人类意志与基督爱的意志的结合（*union*）。

在施韦泽看来，伦理行动（*ethical action*）和顺从的目标都是一样的：与基督结合。现在我们可以看到，对他来说，伦理神秘主义实际上就是他所说的基督神秘主义，"也就是说，在思想中把握[即顺从]，在经验中实现[即伦理行动]与基督的'归属'"[75]。施韦泽把上帝直接等同为无限的生命意志，同样，他把基督等同为无限的爱的意志。现在很明显，伦理神秘主义即基督神秘主义。正如我们将在下文所见，他的哲学（伦理神秘主义）即神学（基督神秘主义）。

在《文化哲学》和《我的生平和思想》（*Out of My Life and Thought*）这两本书中，施韦泽都尝试使用独立于宗教启示或宗教教义去表达他的伦理神秘主义。正如我们已经看到，他的术语往往带有令人不安的抽象性——这更多地得益于德国唯心主义形而上学传统的影响，而非对上帝的《圣经》理解。然而，很不同的是，他的宗教动机促使他个人的写作活动。在《兰巴雷内的热带丛林医院》（*The Forest Hospital at Lambaréné*）一书中，施韦泽以更个性化的风格（更有说服力）和自白式的口吻描述他搬进这座新医院的感受，

> 自从我在非洲工作以来，我的病人第一次像人一样有个得体

> 的住处。在那些年里，我经历了多少痛苦，因为我不得不把他们赶到空气不流通的阴暗地方！我满怀感激地望向上帝，他让我经历了这样的喜乐。[76]

更虔诚的是他晚餐前的祈祷。在欧洲，他祈祷道："我的心称颂耶和华，因他一切的慈爱感激他。"在加蓬，他强调："神是应当称颂 22
的，因他的慈爱永远长存。"[77]

很明显，施韦泽对上帝的理解远不止是宗教哲学提出来的假设或严格意义上康德的理性公设。相反，上帝（在其最充分的意义上）被视为哲学必须面对的存在者。

尝试把哲学的概念和术语从神学中区分出来，将其作为证明施韦泽缺乏宗教信仰的证据，这种做法是荒谬的。它源自可被宽泛称为"护教"的任务，它使用能被更广泛的人群（或至少是不同的人）所理解的哲学语言去表达基督教思想。与教条主义者（将基督教系统化地呈现给特定的信仰群体）相反，施韦泽的护教任务是面向更广泛的读者，这就需要独立于宗教启示的观念，使用一种比特定的信仰群体更容易受大众理解的语言。他由此使用诸如叔本华所声称的除了直接的启示之外，自然知识同样重要的形而上学主张——任何护教学的必要前提。例如，在《文化哲学》一书中，基督成了爱的意志，基督神秘主义被贴上伦理神秘主义的标签。但看起来像是护教学的东西，也许是一种伪装的教条主义，或者是他使用哲学术语对基督教信仰进行改编。施韦泽对这种写作风格确实有所保留。甚至在《基督教和世界宗教》一书中，他寻求证明基督教比其他世界宗教更具有"优越性"的最富有护教色彩的段落中，他仍然使用哲学的表达方式，最后得出这个结论："请原谅我……我几乎总是担心我的论述过于片面，并且我对基督教的论述过于哲学化。"[78]但关于术语选择，施韦泽清楚地表明：“我这样做并不是向自然哲学或宗教哲学妥协。因为我急于把我内心体验到的思想，以及它与传统宗教的关系按照原原本本的面貌生动地告诉别人。”[79]

很明显，施韦泽是从基督教神学的术语体系中走出来的。他关键的道德概念(爱的意志)只有在存在一个伦理位格(基督)这样的神学语境中才有意义。然而他(就像康德一样)提出了独立于神学的伦理学——在其中，这些关键的道德概念很有可能变得没有意义。当然，施韦泽尝试建立一种独立于神学的伦理学以及对他这种做法的批评并非没有先例；康德尝试过，叔本华已经指出了康德这个理论的弱点：
23 “[哲学]概念从它起源的神学前提中分离出来，就失去了所有意义。”[80]叔本华宣称，正是康德隐藏的神学渴望和他的道德语言逻辑迫使他回到神学——他的观点唯一可能的基础。通过揭露康德的著作“是神学道德的倒置和伪装”[81]，叔本华帮助我们揭示施韦泽如何同样违背自己的主张，即他的哲学与神学是分离的。

对施韦泽来说，哲学既有作为工具的重要性，也有作为基础的重要性。他对哲学的工具性使用是建设性的：他使用哲学论证的模式去阐明、重建和系统化信仰所表达的信念。哲学在神学上的这种建设性使用隐含地与护教的使用结合在一起，后者采取支持基督教信仰的辩护形式，将哲学对神学的护教性质的功利化运用转变成哲学作为神学的基础性应用。也就是说，在《文化哲学》一书中，他认为哲学提供了神学上层建筑(superstructure)的基础。哲学语言或护教性质的语言追求普遍性，这是施韦泽把他的伦理信念传达给更广泛听众(但不一定意味由此相信这些观点)的有效工具。不过很明显的一点是，敬畏生命基于对基督的先验(*prior*)信念，它既是意志的精神性权威，同时也是独立的基督教基础。他的书信中有两处揭示了他对敬畏生命的表述如何从哲学层面转向基督的爱的伦理：

> 敬畏生命的伦理不过是耶稣关于爱的伟大戒律——思想所能达到的戒律；宗教和思想在通过爱而归属于上帝的神秘主义中相遇。[82]

> 是的，确实，“敬畏生命”一词的实质意义远远超出它的字面意义。但它应该如此——思想大于言辞的外观。
>
> 敬畏生命是基督教对待真实的爱——被思考为普遍而必然的爱。[83]

伦理神秘主义的形式由此向基督神秘主义开放。这个论证可以在以下几点评论中以类比和归纳的方式得出：如果“基督教本身就是伦理神秘主义”[84]，“基督教是一种基督神秘主义”[85]，那么，伦理神秘主义就完全是基督神秘主义。事实上，根据施韦泽的观点，“基督教，作为最深刻的宗教，同时对我来说也是最深刻的哲学。”[86]

爱的伦理 24

在施韦泽看来，耶稣道成肉身，把爱化身为对他人悲悯的自我奉献。敬畏生命，即他用以表达耶稣对所有生命奉行“爱的伦理”的途径。“敬畏生命的伦理就是把耶稣爱的伦理扩展至普遍性。”[87]他把敬畏生命表述为对那些把他/她自己设想成生命意志的个体来说，它是“思想的必然性”或“内在的必然性”[88]。那么，个体必须永远(*always*)体验对生命的敬畏吗？叔本华证明并非如此；他完全意识到自己具有生命意志，但还远远没有得出施韦泽所宣称的必然结论。

对施韦泽生命意志思想的分析揭示了生命意志与爱的意志在敬畏生命中的重要联系：

> 我将如何看待我周围的其他生命呢？它只能是我对待自己生命态度的一部分。如果我是一个有思想的存在，我必须以同样的敬畏对待我自己以外的其他生命。[89]

正如我们将看到，除非存在一个意志在个人自己的生命意志与他人的生命意志之间进行调节，施韦泽的伦理学才成立。生命意志缺乏爱的意志，就很容易变成试图支配他人的权力意志（*will-to-power*）。尼采的“权力意志”（*Wille zur Macht*）描述了他所认为的所有生物对生命和支配都具有内在驱动力。尼采在后期著作中追随叔本华的观点，他甚至认为石头和所有无机物都拥有权力意志。[90]叔本华和施韦泽认为生命意志是所有存在者的根基，而尼采通过论证权力意志是生命背后的动力，对他们提出了挑战：“这个世界即权力意志——除此之外一无所有！你们自己也是这权力意志——除此之外一无所有！”[91]尼采没有弱化这一因素：“生命自身本质上（*essentially*）就是占有、伤害、征服异己者和弱者、压制、严罚、压制奇异形式、强行合并，说得委婉些，生命至少就是剥削……生命就是权力意志。”[92]他同时宣扬：“所有生命都在追求最大化的权力感。”[93]对尼采来说，权力意志即成为更高更强存在者的意志，这是存在的唯一本能。爱的意志则无处可寻。

耶稣对施韦泽的思想产生重要的影响，施韦泽相信爱的意志的活动性可以把生命意志转化为敬畏的意志，这些是在他的哲学著作中未
25 被承认的但不可或缺的神学预设。敬畏生命不是对生命意志，而是对爱的意志是“必要的”。再一次，我们不是在《文化哲学》中，

而是在他研究《新约》的著作中——这一次是关于耶稣——神学蕴含了形而上学的信息。我们与基督的关系是人类意志与神圣意志的关系之一："事实上，不是在知识的领域里，而是在意志的领域里，他[耶稣]是我们的权威。"[94]他在自传中的一段话同样发人深省："对耶稣真正的理解是理解无限意志*对[人类]意志的作用（*acting on*）。"[95]

基督有助于确保人类的生命意志的活动不会"不受阻碍"（权力意志），而是"始终与其他人保持特殊的团结关系"[96]。无限的爱的意志是引导人类意志走向敬畏生命的仁善和爱，而非支配人类意志。它唤醒人类对一种全新的存在形式的意愿，而这种存在形式通过在爱之中把自己奉献给他人而得以发现。在"爱"之中，人们渴望"超越自身"，"关心所有人类和其他所有生命的命运，这些命运正在他的周遭经历它们的生命历程。"[97]生命不再是"个人的"经验。施韦泽扩展了基督作为中介者（Mediator）的传统概念：基督不仅是上帝和人类之间的中介，而且是人类和所有生命之间的中介。

敬畏生命在于基督作为无限的爱的意志在人类意志上所施加的影响。只有考虑到这一宏大前提，敬畏生命才成为"思想的必然性"。但是，即便施韦泽对此做出澄清，这个立场仍然遇到严重的理论问题。施韦泽认为，在无限的爱的意志中，人类经历了一种"转变"，在其中，自然（即我们单纯的生命意志）在某种程度上在自身之中获得救赎。[98]但目前还不清楚，自然的自我（他将其定义为生命意志）的转变是如何可能的。虽然他假定无限的爱的意志导致了一种转变，但自然转变的概念不能轻易避开批评，因为这是一种

* 原文为与小写的"人类意志"（human will）相对的大写的"意志"（"Will"），为了把这两者区分开，本译著将大写的"意志"统一译作"无限意志"，把大写的"爱的意志"（"Will-to-Love"）统一译作"无限的爱的意志"。——译者注

对相互矛盾的形而上学假设的委婉说法。也就是说，如果“生命意志”能够自我转变(*change*)成为“爱的意志”，那么从一开始他将其定义为“生命意志”是不准确的。生命意志在无限的爱的意志的影响下发生转变，这不能被等同为所有存在的假设基础。

施韦泽的神学信念是他阐述敬畏生命的关键一环。这不仅是关于基督教如何影响他的思想的个人传记性主张，而且是关于如何理解敬畏生命伦理的概念性主张。基督论的成分很清楚地被掩盖在他的哲学著作中，是其伦理神秘主义的神学基础。

通过考察施韦泽针对当时基督教共同体的著作(在这些著作中，
26 他毫无保留地使用神学语言)，我们可以更清楚地看到神学是如何为哲学提供支持的，以及圣灵(Spirit)*如何以类似的方式作用于他的准哲学概念“无限的爱的意志”。

对施韦泽来说，耶稣以最高的统一性显现“无限的爱的意志”，并通过他的精神在我们身上继续显示这一爱的意志。在一封给学校团体的信中，他把圣灵说成是“上帝以爱的语言与……我们的心说话”[99]。他在布道辞《龙卷风与圣灵》中进一步深刻阐述了他对圣灵的理解：

> 我们很难向圣灵敞开心扉。圣灵对我们是陌生的。它希望控制我们的生活。
>
> 圣灵不是普通人的精神[也就是那些对生命没有敬畏之心的人]。我们在圣灵中成为另一种存在。我们必须借助圣灵重生。[100]

---

* 为了把大写的“Spirit”(或“Holy Spririt”)与小写的“spirit”区分开来，本译著将前者译作“圣灵”，特指基督教教义中上帝第三位格的概念，后者译作“精神”或“精神性”。——译者注

虽然圣灵在这里被理解为一种外在的事物，不是能被“普通人”所理解的，但只有在它的力量下，一个人才能成为“另一种存在”[101]。自我在圣灵之中得到重构。在施韦泽的神学人类学中，人类意志通过圣灵的行动找到真正的伦理自我。在圣灵之中，上帝的意志不再是外在的；它把爱的意志传达到我们的内心：“借助圣灵，他们[信奉者]在他们的内心感受到爱。”[102]

从上文来看，很明显，圣灵有助于推动生命意志达到对生命更高的肯定。但施韦泽在他的一些哲学著作中提出了不同的立场。《文化哲学》的一些段落甚至省略了提及“无限的爱的意志”，相反，这些段落强调伦理特征是如何“被赋予我们的存在”，以及生命意志是如何“被赋予”这些伦理特征。[103]转变几乎完全独一地陷入一个人类的历程中。他对歌德著作的解释同样提出了内在主义的学说：“让人充分实现他人格中的善，从而成为真正的自己。……当每个人都意识到自己内心中特别的爱，爱就会达到最大的程度。”[104]

这种不一致可以用两个因素来解释。首先是施韦泽对在哲学文本中表达个人宗教信仰感到很犹疑。在一封给洛夫斯(正如我们所见，他认为敬畏生命是一个“完全哲学化的”概念)的信中，他暗示：“宗教的圣乐听起来柔和而清澈。我在[表达]我的宗教情感方面非常踌躇(毫无疑问，我过分犹豫了)，但一切都可以用《寻找历史上的耶稣》的一句话来总结：耶稣是主！ 和平在基督中！”[105]第二个因素是施韦泽非常有兴趣强调个人在伦理和精神发展过程中所起作用的重要性。这里存在一个更宽泛的反常情况。一方面他想保 27
留他个人信仰的隐私，但另一方面他希望最广为人知的是敬畏的宗教概念。

施韦泽认为，通过服务其他生命，我们人类的意志与无限的爱的意志保持一致，让神圣意志对我们来说不再是外在的。在这个意义上，圣灵可以被看作是上帝意志向人类揭示为爱的意志：“圣灵会阻止我们杀生。”[106]施韦泽改变了这一想法。现在正是圣灵[从前表述(*ci-devant*)为无限的爱的意志]才是伦理存在的动机力量，它将我们的伦理意愿提升到以其他方式无法达到的程度。

作为独语句的敬畏

对其他生命的奉献除非获得一个宇宙性的维度，否则是不完整的(即不能达到神秘的结合)：

> 只有完整的伦理才具有神秘的意义。一种伦理制度如果只关心人对其同胞和社会的态度，它就不可能真正与一种世界观和谐共处。它缺乏与宇宙的关系。……只有当伦理把整个宇宙囊括进来，伦理世界观才真正成为可能。[107]

这里阐明了他的伦理学的两个重要方面。首先，敬畏生命是一种绝对的或完整的(*complete*)伦理。施韦泽对一种奠基性原则——绝对伦理——的普遍适用性的追求带有强烈的康德主义色彩。我们可以把敬畏的这一方面看作是对康德绝对命令的一种延伸。无论环境如何，任何形式的伤害生命意志的行为都不能被认为是完全合乎伦理的。虽然施韦泽承认敬畏生命不可能得到充分的实现(“必然性的法则”)，但我们仍需要一个无条件的要求。他既没有发展一种相对的(*relative*)伦理规范，也没有形成一套个人必须遵守的严格规则。

对敬畏生命的详细描述不是一劳永逸的。它既不能用便利的公式来表示，也不能被简化为一系列命令的列表。他对道德宣言有一个基本定义：“善是保存生命，促进生命；恶是毁灭生命，伤害生命。”[108]除了这个陈述之外，对于个人遵循敬畏生命的行动类型，他只是提供了一些例子，而非规则。伦理的个人是这样的，他

> 不从树上撕下叶子，不采摘花朵，也小心翼翼以避免踩踏昆虫。如果在夏天，他在灯火下工作，他宁愿关着窗户，呼吸着闷热的空气，也不愿看到一只又一只虫子被烧焦翅膀，掉落在他桌子边。
>
> 如果洗澡后他走在路上，看到一条蚯蚓一动不动，他想起自 28
> 己，这只蚯蚓倘若不快点爬到地下躲起来，它在阳光下肯定会被晒干，于是他抬起地上一块石头，把蚯蚓放回地下。如果他遇到一只掉进水坑里的昆虫，他会停下来一会儿，拿起一片叶子或一根树枝，让它可以沿着爬上来。[109]

施韦泽的伦理观要求人们对自己遇到的各种生命形式都承担起责任。敬畏的这一绝对性特点与它的第二个特征——普遍性(*universality*)——密切联系。敬畏生命是普遍的，因为它并不把自己严格局限在人际关系之中：“伦理是对所有生命无限制的责任。”[110]生命意志的在场确立了价值，但并没有做出区别；物种的差异或感觉程度的不同都不应该限制这种普遍性：

> 一个人只有当服从帮助他所能帮助的所有生命的冲动，并避免伤害任何生命时，他才是真正合乎伦理的。他从不询问这个或那个生命有什么价值值得同情，也不询问它的感觉能力的程度。这样的生命对他来说是神圣的。[111]

> 如果我意识到生命之间有任何客观有效(*objectively valid*)的区别,那我就要受到谴责。每个生命都是神圣的!……价值判断是出于主观的需要而做出的,除此之外没有任何有效性。每个生命都是神圣的这一命题是绝对的。在这个意义上,我将永远是一个异教徒。这是一个原则问题,一个触及我人生观基础的问题。[112]

他明确反对自然界存在反映不同造物有不同价值的等级次序的观点，根据这一观点，人在自然界中处于最高地位。[113]他告诉我们，我们与非人类世界的关系不应该属于道德等级或工具性的关系。他的肯定生命主张意识到所有生命都具有内在价值。虽然在实际生活中，人类必须对各种生命形式的相对优先次序做出决定，但我们在这个问题上的判断不能被压缩成主观性质的(以人类为中心)，不能被当作衡量其他生命形式价值的客观标准：

> 敬畏生命的伦理学不对生命做出高低贵贱之别。这一做法有
> 29 充分的理由。当我们在活着的有机体之间建立牢固的价值等级次序时,我们所作的不过是通过它们与我们的距离远近来判断它们与我们之间的关系。这是一个完全主观的标准。我们如何知道其他生物的自身价值和在宇宙中的重要性?[114]

生命意志的在场为一个存在者提供了内在价值。但生命意志本身不能被视为其价值的直接根源(*source*)；价值根源于无限的生命意志。对此，施韦泽解释道：

> 我的存在参与追求神秘的普遍意志的目标,而我正是这种神

秘的普遍意志的显现形式。……带着意识和意愿,我致力于献身无限存在者。……我变得像在自然界中神秘运作的[创造性意志],因此我赋予我的存在一个基于内心而显露于外的意义。[115]

价值不是来自人类的评估，而是来自这样一种观点，即人类的生命意志(以及所有的生命意志)在无限的生命意志中共享供养的根源。人类和非人类在上帝之中都有相同的本体论基础。所有的生命意志都具有共同根源是一种同时带有认识论和伦理学含义的学说。施韦泽把“生命”肯定为“就其本身(*in itself*)具有价值的事物”[116]，施韦泽还相信，“生命的奥秘对我们而言始终太深刻了，它的价值是我们没有能力评价的”[117]。对他来说，对道德价值的体验或领悟是最重要的。

正如施韦泽认为的，一个人只能以“主观的标准”做出伦理决定。在个人保存自身存在与伤害或毁灭另一个生命的存在时，在这种冲突之下，伦理与必然性不能统一起来形成一种“相对伦理”。在任何时候，一个人不管“为了保存[他自己]的存在或福利”或“为了保持其他更大多数人的存在或他们的福利”，而去牺牲或伤害另一个生命，那么这个人就不再完全“处于伦理的领域之中”了。[118]他必须在伦理和必然性(*necessary*)之间做出决定，如果选择后者，就必须承担伤害生命的责任和罪责。愧疚感成为一种无法逃避的存在之特征。

施韦泽解释道：“每当我要伤害任何一个生命的时候，我必须十分清楚这是否是必要的。”“除非不可避免的，我就绝对不会去做，尽管伤害可能微不足道。”[119]尽管施韦泽在这里宣称敬畏生命的要求是无限的，他仍然没有——正如其他许多评论家所认为的那样——提倡生命的不可侵犯性。他意识到，为了保存生命，人类被迫伤害或

30 牺牲其他的生命意志。用德语词语“*Ehrfurcht*”表达“敬畏”，可以让这一点表述得更清楚，“*Ehrfurcht*”由“*Ehre*”（荣耀或称赞）和“*Furcht*”（恐惧）组成；而英语词语“reverence”则未能充分抓住德语里所表达的使人惊异和畏惧(awe)的含义。

因此，*Ehrfurcht* 这一词语表明施韦泽的敬畏生命主张并不关心对道德法则的服从，而是关心“内心的态度”[120]和“心灵的一种全新倾向”[121]，这包含了影响行动的情感、倾向、态度的发展。*Ehrfurcht* 是一种指向其他生命的理想品格，它“不间断地、全方位地渗透到一个人的观察、反思和决心之中”[122]。施韦泽不太愿意预先把伦理意见固定为道德规则，而且人们往往看到，施韦泽所提供的与其说是一种原则伦理，不如说是一种伦理风尚(*ethos*)，在这个意义上，态度的准备先于道德行动的决定。

敬畏是一个独语句。它比伦理或生命哲学具有更广泛的内涵。施韦泽的敬畏生命不可避免地“由此具有宗教特点”，并包含“所有深刻的宗教猜想和渴望”。[123]

注　释

[1] Gabriel Langfeldt, *Albert Schweitzer: A Study of His Philosophy of Life* (London: Allen & Unwin, 1960), 14, 115; D. E. Rölffs, “Briefe,” Deutsches Pfarrblatt 35 (30 December 1931): 824; Kraus, *Schweitzer: His Work and His Philosophy*, 49; Jackson Lee Ice, *Schweitzer: Prophet of a Radical Theology* (Philadelphia: Westminster Press, 1977), 176.

[2] See Schweitzer, *Reverence for Life*, ed. Ulrich Neuenschwander, trans. Reginald H.Fuller(New York: Harper & Row, 1969). 此后引用为 *RFL*。同时参见 Schweitzer, *A Place for Revelation: Sermons on Reverence for Life*, ed. Martin Strege and Lothar Stiehm, trans. David Larrimore Holland(New York: Macmillan, 1988)。此后引用为 *REV*。

[3] *OMLT*, 25.

[4] Emil Brunner, *The Divine Imperative: A Study in Christian Ethics*, trans. Oliver Wyon(London: The Lutterworth Press, 1937), 195. 此后引用为 *DI*。

[5] Schweitzer, *The Philosophy of Civilization*, trans. C.T. Campion(New York: Macmillan, 1950; reprint, New York: Prometheus Books, 1987), 304. 此后引用为 *PC*，页码参考日期版本。

[6] *OMLT*, 232.

［7］Schweitzer，*The Mysticism of Paul the Apostle*，trans. W.Montgomery(London：A. & C.Black，1955)，297. 此后引用为 *MYST*。

［8］*PC*，302.

［9］Schweitzer，*Christianity and the Religions of the World*，trans. Joanna Powers (London：Allen & Unwin，1939)，84. 此后引用为 *CRW*。

［10］*PC*，305.

［11］Schweitzer，"The Ethics of Reverence for Life，" *Christendom 1* (Winter 1936)：229. 摘自 Schweitzer's Gifford Lectures made by Reverend Dwight C.Smith，ed. and rev. Schweitzer. 此后引用为 *LIFE*。

［12］Albrecht Dihle，*The Theory of Will in Classical Antiquity*(Berkeley：University of California Press，1982)，123.

［13］Ibid.，127.

［14］Arthur Schopenhauer，*The World as Will and Representation*，2 vols.，trans. E. F. J.Payne(Dover，New York 1958)，1：126；同时参见 2：293。 此后引用为 *WWR*，提供章节数。

［15］*PC*，282.

［16］See Schweitzer，*Die Religionsphilosophie Kants*(Tübingen：J.C. B.Mohr，1899).

［17］*WWR*，2：293.

［18］*WWR*，2：350(Schopenhauer 的强调)。

［19］*PC*，55.

［20］*PC*，236. Schopenhauer 一再重申物自体就是生命意志，参见 *WWR*，esp. 2：14，16，18。

［21］Henri Bergson，*Creative Evolution*，trans. Arthur Mitchell(New York：Dover，1998) p.6，17，22，24，29，30.

［22］*PC*，264—265.

［23］Ibid.，308.

［24］*WWR*，1：362；*PC*，241.

［25］*WWR*，2：576.

［26］Albert Schweitzer，*Indian Thought and Its Development*，trans. Mrs. C.E. B. Russell(Boston：Beacon Press，1936) p.7.

［27］*PC*，279.

［28］*The Philosophy of Civilization*. Translated by C. T. Campion. New York：Macmillan，1950；reprint，New York：Prometheus Books，1987. p.279.

［29］Ibid.，281—282，285.

［30］Christopher Janaway，*Self and World in Schopenhauer's Philosophy* (Oxford：Clarendon Press，1989)，266.

［31］Schweitzer，*Indian Thought and Its Development*，trans. Mrs. C.E. B.Russell (Boston：Beacon Press，1936)，1—2. 此后引用为 *IND*。

［32］Ibid.，2.

［33］*PC*，76.

［34］*IND*，263.

［35］*PC*，271.

［36］*REV*，15—16.

［37］*PC*，312，78(我加的斜体)。

［38］*OMLT*，104.

［39］Arthur Schopenhauer，*Manuscript Remains*，vol.1，trans. E.F. J.Payne(Oxford：Berg，1988)，466.

［40］*WWR*，1：104—105(叔本华加的斜体)。

［41］John Atwell，*Schopenhauer*：*The Human Character* (Philadelphia：Temple，1990)，x.

［42］*PC*，281—282.

［43］Ibid.，310.

［44］Ibid.，310.

[45] Schweitzer, *The Teaching of Reverence for Life*, trans. Richard and Clara Winston(New York: Holt, Rinehart & Winston, 1965), 27. 此后引用为 *TEACH*。

[46] *PC*, 282.

[47] Ibid., 237.

[48] *The Philosophy of Civilization*. trans. C.T. Campion. New York: Macmillan, 1950; reprint, New York: Prometheus Books, 1987. p.237.

[49] *LIFE*, 239(我加的斜体)。

[50] *IND*, 264.

[51] Kraus, *Schweitzer: His Work and His Philosophy*, 42.

[52] *WWR*, 2:164, 168.

[53] Ibid., 2:349—350.

[54] *CRW*, 66, 83.

[55] *REV*, 22.

[56] *CRW*, 84.

[57] *MYST*, 379.

[58] Schopenhauer, *On the Basis of Morality*, trans. E. F. J. Payne (Oxford: Berghahn, 1995), 54(我加的斜体)。

[59] *MYST*, 379.

[60] Schweitzer, *Goethe: Five Studies*, ed. and trans. Charles R.Joy(Boston: Beacon Press, 1948), 76. 此后引用为 *GOETHE*。

[61] Langfeldt, *Albert Schweitzer: A Study of His Philosophy of Life*, 52—53.

[62] *OMLT*, 158.

[63] *PC*, 313.

[64] Ibid., 314.

[65] *OMLT*, 242.

[66] *CRW*, 51.

[67] *PC*, 312.

[68] Ibid., 284.

[69] *WWR*, 1:379.

[70] Ibid., 283.

[71] *IND*, 118.

[72] *CRW*, 75.

[73] *MYST*, 379.

[74] Schweitzer, sermon, 转引自 Fritz Wartenweiler, *Der Urwalddoktor Albert Schweitzer* (Aargau, Switzerland: Freuden Schweitzer Volksbildungsheime, 1950), 113—114。

[75] *MYST*, 378.

[76] Schweitzer, *The Forest Hospital at Lambaréné* (New York: Henry Holt & Company, 1931), 77.

[77] Schweitzer, *From My African Notebook*, trans. Mrs. C.E. B.Russell(London: Allen & Unwin, 1938), 112.

[78] *CRW*, 83.

[79] Kraus, *Schweitzer: His Work and His Philosophy*, 42.

[80] Schopenhauer, *On the Basis of Morality*, 54—55.

[81] Ibid., 103.

[82] Schweitzer, correspondence with D.E. Rölffs(1931), in *Letters 1905—1965*, trans. Joachim Neugroschel(New York: Macmillan, 1992), 123. 此后引用为 *LETT*。

[83] Schweitzer, correspondence with Josselin de Jong (28 November 1930), *LETT*, 113.

[84] *CRW*, 80.

[85] *MYST*, 378.

[86] *CRW*, 90(我加的斜体)。

[87] *OMLT*, 235.

[88] *OMLT*，153.
[89] *LIFE*，236.
[90] See Nietzsche，*The Will to Power*，trans. W.Kaufmann and R.J. Hollingdale (London：Lowe & Brydone，1968)，689；Nietzsche，*Beyond Good and Evil*，trans. Helen Zimmern(New York：Dover，1997)，36.
[91] Nietzsche，*Will to Power*，550（尼采加的强调）；同时参见第 333、366 和 369 页。
[92] Nietzsche，*Beyond Good and Evil*，259(尼采加的强调)。
[93] Nietzsche，*Will to Power*，689. 关于施韦泽对尼采哲学的批评，参见 *PC*，第 243—249 页。
[94] Schweitzer，结论来自 *Die Geschichte der Leben-Jesu-Forschung*（此后引用为 *LEBEN*），in Henry Clark，*The Ethical Mysticism of Albert Schweitzer*(Boston：Beacon Press，1962)，appendix 2，197。
[95] *OMLT*，58(我加的斜体)。
[96] *PC*，290.
[97] Ibid.，323.
[98] Schweitzer，"Ethics of Compassion"，*Strasbourg*(23 February 1919) in *RFL*，pp.118—119. 他在布道 "The Life of Service" 和 "The Call to Mission" 也讨论了这个主题。参见 *RFL*，pp.58—66，50—57。
[99] Schweitzer，in Hermann Hagedorn，*Prophet in the Wilderness*（New York：Association Press，1939)，137.
[100] Schweitzer，"The Tornado and the Spirit," *Christian Register*（September 1947):328. 此后引用为 *SPIRIT*。
[101] *SPIRIT* p.328.
[102] *MYST*，303.
[103] *PC*，332，77.
[104] *GOETHE*，97，98.
[105] Schweitzer，correspondence with D.E. Rölffs(1931)，*LETT*，123.
[106] *SPIRIT*，328.
[107] *IND*，259，260.
[108] *PC*，309.
[109] Ibid.，310.
[110] Ibid.，311.
[111] Ibid.，310.
[112] Schweitzer，correspondence with Oskar Kraus(7 November 1931)，*LETT*(施韦泽加的强调)。
[113] Lois K.Daly 对施韦泽学派与女性主义伦理学的关系，尤其在两者在非等级关系上的相同观点做出了重要贡献。See Daly，"Ecofeminism，Reverence for Life，and Feminist Theological Ethics," chap.7，*Liberating Life*：*Contemporary Approaches in Ecological Theology*，ed. Charles Birch，William Eaken，and Jay B. McDaniel (Maryknoll，N.Y.：Orbis Books，1990).
[114] *TEACH*，47.
[115] *PC*，305.
[116] Ibid.，57(我加的斜体)。
[117] *LIFE*，188.
[118] *PC*，325.
[119] Ibid.，318.
[120] Ibid.，344.
[121] Ibid.，83.
[122] Ibid.，316.
[123] *OMLT*，237；*PC*，313.

31

第2章 通往入口的对话

在一次充满困惑的反思中，施韦泽大声呼吁：“基督教神学家不愿意从我试图打开的那扇门进来。”[1]他们为什么不从施韦泽的门进来，这一点很值得探究。确实，很少有神学家从门口往里看，更不用说好奇地凝视。根据施韦泽的观点，他们会发现基督教从“人类生命形式的禁锢中”解放出来，并看到与“生命神圣性”“至关重要”的联系。[2]对他而言，在基督教神学中，最令人深恶痛绝的是对人类的道德偏向，他认为这是对基督教义的背叛。为了扩展他的隐喻，施韦泽提出了这个想法：

> 就像管家擦洗干净客厅，负责大门保持关闭，这样狗就不能进内，用它的爪子到处破坏，欧洲思想家也像管家一样仔细监督，以防有动物进入伦理学的领域。……他们要么完全不同情动物，要么小心翼翼地让这份同情之心变成没有任何意义的纯粹事后之事。[3]

不过，布伦纳和巴特至少是个例外，为了扩展这个隐喻，他们走进了这个房间，仔细凝视这个隐喻的内容。

道德等级次序 32

对于施韦泽敬畏生命绝对而普遍的伦理观，其中一个最主要的批评是他消解了价值等级(即把生命从高级到低级进行排序)，这个做法尤其缺乏实践指导的作用。布伦纳在《神圣命令》(*The Divine Imperative*)一书中提出的批评是这个立场的代表，尽管他的批评一开始赞扬敬畏生命的思想，因为它关心“低级的”生命形式，并且同意施韦泽关于“我们应该敬畏每一种生物”的观点。[4]布伦纳进一步同意施韦泽对所有生命的关切：“既然‘守护’生命是上帝的意志，我们也应该这样做。我们也必须在被指定的地方‘保存’在我们的周围世界中‘由我们的上帝所创造的生命’：在有生命的或无生命的造物中，在人类或动物的生命中。”[5]施韦泽拒绝对创世采取一种工具主义的解读，也反对把伦理局限在人类对人类的关系中，布伦纳并不反对施韦泽的这两个观点：

> 它[非人类造物]确实与人类有关，但它并不仅仅是为了人类而存在。与人性一样，非人类造物以一种相对的方式拥有它自己的一定“目的”……我们感到故意毁坏一棵树或一朵花会令上帝不悦。这些不会说话的造物与人类生命一样，拥有不可侵犯的特性。因此，阿尔贝特·施韦泽反对当前伦理，“在其中不允许任何动物无序地乱跑”，他的批评理所当然得到证成。[6]

布伦纳不仅支持施韦泽对非人类生命(包括动物和植物)的关切，而且似乎更有力地宣称，动物生命至少在某种程度上与人类生命一样不可侵犯(*inviolable*)。在他自己的脚注中，布伦纳提出了一个特别有力的主张："我们不可避免地只能像看待人类一样看待所有的生物。"[7]确实，布伦纳强调："人的首要义务是对生命采取积极的态度——肯定、接纳和调整生命主张的态度。"[8]

但这只是整个图景的一部分。布伦纳接着后退了一步，并没有毫无保留地支持敬畏生命的思想。他发现，施韦泽普遍主义的伦理观是有问题的，并从如下几点进行批评：

> 这种把生命作为神圣者的直接敬畏并没有意识到造物主和被造物之间的区别；他是泛神论的，其伦理影响力正在瓦解。我们对生命的敬畏并不是来自它自身，而是来自上帝的创造；因此，我们
> 33 不应以机械性的整齐划一的方式敬畏生命，而应以造物主所排序的各种不同的"等级"或"程度"来敬畏生命。正是上帝的意志命令我们应该区分和维持生命的不同程度和差异性。相比有生命的生物，我们应该更自由地对待无生命的物质，比起更高级的生命形式，它们只具有低级的存在形式……
>
> 以"敬畏生命"为原则的每一种伦理都是感性的，并最终是非人道的，也就是说，它持有一个无差别的生命观念。《文化哲学》的主要观念是"敬畏生命"，该书呈现出一种奇特而显著的混合，它由对生命泛神论的神秘态度所构成，……[以及由]人文主义的人格主义[所构成]。对一个伦理体系的基础来说，这个概念是不充分的，施韦泽的工作和生活就是最有说服力的证据，因为他身为医生，为了保存人类(*human*)生命，必须杀掉数不胜数的生命形式，并且清楚他这样做是合乎伦理的。[9]

布伦纳提出了两个相互联系的关键批评。他的第一个批评主张

施韦泽的伦理观模糊了被造物和造物主，对生命的强调陷入了*泛神论*（*pantheism*），也就是说，在上帝和生命之间缺乏恰当的区分（“把生命作为神圣者而加以敬畏”）。持有这一观点的并非他一个人。克劳斯同样论证道，施韦泽的伦理观“奇特地混合了无可知论和万物有灵的泛神论”[10]。艾斯也同样宣称，施韦泽的“整个伦理哲学非常有力地反映了一种*一元论*（*monistic*）的姿态，尤其当它以伦理泛神论的形式呈现出来”[11]。

对这种早期的批评有两种适当的反应。首先，施韦泽本人就意识到这种“危险”：他一再回到把他对伦理神秘主义的理解与严格的*泛神论*或*一元论*的理解区分开来这一问题上，对此他认为与如下问题相关：“如果一种宗教认为上帝是宇宙中所有起作用力量的总和，那么这种宗教就是一元论的……因此，究其本质而言，一元论就是泛神论。”[12]所以，与布伦纳不同，施韦泽有意避开*伦理泛神论*（*ethical pantheism*），并论证道：“所有伦理虔诚都优先于任何泛神论神秘主义，因为它在自然中找不到上帝的爱，而只从他在我们心中宣布自己是爱的意志这一事实来认识他。”[13]

进一步，施韦泽认为生命的悲剧在于它与自己自相冲突，这一思想让布伦纳的泛神论批评变得不可能。换句话说，施韦泽并不是一个泛神论者，即那些认为世界即上帝，或世界与上帝同一的人。他猛烈批评那些试图神化而不是承认自然世界的悲剧性本质和残缺不全的性质：“他[上帝]是一种充满活力的朝向善的力量，一个神秘的意志，*有别于*（*distinct*）世界，并*高于*（*superior*）世界。”[14]施韦泽反对 34
把世界与上帝等同，他把世界一再描述成“生命意志陷入自我分裂的骇人悲剧”，很难发现比施韦泽更尖锐的批评了。由于世界呈现出来的这种事态，“我们把上帝理解成有别于世界的意志”[15]。他还区分了充满掠夺和痛苦的当今世界与原始而“完美的”状态：

> 我们深信我们不能从世界上获得关于上帝的知识，上帝是一个伦理位格。……我们敢于承认，在自然起作用的各种力量在许多方面与我们对这个起源于完美的创造性意志的世界的期待不一样。[16]

此外，施韦泽对当下世界的悲剧本质和末世论未来做出鲜明的区分，在末世里，“那些和我们一起悲叹的生物……将从焦虑和易朽中获得解脱”[17]。有意思的是，布伦纳的泛神论批评采用了与施韦泽相似的立场。布伦纳基于当前创造所显现出来的扭曲而拒绝接受泛神论：“上帝并不意愿它[世界]，因为这个世界的创造形式已经受到罪恶的扭曲和破坏。……将上帝的意志与事物的本来面目[即当前世界]等同起来，这将会把上帝的形象变成邪恶的漫画。”[18]他接着得出了宇宙救赎的理论，这也符合施韦泽的末世论洞见：“因为上帝已经计划尚未实现的创世目的。……我们要忠于‘这个人间’，就像那些通过信仰而属于未来世界和新世代的人一样，在那里，所有生物的束缚都将被解除。”[19]

布伦纳的第二个批评主张敬畏生命因缺乏道德等级，事实上是非伦理的(*unethical*)。对“生命本身”的敬畏概念是“不人道的”，因为它的生命观是无差别的。而布伦纳认为生命被分化成不同“程度”，甚至提供了一个亚里士多德式的自然等级(*scala naturae*)，生命按照“从无生命物质到植物到低级动物到高级动物，再到人类”[20]的次序而排序。汉斯·雷瑟岗的批评采用了相似的，但更一般的路线：文明的观念包含了“高级”和“低级”生命形式的等级序列。[21]因为施韦泽把敬畏定义为一种绝对的伦理观，它要求对“所有生命负有无限责任”[22]，所以大概不令人惊讶，布伦纳断定施韦泽的伦理观(尤其关涉到他的医疗工作，因为他“必须杀掉数不胜数的生命形式”)在实践上是自相矛盾的。确实，施韦泽不能免于这些指控，例如，众所周知，他曾为了喂养生病的鹈鹕而捕鱼：

> 有人给我带来了四只鹈鹕，它们的翅膀被麻木不仁的人狠狠 35
> 地割了一下，再也飞不起来了。需要三四个月疗伤，它们才能飞起来。我雇了一个渔民捕必需的鱼来喂养它们。我总是从心底里同情这些可怜的鱼，但我必须在杀死这些鱼和救那四只可能饿死的鹈鹕之间做出选择。我不知道我选择哪一边才是正确的。[23]

施韦泽反对任何形式的道德等级，这使得他思想中不一致的地方更加突出，一些评论家，尤其是布伦纳将其理解为任何形式的生命都不应该被毁灭，包括人类和微生物在内的所有生物都应该拥有同样的道德价值。这是否出于施韦泽的意图，我们并不确定。他愿意，也很遗憾地承认，我们有时必须在各种生命形式之间做出选择，但他想强调这些决定的本质是主观而任意的。施韦泽所反对的是任何一种固定的道德等级观念。

或许布伦纳对施韦泽伦理观的解读最大的问题在于他未能把敬畏生命看作是神秘的。敬畏生命既不是一个支持生命绝对不可侵犯性的道德原则，也不是一套由道德法则所构成的严格义务体系。*Ehrfurcht* 的内涵非常广泛：它是态度、经验和神秘主义。布伦纳批评施韦泽“对一个伦理体系的基础来说，[敬畏生命]这个概念是不充分的，他的工作和生活就是最有说服力的证据”，这个批评把敬畏生命缩减为(*reduces*)一个规则或一套道德规范，而施韦泽会同意，这样去理解敬畏生命在应用上是站不住脚的。确实，去掉其神秘的一面，施韦泽的思想看起来就是绝对主义的、无法实施的。但这恰恰是他不希望别人读到的。施韦泽从未明确提出一个价值衡量表；敬畏首先是对所有生命内在价值的神秘体验，然后以此指导行动。当然，每当一个人遇到不一致的问题或一些似乎不太明显的关系时，就很容易看出施韦泽如何诉诸“神秘主义”（便于“让所有人理解”），而不必做出进一步的解释。

布伦纳的解读有助于强调施韦泽拒绝将伦理学系统化这一立场。施韦泽并没有提出一套绝对原则，也不存在单纯由规则构成的义务：伦理学不可能因为“敬畏所有存在，爱所有生命，以及……同情和共感”必须顾及每一个具体的情况而得以系统化。[24]在某些情况下，一个人可能像施韦泽一样，为了救一只生病的鹈鹕而决定牺牲一条
36 鱼，但仍然“每天为了一个生命而牺牲另一个生命的责任都让我感到痛苦”[25]。布伦纳倾向于从律法主义（legalistic）的角度来解读施韦泽，这就更令人惊讶了，因为他自己认为“真正的伦理观不能以律法主义的一般方式和通过原则来构想”。施韦泽很有可能认可布伦纳的观点，即“爱的伦理”和“牺牲”是“不可能以律法主义的方式来加以定义的”[26]。

施韦泽进一步认为还有比严格保存生命更重要的价值。例如，“长时间的”“剧烈”痛苦是“一个比死亡更可怕的人类主宰”。[27]施韦泽特别强调这一点，值得我们整段解读：

> 无论一个人如何严肃地发誓不杀生、不伤害，他也不能完全避免。他处在必然性法则之下，这种法则迫使他在不知不觉中杀生和毁坏。在许多情况下，如果奴隶般地遵守不杀生的同情（*compassion*）戒律，反而会比违背同情的戒律带来更少帮助。当我们无法减轻生物的痛苦时，仁慈地结束它的生命比袖手旁观更合乎伦理（*more ethical*）。让不能再吃东西的家畜饿死，比让它们快速地、毫无痛苦地死去更残忍。……我们一次又一次地看到，我

> 们必须通过毁灭或破坏另一个生物来拯救一个生物。
>
> 不杀生和不伤害的原则不能成为单独的目标，而必须是同情的仆人，并服从同情之心。因此，这个原则必须进入现实，进行实践上的探讨。[28]

积极的同情甚至取代了对非暴力原则的严格遵守。既然敬畏生命根植于肯定生命，施韦泽坚持认为，敬畏生命与耶稣“积极地、饱含热情地爱邻居”这一伦理相一致。[29]正如耶稣强调爱一样，敬畏生命的伦理含义远远多于倡导以勿伤害或非暴力的方式对待其他生命意志的做法；它包含积极关心所有生命。这样的同情可能包括非常痛苦地杀掉一只动物，而非“冷漠地”看着它受苦。很显然，虽然杀生不能被视为一种道德善，但在相互竞争的要求之间发生冲突的危机情况下，它可以被认为“有正当理由的”。

然而，与上文不一致的地方在于，尽管施韦泽相信，对无法减轻其痛苦的动物实施安乐死是人类的道德责任，但他显然反对对人类实施安乐死：

> 敬畏生命命令我们甚至不能……夺取人类痛苦的生命。我若 37
> 看见动物受苦，我结束了它的生命反而成了它的救星。然而，对于一个受苦的人，我可能不会这样做。我不应该把他的生命缩短哪怕一小时。……几年前，一位老医生告诉我，他经历过一种诱惑。他被叫到一个患有白喉病的智力低下的孩子面前。只要在适当的治疗上耽误几个小时，孩子就会从痛苦中解脱出来。“我和自己斗争，”他说道：“最后，对生命的敬畏战胜了一切。孩子得救了，而我要为他年复一年地度过悲惨的生活承担责任。”[30]

尽管施韦泽尽了最大努力不去根据等级次序来判断生命价值，但他还是隐含地接受了生命价值之间存在等级区分。

施韦泽始终在杀生中意识到道德张力，杀生永远不能被设想为规范。甚至尤其是在他的医疗工作中，他也意识到了这种道德模糊性："我为昏睡病的新疗法感到高兴，它使我得以保存生命，而在过去，我只能眼睁睁看着一种棘手的疾病恶化。但每一次我把引起这种疾病的细菌放在显微镜下，我就不得不想到，为了拯救另一个生命，我必须牺牲这个生命。"[31]当杀生有时被认为是"必要的"，它就不能被认为是"合乎伦理的"。

必然性相对伦理决定

施韦泽的悲剧意识（"生命意志与自我的分裂"）以及他对伦理性质应该摆脱相对主义、工具主义或功利主义的这一理解，导致了必然性（*the necessary*）与伦理性（*the ethical*）的区别。在《文化哲学》一书中，他表明："对生命的毁坏和伤害，无论在什么情况下发生，这样的行为都被[敬畏生命的伦理]谴责为邪恶。"每个人都必须"自己决定他能在多大程度上保持伦理，以及他必须在多大程度上屈从于毁灭和伤害生命的必然性，从而蒙受罪责"[32]。即使在必要的情况下，所有的杀生和伤害，不论情况如何，都被认为是违背伦理的，并令这个人蒙受罪恶。

在《印度思想及其发展》（*Indian Thought and Its Development*）一书中，施韦泽看起来没有那么固执，并断言在一些条件下（例如，当一只动物正在受苦），"仁慈地"杀掉一个生命要比允许它继续受苦更合乎伦理。同样，在他的自传《我的生平和思想》中，他谈到，当有必要杀掉其他形式的生命，我们应该产生一种“责任”感：

> 对真正伦理的人来说，所有的生命都是神圣的，包括那些从人 38
> 类的角度看来似乎更低级的生命。他只在每一种情况出现在面前的时候，在必要的压力下，例如，当他决定必须牺牲两个生命中的哪一个来保全另一个时，他才对生命做出区分。但是通过这一系列的决定，他意识到他的行为是基于主观的基础的，并且是武断的，他还清楚他要对被牺牲的生命负有责任（*responsibility*）。[33]

在这里，正如在《印度思想及其发展》中，正是个人应当对生命的牺牲负有责任，而不应被谴责为“邪恶的”。这两个文本分别在《文化哲学》出版后第10年和12年出版，在其中，施韦泽承认敬畏生命允许一些涉及杀掉非人类生命的伦理活动（*ethical activity*）。尽管如此，实施这些活动的人仍然负有导致死亡的责任。

敬畏生命的普遍性与牺牲一些生命意志以帮助他人的必然性之间的深层张力，在施韦泽的著作中反复出现。他一再强调个人在必然性和伦理性之间做出选择的重要性，以及在每次被迫牺牲生命时个人应该承担的责任感：

> 我刚刚在灯光下杀死了一只在我周围嗡嗡叫的蚊子。在欧洲，即使蚊子烦扰我，我也不会杀掉它们，但是在兰巴雷内这里，蚊子传播最危险的疟疾，我擅自杀了它们，虽然我不喜欢这么做。对我们所有人来说，重要的是要谨慎地考虑什么时候才允许毁坏和杀生。一旦人们开始反思并明智地认识到，只有在必要的时候才应该伤害和杀生，那么将是人类所取得的极大成就。这就是本质。个别案例的合理化则是另一回事。[34]

对任何生物的伤害或毁灭都需要得到道德上的证成（moral justification），但即使是这样的证成也不能使杀生变得合乎伦理。为了减轻一个人的良心负担而“在随时可用的伦理性与必然性之间”进行调整是不合乎伦理的。富有责任的行动意味着放弃任何对伦理公义（ethical righteousness）的主张，施韦泽不断提醒我们：“良知是魔鬼的发明。”[35]

一个人可以减轻因伤害或毁灭生命而产生的罪责感或责任感的主
39 要途径是增进对其他生命意志的服务。施韦泽以浓厚的布道式语言告诉我们：“倘若一个人发誓不放过任何救助处在困境中的生物的机会，他就可以为自己的罪行赎罪。……任何不知道我们所能体验到的高度的人，当能够提供救助的美妙之光落入不得不毁灭生命的可怕之夜，此时他也就不知道生命会如何的丰富灿烂。”[36]伤害或杀生的必然性不会败坏敬畏生命的主张，相反，必然性看来可以增强或更新施韦泽对实践敬畏生命的决心。

施韦泽认识到，敬畏生命的绝对伦理不能在实践中“完全实现”，尽管他很快补充说明“这一事实并不真正重要”。一种伦理观的重要性不能根据它是否具有与“绝对的”伦理不同的“可行性”（*practicable*）来判断的。[37]敬畏生命是绝对的，因为它“不可能完全实现”，并且它“对一个人的要求实际上是超越”实践的现实性的。它没有规定一个人应该如何行动的最高限度；作为一种伦理神秘主义，它不符合列表式的规则和规章。这个立场的问题在于，施韦泽要面临绝对这一概念“并不重要”的难题。

对施韦泽来说，在不同的生命形式之间做出选择（正如在他关于鹈鹕和蚊子的例子）是“主观”和“任意”的。他认为伦理不能被系统化，因为包括“爱”和“同情”在内的敬畏生命必须关注具体的情境，在其中它力图在反律法主义和律法主义之间达到平衡。但他的最终立场充满了逻辑上的困难。

首先，施韦泽的立场是自相矛盾的。他争论道，除了（*except*）“绝对的爱的伦理”，不存在任何规则。[38] 第二，他的必然性（*necessity*）概念就像任何以物种为基础的伦理观一样是主观的。谁来决定在任何给定的情境中什么才是必然的？他未能解释清楚必要之物，不能帮助我们区分不同类型的必然性，也不能帮助我们对不同类型的必然性确立限制。对什么，对谁才是必然的？为了喂一只生病的鹈鹕，我们可能有必要杀鱼，但有些人认为，如果有人想吃鹅肝酱，就必须强迫一只鹅进食。

如果把必然性留给它自己决定，那么它就会变成没有任何制约的放纵。此外，从施韦泽的例子中我们可以清楚地看到，就算是最值得珍视的非暴力原则，在任何具体的情况下，如果它与同情（比如对一只受苦的动物实施安乐死）发生冲突，也有必要被搁置一边。同情和爱显然成为内在善；其他价值则没有那么重要。但是爱，甚至是必然性，则太过笼统而不能告诉我们应该做什么。施韦泽乐于同意，我们认为是正确的很有可能是错误的。必然性不能指导我们在具体的情境中采取恰当的行动，或难以让我们做出行动决定（由于施韦泽没有对道德价值采取等级区分），鉴于必然性这一性质，我们就 40
需要认真考虑精确的道德指导和具体的价值，而不是将其搁置在一边。

更积极地说，施韦泽关于必然性和伦理性的观念是对律法主义的修正。它远离不允许任何例外的道德绝对主义。当我们放弃使用一个价值等级结构，它还有助于将我们的注意力吸引到道德决策的复杂性上。在这个世界，“必然性法则”和生命的相互依存使得绝对的一致性是不可能的，但对施韦泽来说，追求这种理想在道德上仍然是正确的。敬畏生命远不止布伦纳对这个词语字面意义上解读，它不是为了每一种可能的情况而确定的具体规则，而是创造一种普遍的敬畏态度，从而为行动提供动能。

聆听上帝之道

施韦泽和巴特至少见过一次面。巴特邀请他在德国明斯特举办讲座。巴特的回忆带有一丝居高临下的姿态：

> 我友好地告诉他，他的观点是“行为公义的典范”，他是一个生活在18世纪的人。之后，我们交谈了一会儿，总体来说相处甚可。和他争论是没有意义的。他以相对的角度来看待自己，就像看待其他一切事物和其他人一样，当然，一个人应该有同情心。他给了我们很多值得思考的东西。[39]

由传记作家乔治·西弗(George Seaver)记录的下面这段对话中，我们可以感觉到某种胜人一筹的感觉。在这些会面中，施韦泽对巴特明确说道：“你和我都是从现代思想的瓦解这一问题出发，但你回到了宗教改革，而我则回到了启蒙运动。”[40]

相比其他任何一位神学家，巴特对施韦泽的伦理观进行了详细的审视。与布伦纳把敬畏生命看作是“情感主义”和不切实际的观点不同，巴特认为：

> 通过对这些规则的实用性提出各种质疑来批评[敬畏生命]这个训导，这当然是很容易的，甚至把它当作法国阿尔萨斯式的多愁善感来取笑也是很容易的。我认为这种做法很掉价。[41]

同样，在《教会教义学》（*Church Dogmatics*）一书中，巴特写道：

> 我们当然不能认为它[敬畏生命]是多愁善感的。我们也不能 41
> 轻易质疑由敬畏生命所提出的指示的实用性，更不用说其更广泛的后果和应用了。敬畏生命所揭露的洞见和感受的直接性（与阿西西的圣方济各的观点并无不同），以及它所表达的约束力，比所有这些批评都具有更强大的力量。[42]

巴特声称，人性中罪恶的利己主义最常见的表现之一，是假定自己作为“主宰”，有权不加区别地杀死动物，或在残酷的运动中寻找乐趣。[43]他怀疑

> 人是否真的听从上帝关于敬畏生命的命令，如果他对隐藏在堕落中的受造之物的一同叹息劳苦（*synodinein and systenazein* of the *ktisis*）* 一无所知，如果他毫不在乎我们以最粗暴的方式不断地增加世界上的恶，如果对他来说，屠宰场和活体解剖，捕猎各种森林动物和鸟类，无情地把它们关在动物园的栅栏后面，这些都是无关要紧的，或者无法对他提出任何质疑，因为我们当中每一个人都直接或间接地参与这些事情？[44]

在生命的范围内，人类被召唤的自由是“把生命作为上帝的贷款那样对待生命的自由”[45]。意识到生命是上帝的贷款，并依此对待生命，也就是“敬畏”生命。我们应该注意到的是，巴特的译者把他

* 这句短语来自《罗马书》第 8 章 22 节。——译者注

的 *Ehrfurcht* 翻译成“尊重”（respect），而不是更强烈的“敬畏”（reverence）。敬畏更准确地传达了巴特的伦理关切，同时也显示了他与施韦泽思想的亲缘性连同（*cum*）疏远性。对巴特来说，敬畏的态度意味着“人在遇到某种崇高、庄严、高贵、圣洁的存在时，会产生惊奇、谦卑和敬畏，这种存在的神秘会迫使他退缩，与之保持距离，并以谦逊、慎重和谨慎的态度对待它”[46]。在上帝的命令之下，敬畏生命采用一个实践的方向，它包含了人性“向着坚信上帝命令的方向而行动（*action*）的决心和意愿”[47]。

巴特有时热情称赞施韦泽的伦理观。对他来说，正是生命的整体是值得敬畏和肯定的，他认为施韦泽的优点在于他“对神学伦理学做出了重大贡献，因为他发现了并极力强调[敬畏生命]原则”[48]。他的观点与施韦泽一致，施韦泽认为：“以前的伦理观‘心性过于狭
42 隘’，它把注意力局限在对人类和人类社会的自我奉献上。”[49]与布伦纳一样，他赞同地引用施韦泽关于动物地位的观点，动物在欧洲伦理学中的地位就像被管家擦洗干净的厨房地板一样，管家会“小心翼翼地确保门是关着的，以免狗跑进来用[脏]爪子毁掉已完成的工作。”[50]巴特进一步赞扬施韦泽反对人类“冷漠而轻率地”对待动物，巴特说道：“人们必须感谢施韦泽的成就……鉴于他强调之前所有伦理学的相关缺点[即忽视非人类物种]……施韦泽如此热忱而认真地提醒我们这一点[即‘在人类领域之外’的道德价值]，这当然值得赞扬。”[51]

巴特以尊重的方式讲述施韦泽的例子，他对在干燥的路上的虫子、水坑里的昆虫和路边的花朵所体现出来的关切和关心，认为“那些只知道嘲笑这些例子的人也值得我们为之落泪”[52]。与施韦泽一样，巴特注意到，当一个人表现得“像个男孩一样，一边走一边斩掉蓟草”，这体现了人类对植物的野蛮虐待。更具体地说：“冷漠、放

荡、专横或任何其他与敬畏相反的表现，甚至都不能被认为是一种受到命令指示或得到允许的态度。”[53]

尽管巴特一开始热情认同施韦泽的思想，但他很快就发展了几个批评。虽然巴特关心路边的花朵和蓟草，却不愿意把同样的道德关怀延伸到植物和蔬菜上。在《伦理学》一书中，他把植物和动物的生命放在一起，以“测试我们是否真的听到了这种呼吁[敬畏生命]……当它只能在沉默中对我们说话时，当我们必须在‘创造的叹息’[参见《罗马书》第8章22节]中觉察到它，当它神秘地隐藏在动物和植物生命表面的客观性后面时”[54]。但在《教会教义学》一书中，他认为动物生命与植物不同，它是“一个独立的存在，一种独特的造物，存在于我们无法理解也无法否认的个体性之中”。反之，对植物的使用则不构成“毁灭”，而只是意味着“合理使用植物的多余部分”，“动物与人的接近关系是牢不可破的，这意味着当人杀死一只动物，这个行为至少与杀人非常相似”[55]。事实上，巴特在这里的反思忽视了收获蔬菜意味着毁坏它们，而不是“合理使用[它们的]多余部分”，这可以被认为在收获水果时，保持母株的完整。

巴特认为敬畏生命是“以类比的方式”指人与动物的关系，尽管动物福利被认为是重要的，但它“是一个严肃的次要责任”[56]。像布伦纳一样，巴特对施韦泽赋予敬畏生命的普遍性特征感到困惑：虽然敬畏可能类比地用于动物身上，但它不能用于植物生命。

与布伦纳一样，巴特指出施韦泽的医生工作证明了他重视人的生 43
命超过其他形式的生命，也证明了施韦泽的敬畏实践是不一致的：“这进一步帮助我们理解，施韦泽本人最终没有从事兽医工作，而是在奥戈维河边的土著居民中树立了一个医疗工作者的良好典范。”[57]遗憾的是，巴特的论证并不成立，施韦泽在兰巴雷内医院也照顾所有受伤的动物。他的病历记录了在医院的病人和生病的动物的情况。查尔斯·乔伊(Charles Joy)记录了施韦泽“有一次给我看了一页[他的日记],在日记里,他注意到同一天有两名重要的病人来到医院,一名是荷兰护士玛丽亚·拉根迪克(Maria Lagendijk),另一名是受惊的小羚羊利奥妮(Leonie)”。乔伊继续写道:“医生似乎认为一个护士的到来和另一个小动物的到来一样值得纪念,这绝非贬低兰巴雷内医院最能干、最敬业的护士之一和她的工作。”至少在一次案例中,乔伊注意到施韦泽冒着生命危险救助一只受伤的脆弱的狗。[58]在实践中,施韦泽力图向他周围的所有生命展示爱的伦理。把石头放入一栋新建筑的地基之前,他说道:“我总回头看看有没有蚂蚁、蟾蜍或其他动物掉进去。如果有,我就用手拿出来,免得它们现在或以后被土块或石头压碎。”同样,“出于对棕榈树的同情,我们给自己增加了一些额外的工作负担,我们未来的家就在棕榈树的围绕下。最简单的计划就是把它们全部砍掉。……[实际上]油棕榈是没用处的,它们的数量太多了。但我们无法从内心里把它们交给斧头。……所以我们花了一些空闲时间,仔细挖掘那些可移植的棕榈树,并把它们放在其他地方”[59]。巴特和许多评论家一样,对施韦泽如何在兰巴雷内工作的所知甚少,不管实际情况提出了怎么样的挑战,他的工作都体现了他的良知。

巴特对敬畏生命的批评是以他的神学批判为基础的:施韦泽未能理解植物、动物和人类之间的道德区别,因为他误解了道成肉身的教义。根据巴特的观点:

> 人是上帝所启示的、所信任的造物,通过人,上帝把自己通过人而与其他造物联系在一起;上帝与人共同创造了一段特殊的历史,这段历史既不是动物的历史,也不是植物的历史,上帝希望在这段人类历史的生命活动中,人能够对他的荣耀、仁慈和权能形成

有意识的、深思熟虑的认识。[60]

由于人类生命在创造中享有特殊位置，他享有“统治和控制”的
权利。巴特把“统治”定义为：“征用、训练、驯服、驾驭、开发和 44
利用动物世界中自然的剩余力量的首要意义。……如果统治不能采取这种‘驯养’动物的方式，人类对野兽的统治又有什么意义呢？”[61]他这里对统治的定义基于人类根据自身需要而使用自然世界这一前提，这看上去与他称赞施韦泽的敬畏观念是矛盾的。“[尽管]我们可能怀有美好而虔诚的思想……关于动植物之存在的独立实在性，人不是出于[上帝]的命令而关心动植物的生命或一般而言的生命，而只是关心他自己的人类生命。”[62]巴特用更强烈的口吻说道：“上帝的永恒儿子和上帝的逻各斯(Logos)并不愿意成为天使或动物，而是人类……这一点，也只有这一点才是永恒的神选恩典的内容。”[63]与巴特一样，布伦纳也认为：“上帝变成了人，而非动物。上帝向我们在人之中显现自身，而不是在动物身上，这并非一个武断的事实。”[64]巴特强化这一批评：敬畏生命不能令人满意，因为施韦泽把“生命”置于我们应该看到“上帝的逻格斯”或“上帝命令”的地方。[65]

毫无疑问，作为对《文化哲学》中敬畏生命思想的回应，巴特的观察是正确的，因为基于之前分析过的理由，施韦泽并没有注意到上帝的逻格斯或其他神学概念。然而，对施韦泽布道辞的解读可以证明巴特的批评是有问题的，并且可以为敬畏生命提供一个与其他诠释者不同的视角。首先，探究巴特神学中以人类为中心的主旨可能具有指导意义。

巴特的基督学关注的范围比较狭隘，它几乎只与人类有关。[66]非人类的创造至多只是发生在人类身上的重要启示的背景。处在中

心的是对人性和上帝的关注:“上帝的逻格斯不包含任何对宇宙的描述。……上帝的逻格斯是关于上帝和人类的。”[67]他用更强烈的口吻说道:“在《圣经》真理中被称为上帝的他,显然对他所创造的事物和存在的整体不感兴趣,他对整体当中任何具体的存在不感兴趣,而只是对人类感兴趣。”[68]同样,布伦纳直截了当地说道,从神学上讲,自然界“只不过是人类历史发生的‘舞台布景’”[69]。上帝的道成肉身几乎完全与创造之道或逻格斯相分离。巴特的基督学由此变成人类学:创造的学说意味着“在实践人类学中,对人类展开研究”[70]。巴特总结道:“上帝是人类的上帝,人类是上帝的人类。这是整个创造秩序的梗概。”[71]

45

创造与造物主

被巴特忽略的几个基督论洞见非但不能必然排除敬畏生命的伦理,还是施韦泽阐述的核心。从逻格斯学说(the doctrine of the Logos)来看,巴特对施韦泽著作的讨论似乎至少省略了两个基督论成分。对这些问题的讨论可以阐明巴特基督论的人类中心主义,并为施韦泽的一些洞见做出辩护。

三位一体的第二个位格是神子,上帝的道或逻格斯。正如《约翰福音》(14:6)非常清楚地表明,上帝在神子里面,也借着神子,向我们显现。但正是道成肉身的位格也是所有创造的核心:在使徒约翰的序言中,成为肉身的道参与了上帝的创造活动。万事都均起源于道,圣约翰肯定地说:“凡在他里头的,都是有生命的。”(《约翰福音》1:4)道存在于生命之中,所有生物的生命都在一定程度上参与生命。从这个角度看,道可以被看作是强调所有被创造的生命的统一。

总之，巴特断言施韦泽的敬畏生命思想不够神学意味，因为生命这一概念取代了原本属于上帝之道（*the Word of God*）的位置。 然而，基督的肉身化也与上帝永恒并存，他是造物主的逻格斯（Creator Logos），构成了每一个道（logos）在创造中的起源和命运。 在这个意义上，逻格斯作为一个统一的宇宙存在，把万物引向上帝。 与之相对，在巴特的神学中，上帝借由耶稣基督的位格而与人类合而为一。 他把《圣经》里的立约宣誓简化成一个以人类为中心的头脑。 但是巴特对基督学的诉求不一定要排除施韦泽的敬畏观念。

如果基督是所有生命的共同创造者，借由基督，所有生命得以形成，那么巴特认为存在一个完全不同于其他创造物的人的本性，似乎是没有根据的。 施韦泽对道成肉身的理解有助于进一步强调这一概念。 虽然他没有以系统的方式探究道成肉身的学说，但他在兰巴雷内的布道辞对这一点提供了一些洞见。 他宣扬基督教是“把无限成为肉身的宗教”，而耶稣是“成为肉身的神圣者”。[72]这里的关键词是肉身（*flesh*）：这个术语暗示了从更广义的角度看待创造的可能性。 正如布伦纳所观察的：“在他个人的存在中，人的有机和动物性的存在将他与其他整个被创造的世界联系起来，使他分享到这个世界的存在。”[73]

施韦泽对耶稣道成肉身的描述可以被视为象征着他的肉身与所有造物的结合成一体。 这一基督学在论点也许在菲利普 · 谢拉德
（Philip Sherrard）的注释中得到了最充分的表达。 谢拉德在《人类形 46
象：世界形象》（*Human Image*：*World Image*）一书中强调：“‘肉身’（sarx）”如何“可以被理解为不仅代表人类身体的肉身，还代表所有物质，所有物理本性的肉身。”[74]谢拉德认为：

> 不仅仅是人类，而是万物，每一株植物、每一只鸟或动物，日月星辰，山水湖泊，所有这些造物的活的形式都被视为神圣事物的标志（*signa rei sacrae*），是逻格斯的具体体现。[75]

同样，约翰·穆迪曼(John Muddiman)对《约翰福音》的序言评论道："道不仅仅变成了人类：他变成了肉身，肉身定义了人性与其他所有造物在身体性上的统一：'凡有血气的，都是草，他的美丽如同野地的花。草必枯干，花必凋残，惟有耶和华的话永存(《以赛亚书》40∶6-8)'。"[76]对尤尔根·莫尔特曼来说："所有的肉身当然首先是人类的生命，但它也包括所有活着的植物、树木和动物。"[77]小约翰·B.科布也以施韦泽式的语言发展了这个论题："道以独特的形式在耶稣里'成为肉身'。但它存在于每一种造物中。它是所有生命的生命。敬畏基督就是敬畏一切形式的生命。"[78]由这些神学家所提出来的基督学考虑扩展了施韦泽关于"成为肉身的神圣者"和所有生命的肉身之间的联系的洞见，也表达了所有生命共享一个共同本质和来源的观点。

更直接的一点是，施韦泽在兰巴雷内的布道辞把圣灵刻画进积极参与创造的活动之中。他在《哥林多前书》第6章19节的讲道里，把人身体中的精神与造人的圣灵连接在一起：

> 但圣灵是什么？当我们说"上帝即圣灵，是世界的永恒精神"……这意味着上帝是不可见的、永恒的、无所不在的。正是圣灵创造了世间。正是圣灵给予日月星辰以光亮。正是圣灵给予树木花草以生命。上帝的圣灵是让所有造物保有生命的权能（*The Spirit of God is the power of all that lives*）。[79]

从这个圣灵论的立场来看，上帝(通过圣灵)是世界上的生命。上帝的灵充满一切造物，通过这种方式，万物都从上帝而活。

根据施韦泽的论述，精神和物质在创造中相互渗透(“圣灵……创造了世间”)，并且通过道成肉身(“成为肉身的神圣者”)，人类经由物质世界(不同造物的生命意志)靠近神(无限的生命意志)。从这些基督学和圣灵论的观点，我们很难理解巴特为什么对施韦泽提出以下批评：

> 由于施韦泽未能把敬畏的命令建立在上帝概念的基础上，而 47
> 是退回到他的神秘体验中，从而使他的整个论述带有一种传记色彩的偶然性元素，他自己就由此剥夺了他论证的真实和最终力量。[80]

对这种批评需要做出两种回应。首先，巴特并没有对施韦泽的伦理洞见感到那么不满；相反，他对任何他认为与基督教不相容的神秘主义，哪怕是最轻微的暗示，都表示完全反感。巴特说道：“敬畏生命不能被广泛接受……[因为]施韦泽的伦理学正如他自己所描述的那样，是神秘的。”[81]正如哈维 · 伊根(Harvey Egan)在他的《基督教神秘主义选集》(*Anthology of Christian Mysticism*)一书中写道，巴特和布伦纳都“把《圣经》教义和先知宗教与东方神秘主义宗教严格区分开来，声称两者是相互排斥的”[82]。在伊夫林 · 昂德希尔(Evelyn Underhill)的《神秘主义纲要》(*Essentials of Mysticism*)一书中，我们会看到这句富有启发性(可能带有争议性)的话：“我们不能诚实地说，婆罗门、苏菲派或基督教的神秘主义者之间存在巨大的差异。”[83]巴特和布伦纳并不希望他们的观点过于精准。对他们来说，基督教的神秘主义者也就是所谓的神秘主义者，与婆罗门相对应的神秘主义者之间几乎没有什么区别(或者他们是这么认为的),这就等于说一个基督教神秘主义者根本就不能算是基督徒。此外,巴特和布伦纳拒绝接受基督教长期以来的神秘主义传统,认为这是“一种对基督教进行异教的、新柏拉图式的传染和变形”[84]。巴特的《罗马书释义》(*The Epistle to the Romans*)是这一观点的代表,他指责神秘主义比自以为是的法利赛主义更糟糕,“因为它[声称]如此接近上帝的公义”[85]。很明显,巴特和布伦纳都倾向于拒绝施韦泽敬畏生命的思想,因为它代表了一种伦理神秘主义。

尽管如此,令人惊讶的是,巴特神学的某些方面似乎发展出了他认为施韦泽的论点中没有的那些元素。在下面这段话中,巴特所论述的似乎只是用神学语言来表述施韦泽在《文化哲学》中被遮盖的哲学术语:

> “这个世界的形式”是什么意思?我们所知道的这个世界的特征是什么?我更愿意问一下它能否是这样的:在我们称之为世界的一切事物中,我们都看到了冲动的支配,一种充满活力的生命冲动,我们完全可以认为这是**上帝在创世时赐给一切生命的**。但在我们看到的这种充满活力的冲动的形式中,它是一种运动——**生命意志**——是造物对生命的迫切渴望。第二(作为其结果),运动
> 48 是一种必须在某个地方结束的冲动,它是死亡的牺牲品,是世间万物短暂存在的牺牲品。万物皆有归时。我说的若是让万物劳苦的咒诅,这只不过是让世间万物必然走向死亡的咒语。[86]

在这里,巴斯阐述了施韦泽论点中三个最基本的方面,并把他的思想从边缘地带带入主流神学。

首先,巴特指出,世界上的生命都来自造物主上帝。基于此,

他肯定造物主上帝的命令即生命的命令，也就是说，肯定生命意志。这个命令：“总是包含这个命令——即使这个命令是无意识的、偶然的或匿名的：你要意愿生存。”[87]巴特在这里对上帝造物主的命令的理解紧密跟随施韦泽关于上帝造物主的意志的思想：“在肯定世界和肯定生命中……我实现了在我身上显现出来的普遍的生命意志[上帝]的意志。”[88]对于肯定生命有认识论上的关联因素，施韦泽说道：“生命的奥秘对我们来说终归太玄奥了，它的价值超出我们[人类]能够对此做出评价的能力。”[89]施韦泽问道：“我们如何知道其他生物自身及其在宇宙中的重要性?”[90]巴特对人类是否有能力“在事实上”领悟造物主上帝命令也持有认识论上的怀疑态度，他也同样拒绝创造的最终秩序(或多个秩序)这一概念：

> 我们不知道上帝对它们[非人类生物]有什么特殊的态度，因此也不知道它们在宇宙中具有什么样的确定的特殊性……我们能够并且必须接受它们作为我们的同胞造物，并对上帝在它们身上隐藏的奥秘给予恰当的尊重。[91]

第二，巴特坚持认为，“世界的特征”在于“生命意志”，即让所有被造生物维持生存的动力。这个概念与施韦泽的基础性观念“所有存在都是生命意志”的对应关系是非常明显的。巴特也似乎接受柏格森关于生命冲动的观念，而施韦泽在其思想发展过程中也采用了这个概念。进一步对施韦泽和巴特来说，对生命的肯定就是对“生命共同体”的肯定。[92]在巴特看来，要了解其他生命，“我们只有先了解自己生命的事实。我对我同胞生命的认识，……包括动物和植物的生命，更不用说对一般生命的现实的真实或假定的知识，这是一种与我对自己生命的认识类似的知识”[93]。巴特似乎认同施韦泽这

一原则："我只有通过内在的生命存在才能理解外在于我的生命存在
49 的本质。……对[外部]实在的认识必须经过一个思考[个人]存在本质的阶段。"[94]这相当于为所有生命由上帝所创造的关系结构提供了一个基础。事实上，施韦泽和巴特都将这一原则作为他们表述敬畏思想的基础：

> 施韦泽：我应该对周遭我所看到的生命持有什么样的态度？它只能是我对待自己生命的态度的一部分。如果我一个思考着的存在者，我必须以同样的敬畏看待其他生命。[95]

> 巴特：生命意志是敬畏生命的形式，它能够一直与非人道的、不敬的、有悖[上帝]命令的生命意志区分开来，因为它认为其他生命的存在与它共在，而它自己的生命也与其他生命共在。[96]

第三，巴特跟随施韦泽的观点，强调这个世界是不完整的，而生命意志目前仍然"与自身分裂"。巴特解释道："在这场生命与生命的冲突(*conflict of life with life*)中，我可以看到这个世界上生命的真正本质。"[97]在其他地方，他对"生命中不可估量的偶然性，生命与生命之间永远不能被遗忘的冲突"[98]做出反思。就这点而论，我们对创造的感知"总是与生命和死亡、变化和衰亡相关；正因为如此，大鱼不会问候小鱼，而是一口把它吃掉"[99]。

这些与施韦泽非常相似的想法对巴特来说，具有施韦泽式的伦理重要性。对生命的保护在于造物主的意志：上帝的命令为我们定下应当敬畏生命的规则。巴特总结道："保护生命……就是履行上帝作为此世生命的造物主和未来永恒生命的给予者，意愿对人类发出命令的保护。"[100]基督徒可以看到未来生命，现在必须把他们自己看作是担负责任的：

> 或许当下的世界里蕴含了一点新世界的意味。要当心！……你们要为这个世界的形式作见证，又欢欣鼓舞那将来的世界！这就是我们行动的意义。[101]

或是那些为上帝的国降临而祷告的人们，“在上帝的光的安息日里，要废除现在一切的分裂”[102]，他们

> 呼唤努力采取行动为公义作斗争。……他们不能以任何借口
> 逃避责任：不能以他们所仰仗上帝的感恩和希望来逃避责任，坐等 50
> 他的行动；不能以他们对上帝的国的来临的祷告来取代责任。因为如果他们真的充满感恩和希望，如果他们的祷告是勇敢的祷告，那么他们也就应该呼唤相对应的勇敢的内心和外在的行动。[103]

对“生命和生命之间的冲突”的和解不能仅仅被看作是末世论的行动，而需要人类“有所关心”，在“蕴含新世界的当下世界中”期盼和平。 因为不论人类在何处对造物采取“统治权”，

> 都应该用火的文字写下圣保罗在《罗马书》(8：18f)关于造物“最热切期盼”的话语——期盼什么？——期盼“上帝之子的显现”，从而期盼解放那些把他们禁锢起来的人，甚至那些驱赶他们走向死亡的人。[非人类造物]同样被决定走向解放……与上帝之子一同走向解放，因此，它在此刻与我们一起在新世代的分娩阵痛中呻吟和哭泣。[104]

在这里，巴特把我们带到了支持一种敬畏生命伦理的边缘，而这种伦理是建立在对所有造物的解放的末世论基础上的。巴特的做法向我们刻画了人类行为的道德空间，这个道德空间总是根源于造物主、和解者和救赎者在创造中追求和平的更广泛的背景之中。

对巴特来说，或许有很好的理由把基督里的人性的选择看作是神圣行动的核心，人类由此在宇宙中占有独特的位置。确实，施韦泽的伦理观也把人类置于道德能动者的特殊地位，在创造中参与宇宙和解的“爱的意志”。但既然道成肉身是在所有造物中的肉身，因此有理由得出这样的结论：道成肉身所实现的对人类的影响与非人类造物类似。巴特的人类中心主义基督学切断了人类与非人类造物之间的关联，而这是施韦泽关于宇宙统一的愿景不可或缺的一部分：

> 只有伦理学才能令我通过服务于宇宙，与宇宙合作从而与宇宙建立真正的关系；……通过服务于任何种类的生命，我进入了对创造性意志的服务之中，而这是所有生命的根源。……这就是我的伦理神秘主义体验。[105]

施韦泽认为把服务于其他生命看作是对创造意志即上帝的服务和
51 结合。这样的服务模式是他在法国斯特拉斯堡布道辞的恒定主题，它在“同情的伦理学”中得到了最清楚的表述：“让我们友善待人，走向上帝的爱是一种什么类型的爱？爱我们的邻居意味着什么？……道德的前提是分享我们周围发生的一切，不仅在人类生活中，而且[也]在所有生物的生活中。这种意识迫使我们竭尽全力保存和促进生命。”[106]这种“意识”激发了我们对上帝的回应，让我们认识到人类有责任服务于寻求把所有生命带向和谐统一的上帝。

宇宙基督

巴特认为基督对人类而言是重要的，但对其他所有造物则无关要紧，如果基督即逻格斯，他把智性而有感觉的存在者与他自身及彼此之间连接起来，那么，巴特关于基督的这个观念是站不住脚的。基督通过道成肉身，他肯定所有的造物和所有的肉身罪性（*sarx*）均能得到拯救。

一般而言，巴特的基督论没有考虑到宇宙基督（*cosmic Christ*）的概念。在一次世界性研讨会上，他在回答一个问题时说道，宇宙基督“不是另一个基督，而是被钉十字架或复活的基督；宇宙的基督是基督真实的在场和活动，在自然界和历史的每一个元素中，他是活生生的救世主、主与创造者”。另一个值得注意的例外出现在《教会教义学》中：“耶稣基督……给予宇宙以希望，给予我们的生命以应许……［基督］拯救了世界和我们自己。”[107]在这些观察之外，巴特似乎忽略了耶稣对“自然每一个要素的重要性”，而宇宙基督并不是他常用的神学术语的一部分。

与之相对，施韦泽在两个层面上发展了宇宙基督的主题。首先，正如他所审视的，通过无限的爱的意志对人类意志的影响，以及通过人类意志在创造中作为爱的意志的作用，我们可以肯定基督与创造秩序的整体有着间接的关系。施韦泽认为普遍性是敬畏生命的本质，这使得他的伦理观在范围上是宇宙性的，而非以人类为中心的。

第二，更为清楚的一点在于，施韦泽认为基督在他与宇宙之间的关系是直接相关的。在他看来，耶稣基督的救赎之死和复活出于一个“宇宙观的运思”，是一个末世论的事件。[108]这个事件在范围上

是宇宙性的，它是迎接上帝之国的开端。人类的救赎不是在世界之外，也不是脱离世界而发生的。相反，个人的拯救不可避免地与宇
52 宙性的末世论紧密相关：“因此，信徒所经历的救赎不是他自己与上帝和基督之间单纯的交易，而是他所分享其中的世界性事件。”[109]在《基督徒生活》（*The Christian Life*）一书中，巴特也得出类似的观点，他谈到了上帝的末世论和解工作，他说：“耶稣基督对所有造物的权柄得到彰显，世界也因之和上帝和解。”[110]巴特的这一立场很容易让人想起施韦泽对保罗在《罗马书》中“不可思议段落”的解读，保罗在这些段落中描述了造物“从易朽性中”得到解放，以及“先知以赛亚”宣告“上帝将拯救世界”。[111]

巴特诉诸基督论并不必然排除（正如他相信的那样）施韦泽提出的敬畏生命伦理学。虽然敬畏生命可能不构成一套教义，但它可以被合理地看作从创造和救赎的基督论理解推论而来，如果不是不可或缺的话。我们可以接受的是巴特的警示性提醒，他认为敬畏生命“只是上帝命令的一个组成部分或修改”。令巴特担忧的是施韦泽伦理立场的普遍性：

> 我们不能追随施韦泽到这种程度，即我们不能把生命的必要性建立和接受为伦理学立场。伦理学，确切地说，就像神学伦理学一样，不需要一个终极的概念，而只需要涉及倒数第二的概念。……生命的必然性即这样一个倒数第二的概念，我们必须这样来理解，它是一个来自命令的不可避免而普遍有效的起点，因为它是对人类发出的命令。[112]

他坚持认为：“神学伦理学不应该试图直接说出上帝的命令是什么。”[113]巴特还建议，我们要对上帝的逻格斯保持开放的态度，以

揭示新的伦理和神学洞见。任何人为的东西都不应该限制上帝之道的自由，也不应该试图将“造物主的命令”就像“生命的诫命”一样消解为某种伦理。确实，没有任何伦理观可以宣称做出最终的声明：“它只能是一项挑战、一个建议或共识，而不是一个具有最终和绝对约束力的命令。”[114]巴特想强调，敬畏生命不应该被视为道德生活的唯一标准。他渴望保护上帝之道的自由，以继续彰显上帝的命令。在任何情况下上帝的逻格斯不能：

> 通过我们已经加诸在它见证之上的主权而受到限制：它必须被允许拥有它自己的主权。……当然，我们的头脑中总会有某种本体论或世界观。这不会受到禁止。……相反，我们要做的非常
> 简单：我们必须保证门窗敞开着。我们不能把自己关在一个房间 53
> 里……“开窗！”“开门！”这样风才会进来。[115]

据推测，风可能把基督教与“生活的神圣性”之间的联系带到巴特的房间里，而这正是施韦泽走过自己的门所竭力表达的。

虽然敬畏生命并不是神学伦理学的最终定论，但即使它不被视为最高法则，“生命应该以敬畏的态度得到接纳、尊重和保护”[116]这一道德原则仍然是有效的。至少在这一点上，施韦泽和巴特之间不存在分歧。

注　释

[1] George Marshall, *An Understanding of Albert Schweitzer* (New York: Philosophical Library, 1966), 22.
[2] *OMLT*, p.236.
[3] *PC*, 297.
[4] *DI*, 195.
[5] Ibid., 125.
[6] Ibid., 195.

[7] Ibid.，612.
[8] Ibid.，126.
[9] Ibid.，124；195，602(Brunner 加的斜体)。
[10] Kraus，*Schweitzer*：*His Work and His Philosophy*，5.
[11] Ice，*Schweitzer*：*Prophet of a Radical Theology*，92(Ice 加的强调)。
[12] *CRW*，36.
[13] *OMLT*，241.
[14] *CRW*，29(我加的斜体)。
[15] Ibid.，75.
[16] Ibid.，60.
[17] *REV*，p. 23.
[18] *DI*，126，127.
[19] Ibid.，128，129.
[20] Brunner，*Man in Revolt*：*A Christian Anthropology*，trans. Olive Wyon (Philadelphia：Westminster Press，1939). Brunner 对"创造的秩序"提供了一个更充分的讨论，参见 *The Christian Doctrine of Creation and Redemption*：*Dogmatics* vol.2，trans. Olive Wyon(London：Lutterworth Press，1952)，esp.24—36。
[21] Hans Leisegang，*Religionsphilosophie der Gegenwart* (Berlin：Junker & Dunnhaupt，1930)，87—89.
[22] *PC*，p.311(*Ethik ist in grenzenlos erweiterte Verantwortung gegen alles*，*was lebt*).
[23] Schweitzer，correspondence with Jack Eisendraht(1951)，*LETT*，218.
[24] *REV*，11.
[25] *OMLT*，236.
[26] *DI*，196，130.
[27] Schweitzer，*On the Edge of the Primeval Forest*，trans. C.T. Campion(London：A. & C.Black，1922；New York：Macmillan，1948)，70. 此后引用为 *EDGE*；页码参考 1948 年的版本。
[28] *IND*，83(我加的斜体)。
[29] Ibid.，5.
[30] *REV*，37.
[31] *OMLT*，236.
[32] *PC*，317.
[33] *OMLT*，236(我加的斜体)。
[34] Schweitzer，correspondence with Jack Eisendraht(1951)，*LETT*，218.
[35] *PC*，318.
[36] *TEACH*，23.
[37] *LIFE*，187(施韦泽加的强调)。
[38] *IND*，187.
[39] Karl Barth，in *Briefwechsel Karl Barth—Eduard Thurneysen 1921—1930* (Zurich：Evangelischer Verlag，1974)，628. 同时转引自 Eberhard Busch，*Karl Barth*：*His Life from Letters and Autobiographical Texts*，trans. John Bowden(London：SCM Press，1976)，183。
[40] Seaver，*Schweitzer*：*The Man and His Mind*，42—43.
[41] Barth，*Ethics*，ed. Dietrich Braun，trans. Geoffrey W.Bromiley(New York：Seabury Press，1981)，141. 此后引用为 *ETHICS*。
[42] Barth，*Church Dogmatics*，14 vols.，trans. Geoffrey W. Bromiley(Edinburgh：T & T Clark，1961)，3:4:349. 此后引用为 *CD*，带有章节与页码。
[43] Ibid.，354—355.
[44] *ETHICS*，141(巴特的强调)。
[45] *CD*，3:4:380.
[46] Ibid.，3:4:339.
[47] Ibid.，3:4:341(我加的斜体)。

［48］*ETHICS*，337.

［49］Ibid.，140.

［50］*CD*，3:4:349.

［51］Ibid.，3:4:349—50；cf.*ETHICS*，140.

［52］*ETHICS*，141.

［53］*CD*，3:4:351，343.

［54］*ETHICS*，141.

［55］*CD*，3:4:352.

［56］*CD* III/4，351.

［57］Ibid.，3:4:350.

［58］Charles R.Joy，*The Animal World of Albert Schweitzer*(Boston：Beacon Press，1950)，11.

［59］Ann Cottrell Free，*Animals*，*Nature*，*and Albert Schweitzer*（Washington，D.C.：Flying Fox Press，1993)，50—51.

［60］*CD*，3:4:351.

［61］Ibid.，3:4:352.

［62］Ibid.，3:4:332—333(我加的斜体)。

［63］Ibid.，3:1:16，18(我加的斜体)。

［64］Brunner，*Man in Revolt*，414.

［65］*CD*，3:4:324.

［66］关于巴特神学中非人类物种的讨论，参见 Andrew Linzey，“The Neglected Creature：The Doctrine of the Nonhuman Creation and its Relationship with the Human in the Thought of Karl Barth，” PhD dissertation(University of London，1986)。同时参见 *Linzey's Animal Theology*(London：SCM Press，1994)，9—11，他关于施韦泽和巴特的讨论，我在下文的论述受益于他的著作良多。

［67］*CD*，3:2:6.

［68］*CD*，3:4:337.

［69］Brunner，*Reason and Revelation*，trans. Olive Wyon(Philadelphia：Westminster Press，1946)，33.

［70］*CD*，3:2:3(我加的斜体)。

［71］*CD*，3:3:43.

［72］Schweitzer，in Werner Picht，*Albert Schweitzer*：*The Man and His Work*，trans. Edward Fitzgerald(London：Allen & Unwin，1964)，73.

［73］Brunner，*Man in Revolt*，414.

［74］Philip Sherrard，*Human Image*：*World Image*；*The Death and Resurrection of Sacred Cosmology*(Ipswich：Golgonooza Press，1992)，164. 在《哥林多前书》第15章39节，保罗认为不是所有的肉体都是一样的。*sarx* 对保罗的意义完全不同于与精神相对立的肉身(*sarx*)。

［75］Sherrard，*The Rape of Man and Nature*：*An Enquiry into the Origins and Consequences of Modern Science*(Ipswich：Golgonooza Press，1987)，64.

［76］John Muddiman，“A New Testament Doctrine of Creation?” in *Animals on the Agenda*：*Questions about Animals for Theology and Ethics*，ed. Andrew Linzey and Dorothy Yamamoto(London：SCM Press，1998)，32.

［77］Jürgen Moltmann，*The Source of Life*：*The Holy Spirit and the Theology of Life*，(Minneapolis：Fortress Press，1997)，12. 此后引用为 *SOURCE*.

［78］John B.Cobb，Jr.，“All Things in Christ?” in *Animals on the Agenda*，177.

［79］Schweitzer，sermon，“Second Sunday of Pentecost，” Lambaréné(24 May 1914)，未出版的布道收藏于美国康涅狄格州昆尼皮亚克大学阿尔贝特·施韦泽人文研究所档案馆(我加的斜体)。See *The African Sermons*，edited and translated by Steven E.G. Melamed(Syracuse：Syracuse University Press，2001)，“The Temple of the Holy Spirit，” Second Sunday of Pentecost(24 May 1914)，33.

［80］*ETHICS*，139.

［81］*CD*，3:4:324.

[82] Harvey Egan, *An Anthology of Christian Mysticism* (Collegeville, Minn.: Liturgical Press, 1991), xxv.

[83] Evelyn Underhill, *The Essentials of Mysticism and Other Essays*(London: Dent, 1904), 4.

[84] Egan, *Christian Mysticism*, xxv.

[85] Barth, *The Epistle to the Romans*(New York: Oxford University Press, 1968), 109—110.

[86] Barth, *The Christian Life*, trans. J. Strathhearn McNab (London: Student Christian Movement Press, 1930), 50—51.

[87] *CD*, 3:4:333. 巴特在"尊重[敬畏]生命"这部分多次提到生命意志的肯定性质。特别参见"Freedom for Life," 3:4:324—470。

[88] *PC*, 79.

[89] *LIFE*, 188.

[90] *TEACH*, 47.

[91] *CD*, 3:2:78，同时参见 *CD*, 3:4:19—21。

[92] *LIFE*, 239; *ETHICS*, 58.

[93] *ETHICS*, 121.

[94] *OMLT*, 104，同时参见第 233 页。

[95] *LIFE*, 233.

[96] *CD*, 3:4:341.

[97] *ChrL*, 52(我加的斜体)。

[98] Barth, *The Holy Ghost and the Christian Life*, trans. R.Birch Hoyle(London: Frederick Muller, 1938), 22.

[99] *ETHICS*, 142(巴特加的强调)。

[100] *CD*, 3:4:397—398.

[101] *ChrL*, 57.

[102] Ibid., 168(我加的斜体)。

[103] Ibid., 264;同时参见第 212—213 页。

[104] *CD*, 3:4:355.

[105] *LIFE*, 239.

[106] Schweitzer, sermon, "Ethics of Compassion," Strasbourg(23 February 1919), in *RFL*, 118—119. 他的布道，"The Life of Service"和"The Call to Mission"也讨论了这个主题；参见 *RFL*, 58—66, 50—57。

[107] "Questions for the Seminar with Professor Karl Barth," twelveth session (1 October 1963—15 February 1964), in J.A. Lyons, *The Cosmic Christ in Origen and de Chardin*(Oxford: Oxford University Press, 1982), 95; *CD*, 3:4:383.

[108] *MYST*, 54.

[109] Ibid., 54(我加的斜体)。同时参见 Schweitzer, *Paul and His Interpreters: A Critical History*, trans. W. Montgomery(London: A. & C.Black, 1948), 96—97, 103—104。此后引用为 *PAUL*。

[110] *ChrL*, 101(我加的斜体)。

[111] *REV*, 23; Schweitzer, *The African Sermons*, "Preparing for the Kingdom of God," Lambaréné(first Sunday in Advent, 30 November 1913), 15. 未发表的布道收藏于美国康涅狄格州昆尼皮亚克大学阿尔贝特·施韦泽人文研究所。

[112] *ETHICS*, 121(我加的斜体)。

[113] Barth, *Holy Ghost*, 24.

[114] *CD*, 1:2:859，同时参见第 868 页。

[115] Barth, "Conversations with Youth Chaplains from the Rhineland" (4 November 1963), in Busch, *Karl Barth: His Life from Letters*, 466.

[116] *CD*, 3:4:324.

第 3 章　印度之旅 55

1952 年，杰克逊·李·艾斯(当时是哈佛大学的医学生)给在兰巴雷内的施韦泽写了一封信，问对他工作影响最大的是什么。施韦泽的回复比较模糊(如果不是回避的话)：“我从来没有考虑过究竟是什么哲学对我产生了特殊的影响。”但随后在这封信里，他揭示：“甚至在我快到 18 岁的时候，我感觉到叔本华的著作受到印度思想的很大影响……至少对我是这样的。”施韦泽用充满歉意而带有一丝冷淡的口吻写道：“请原谅我没有遵从你的意愿。……你会在我作品中找到你问题的答案。”[1]

其他尝试过提出这样问题的人显然冒险走进死胡同，他们从未走出过欧洲大陆。为了发现施韦泽敬畏概念的根源，查尔斯·乔伊推测敬畏生命这一词汇来自歌德的《威廉·迈斯特》(*Wilhelm Meister*)。“以某种方式，歌德的作品和教导一定已经成为施韦泽潜意识自我中不可分割的一部分，以至于他没有意识到，在他登山时，他正是以歌德的口音说出[敬畏生命]。”[2]在《威廉·迈斯特》的一处地方，有三位老人与年轻的威廉交谈。相关段落如下：“有一样东西是没有随孩子来到这个世界上的，而正是这样东西才让一个人在每一个关键点上真正成为一个人。如果你可以在自己身上发现，那就大声说出来 56

吧。”威廉经过反复思考后，摇了摇头，问他们这是什么东西。这三个人惊叫起来：“敬畏！”威廉犹豫了一下，他们再次声明：“敬畏！”“所有人都想要它，或许你也是。”[3]他们继续阐述敬畏的三重含义：敬畏那些高于我们的，在我们周遭的，以及低于我们的。最后一种类型的敬畏不是孤立的，它呼唤一个人站出来，敬畏那在地下滋养着我们的东西。

施韦泽确实很精通歌德的思想。他甚至于1928年在德国法兰克福市因“致力于服务人类”而获得歌德奖，随后他在那里发表了一个关于歌德的演讲。很快，1932年3月22日，施韦泽在法兰克福发表了歌德去世一百周年的纪念演说。1949年，他在美国科罗拉多州阿斯彭还对歌德发表一系列演讲，这些演讲在1961年被翻译为《歌德：五个研究》（*Goethe：Five Studies*）。尽管施韦泽对歌德非常关注和敬重，但他断然否定歌德的《威廉·迈斯特》对他的“思想和术语的起源”有任何作用。[4]正如他宣称他在奥戈维河上得到启发：“敬畏生命的观念对我来说是一个完全意料不到的发现，就像我在紧张思考当中的一个启示。”[5]确实，他回忆歌德对敬畏的“肤浅”态度使他感到不安。施韦泽呼吁人们不仅要尊敬那些从下面支撑我们的事物，并且要敬畏宇宙中的所有生灵。他的敬畏概念的根本特征是它的无限性，包括了所有生命。歌德与施韦泽的不同之处在于（甚至连乔伊也会同意的），歌德的敬畏是局限的，对于那些比人类低等的生物，敬畏的对象只限于那些为我们提供服务和滋养的生物，而施韦泽把敬畏的范围扩展到包括“叮我们的蚊子，咬我们的蛇，杀掉我们的细菌”[6]。施韦泽明白这种无限伦理呈现出来的问题，但他仍然坚持一种无限的敬畏观。

乔伊得出如下结论：“尽管施韦泽本人已经忘记了他饮水的泉源，但是说施韦泽的敬畏生命观念最早来自《威廉·迈斯特》，这并不是贬低他的独创性。”[7]虽然施韦泽和歌德有着共同的哲学观点，但施韦泽的视野更广阔。他把敬畏的概念发展成一种伦理观，而歌德的著作中却没有证据表明这一点。

从旁观者的角度看，他们之间的部分相似点似乎和差异点同样明显。但没有人承认，歌德至少迈出了扩展敬畏范围的第一步。现代读者会给予歌德应有的尊重，同时，他们进一步寻找施韦泽思想中超越歌德那部分的可能来源。在这些来源当中，印度思想可能对施韦泽最有启发性。

非暴力主张的魅力 57

1900 年，25 岁的施韦泽给自己设定了一项宏大的任务：分析世界上的主要宗教和伟大哲学，以及各种神秘主义著作。这项工作大部分写入了于 1923 年出版的《文明的衰落与重建》和《文明与伦理》，它们分别是《文化哲学》第 1 卷和第 2 卷。在这两卷书中，施韦泽拒绝过去西方哲学把文明建立在伦理基础上的努力，并提倡把敬畏生命作为伦理基础。

施韦泽打算遵循《文化哲学》这两部分，再加上另外两部分，即《敬畏生命的世界观》(*The World-view of Reverence for Life*)和《文明国家》(*Civilized State*)。在第 3 卷中，他最初想用一章的篇幅来研究东方的宗教、哲学和神秘主义。但他研究的最终手稿超出了一章的范围，因此被搁置，直到 1935 年，这些研究成果以《印度思想及其发展》出版。尽管施韦泽没有解释现存的伦理或神秘主义学说如何直接影响他敬畏生命的思想发展，但很明显，他至少在 20 年前(同时)致力于撰写《文化哲学》之前，就对印度的伦理学和神秘主义进行了重要研究。

施韦泽对印度宗教的意识是如何发展的？他在《印度思想及其发展》的序言中写道：“自从我年轻时阅读阿图尔·叔本华的著作，第一次了解印度思想以来，它就深深地吸引了我。”[8]同样，在《青少年时代的回忆》（*Memoirs of Childhood and Youth*）和《我的生平和思想》这两本书中，施韦泽叙述了他早年接触叔本华思想的重要意义，以及他自小如何对印度思想产生兴趣。在他90岁去世前的3个月，施韦泽写信给印度加尔各答的亚洲学会（该协会授予他泰戈尔奖章），讲述了从他年轻时代起，印度思想就对他产生了重要影响：

> 我很早就学习印度哲学，当时我在阿尔萨斯的斯特拉斯堡大学上学，尽管当时学校没有开设这方面的课程。不过在1900年左右，欧洲开始接触印度的思想。泰戈尔成为伟大的在世印度思想家。当我逐渐熟悉他的教诲时，它们对我产生了深刻的影响。在
> 58 德国，哲学家阿图尔·叔本华首先认识到印度思想的重要性。叔本华的一个学生是阿尔萨斯穆尔豪斯中学的校长，这个中学是学生考上大学前的预科学校。他的名字叫迪克（Deecke）。以这种方式，我很早就了解印度思想。当我完成哲学博士考试的时候，我已经对印度思想非常熟悉了。那时我在斯特拉斯堡大学教书。我非常关注伦理问题，并得出了这样的结论：印度伦理不仅要求人类对同胞友善和仁慈，而且要求人类对所有生物都富有仁爱之心，印度伦理的这一要求是正确的。现在，世界逐渐认识到，对所有生灵的同情是真正伦理的一部分。[9]

这封信基于几个理由令人费解。首先，施韦泽断言“大约在1900年，欧洲才开始了解印度思想”，这显然是错的。[10]1784年，

威廉 · 琼斯爵士(Sir William Jones)在加尔各答创办了亚洲学会(施韦泽正是给这个学会写信),该学会和学会刊物《亚洲研究》(*Asiatic Researches*)成为了一个分水岭,《亚洲研究》吸引了广泛的欧洲读者,并且被翻译成德语和法语再版。 更直接地说,对《亚洲研究》的早期评论来自施莱尔马赫《论宗教》(*Über die Religion*, 1799)。 施莱尔马赫原则上对来自印度的互补性洞见持开放态度,尽管他对印度和亚洲宗教的认识过于肤浅,无法进行任何富有成果的接触,这一点是可以理解的。 黑格尔在 1812 年出版的《宗教哲学讲演录》(*Lectures on the Philosophy of Religion*)也饶有兴趣地打量印度的地平线。 他具体发展了神是绝对精神这一观念(《奥义书》的中心思想),绝对精神以时间的形式实现自身。 但黑格尔也没有给予印度思想太多的重视,他认为印度教属于一种低级的宗教生活形式。[11]

或许没有其他西方哲学家能像叔本华这样将目光转向印度,他对印度思想的兴趣可以追溯到 1813 年。 对他来说,佛陀的宗教传统(明显也是“耆那教的宗教传统,耆那教与佛教徒的区别仅在名字上”[12])“是地球上最卓越的”[13]。 他对印度思想表现出前所未见的接纳态度,他把印度思想融入了自己的思想中,并坦诚道:“我承认,在《奥义书》、柏拉图和康德能够同时照亮人类心灵之前,我不相信我可以阐明我的学说。”[14]很明显,印度的宗教和哲学概念于 19 世纪早期被用以发展欧洲思想。

第二,引人注目的是,施韦泽对自己所受惠的思想资源其本质和限度的理解是含糊的。 他认为他自己的伦理结论遵循了与“印度伦理”相同的道路,即把所有的生命都纳入道德关怀的范围。 在一封 59
与拉尔 · 巴哈杜尔 · 沙斯特里总理(Prime Minister Lal Bahadur Shastri)的通信中,他再次认识到他的观念“与印度观念是一致的”[15]。 他与印度思想的关系仅仅是一种确认关系吗? 抑或他独立发展了这些思想，或者还蕴含了更多其他东西？ 施韦泽没有阻止第一种解释倾向。 他告诉我们，早在6岁的时候，他就有志于为所有生命的和平祈祷。 由于他对传统的夜祷辞没有动物出现而感到困惑，他就祈祷道："亲爱的上帝，保护和祝福所有有呼吸的生灵，让它们远离一切邪恶，让它们安详入睡。"[16]早在青少年时代，他就得出这个结论："我们只有在不可避免的必要情况下，才可以给另一个生命带去死亡和痛苦。"[17]但这些关于童年时代的叙述似乎不是简单的记叙，读者看到的是经过挑选的历史。 顺便说一句，施韦泽在瑞士旅行期间，坐了两个小时的火车去拜访他的朋友，著名的心理学家、牧师奥斯卡·菲斯特博士（Oscar Pfister）。 他回忆道："[菲斯特]力劝我把童年的一些事情原原本本地讲给他听，"就像这位心理学家想要在一本青年杂志上发表这些故事一样。 随后，菲斯特把在那两个小时中做的笔记寄给了施韦泽。 遗憾的是，这些笔记没有保存下来；施韦泽要求在这些故事发表之前把笔记发给他，让他编辑。施韦泽虽然知道菲斯特打算出版回忆录，但他有可能（有意或无意地）讲述了那些最符合他成熟自我的记忆。 至少，非常明显的一点是，他编辑文本的方式使得他的许多反思呈现出一种严肃的说教形式。因此，这些是不是施韦泽的真正思考是值得怀疑的。 更有可能的是，它们反映了施韦泽后来对敬畏生命的理解。

施韦泽对印度思想的很多评论处在一种奇怪的矛盾中，既支持一种确认理论，也支持一种发展理论。 例如："我喜欢印度伦理的一点是，他们关心的是人对所有生命的行为，而不仅仅是他对他的同胞和人类社会的态度。"[18]然而，施韦泽意识到（事实上，他几乎不能不这样），在他明确阐述敬畏生命的思想之前，一些印度宗教早已得出了许多相同的结论："所有生命的伦理关心在印度的思想中已经存在了两千多年。"[19]这种"无限"伦理"首次由耆那教"在"非暴力伦理（ethic of ahimsā）”得到“清晰的表述”。[20]不管施韦泽是否独立得出了同样的结论，他都不得不承认印度思想的优先性。

这种矛盾足以引起质疑：这有可能是有意或无意地试图逃避问题，掩盖踪迹，将某些问题排除在审视可能性之外吗？对施韦泽的思想来源进行仔细比较，或许可以帮助我们认识这个问题，但值得 60
注意的是，他没有单独提及任何一个印度文本，只是提到了一些思想家[莫里茨·温特尼茨（Moritz Winternitz）、罗曼·罗兰（Romain Rolland）和C.F.安德鲁斯（C.F. Andrews）]。因此，认为施韦泽对这个主题读过多少文本或理解的程度有多深几乎是不可能的——或者施韦泽令其变得不可能——并进而评价他所受惠的思想（如果有的话）。

鉴于施韦泽的保留，以下关于非暴力的陈述具有深远的意义。施韦泽将耆那教关于“非暴力，不可伤害戒律的阐述视为人类精神历史上最伟大的事件之一”[21]。对非暴力的颂扬在他的其他著作中处于无与伦比的地位。就算在施韦泽对耶稣的赞美词中，我们也很难找到类似这样慷慨的文段。他继续他的赞美：“耆那教阐发他人未发之处在于伦理[在宗教中]所达到的重要性。”[22]他称赞耆那教背离了婆罗门的传统伦理和祭祀仪式，“不杀生、不伤害众生（非暴力主张）的原则首次在耆那教那里成为一条伟大的戒律”[23]。通过非暴力主张，人类思想“获得了伦理无边界的惊人发现”[24]，通过把“所有生命”都放在伦理考量的领域，施韦泽称赞耆那教“把知识推进了一个完全超出欧洲思维之视野的阶段”[25]，以及“在数个世纪以来牢固地保存了与不杀生有关的伟大的伦理思想”[26]。

当施韦泽发现（在“后来”的论述中）非暴力与肯定哲学的结合时，他的热情几乎达到了最高点：当非暴力“与面向这个世界的活动性的理念相结合时，[它]不仅在印度思想中是一个重要事件，而且在关于人性的思想中也具有重要意义”[27]。总而言之，这些引文不应被视为随意的赞扬或孤立的评论，而应被视为(虽然被不一致承认)理智影响力的标志。

第三，在施韦泽对印度思想的赞美中，困扰读者的不仅是名词。正如“印度伦理”、“印度宗教”、“印度哲学”，这些术语表明了一个关于次大陆高度多样化的宗教和伦理信仰及实践的整体性观念；尽管他并不是唯一一位这样说的西方学者。在19世纪下半叶和20世纪上半叶，在书写印度文学史的主要尝试中，也有相似的意义范围在起作用。这当然适用于对古典文本的研究，例如阿尔布雷希特·韦伯(Albrecht Weber)的《关于印度文学史的讲座》(*Vorlesungen Über indische Literaturgeschichte*，1852)，弗里德里希·马克斯·穆勒(Friedrich Max Müller)的《古代梵语文学史》(*History of Ancient Sanskrit Literature*，1859)和莫里茨·温特尼茨的《印度文学史》(*History of Indian Literature*，1907)。温特尼茨(施韦泽提到他是印
61 度宗教的信息来源)谈及他计划的内容时，明确阐述了印度文学包罗万象的意义，“‘印度文学’包含了‘文学’这个词最广泛意义上所包含的一切”[28]。当然，在施韦泽的时代，欧洲有许多关于《耆那教十二支正典》(*Jain Sutras*)的译著和大量专门研究耆那教的论著。[29]但是由于施韦泽的缘故，我们不能肯定地说他读过这些文本，如果有的话。

就我们所知，施韦泽从未在现实中见过印度的宗教生活。他既没有获得关于印度宗教的个人知识，也没有从每一个传统的信徒那里学习它们。施韦泽在去世前一年写了一封信给拉尔·巴哈杜尔·沙斯特里总理，施韦泽向几位印度朋友致谢，包括尼赫鲁总理、C.F.安德鲁斯和甘地，他通过安德鲁斯与他们取得联系。他写道：“这些都是我的印度朋友。渐渐地，其他人也加入了他们的行列，因为我

正在认真研究印度思想，我觉得自己已经沉迷其中。”[30]由于没有他的通信，我们不可能说里面涉及了多少关于印度宗教观念的讨论。我们所知道的是，他不读梵文(或克利特语，耆那教经典使用的古代印度语)，关于这类主题的批评性研究往往不是从耆那教共同体内部来进行写作，这反映了与施韦泽一样，欧洲许多研究者对印度宗教持有类似的偏见。这些议题提出了一个问题，即施韦泽在把印度宗教的历史、哲学或神学知识与他自己的信念进行比较时，他对前者持有什么观点。他的批评和描述都来自一个局外人的视角，事实并非总是如此。

初读之下，施韦泽的一般术语几乎无法深入分析特定印度宗教的影响。但对这些难题的解决途径是显而易见的。读者很快就会意识到，他所说的印度思想、印度宗教和印度伦理，通常只是指他自己特别感兴趣的一种特定宗教的某些特征。因此，当施韦泽写道：“我得出的结论是，印度伦理要求不仅对人类，而且对所有生物都施以仁慈和怜悯，这是正确的”，很明显，他指的是耆那教传统中的非暴力教义，而不是婆罗门的“献祭仪式伦理”，在婆罗门伦理中，“不杀生、不伤害生命的伟大戒律没有起到任何作用”，这是“不合乎伦理”的。[31]虽然非暴力概念在一些印度宗教中以不同的形式出现，但很明显，他把这种非暴力的、普遍的伦理理解成与耆那教具有最密切联系：“印度耆那教赞扬非暴力主张，他们称之为‘ahimsā’，并将其视为最高形式的伦理规范。”[32]他对细节的忽视看起来是有意的，并不是完全因为缺乏知识：

> 我的论著故意写得很简短，这可能引起各种误解。我无意详 62
> 细描述印度哲学，只是想说明它如何看待生活中的重大问题，以及它如何解决这些问题。为了把这一点尽可能清楚地展现，我用坚

> 定的粗线条画了一幅素描。这就是为什么任何一个熟悉印度思想的人会错过许多细节，而这些细节在他的眼里属于相关的观念和思想，并特别刻画了这些观念和思想的特征和色彩。[33]

尽管施韦泽承认细节的缺乏可能会导致“各种误解”，但他仍然保持这种粗枝大叶的风格。即使对温和的怀疑论者，这段话也带有不诚实的意味；这进一步支持了这个观点，即他试图掩盖自己在理智活动上受惠于其他思想。

肯定与否定

施韦泽追随叔本华的这个观点，“所有宗教的根本区别在于它们是乐观的还是悲观的”，他由此在肯定哲学与否定哲学的基础上区分印度和欧洲思想。[34]施韦泽对肯定哲学与否定哲学的理解建立在西方与印度宗教两种世界观粗略的两极分化之上。这些概念代表的是理想的类型。在他的框架内，对世界和生命的肯定包括“人把在自己身上所经历的存在，以及把在世界上发展的存在看作本身（*per se*）是有价值的事物”[35]。与之相反，对世界和生命的否定包括“人把在自己身上所经历的存在，以及把在世界上发展的存在看作本身是没有意义的、悲哀的事物，因此，他决心(a)通过抑制自己的生命意志而使生命陷于停滞，(b)放弃一切旨在改善这个世界境况的活动”[36]。

正如施韦泽所理解的，对世界和生命的否定哲学主要是通过耆那教和佛教的兴起，以及它们对转世轮回和因果报应的强调而发展起来的。“只有当人们开始对业力（*karma*）的观念产生兴趣，当对不断回到现实的恐惧开始支配人们的心智时，才出现了一场伟大的离世运动，而这场运动持续了数个世纪。”[37]这段话的历史准确性当然值得商榷。但是，正如他所描述的那样，从轮回中解放出来（即解脱 63
（*moksa*）或涅槃（*nirvana*））是通过并等同为超然于物质世界的自由（对生命意志的否定）而得以实现的。

在施韦泽看来，否定哲学是不合逻辑的。把生命意志转向不存在意志（will-*not-to-live*）可能包含一种自相矛盾，为了维持基本的物质生活，一个人不得不对生命意志做出不断的让步：

> 即使是在最悲惨的情况下，要想活下去，就必须进行一些有助于维持生命的活动。就算是对最严格遵循对世界和生命否定哲学的苦行僧而言，他们也不能幸免。他采摘浆果，在泉水边斟满水，也许还时不时洗个澡。
>
> 如果遵循否定世界和生命的哲学世界观的人们要活下去，他们就会不断做出一个接一个的妥协，之后他会得到这样一个决定，即真正重要的不是克制采取任何实际的行动，而是人们应该以非行动的精神和不受世界影响的内在自由去活动，结果就是行动可能失去了一切意义。为了摆脱被迫向自己坦诚放弃了多少对世界和生命的否定，他们求助于一种赞赏相对论的方式去看待事物。[38]

任何为了“维持生命”的妥协（甚至于吃喝）都被认为与否定生命的观念相违背。施韦泽没有表现出任何关于耆那教教徒的知识，神圣死亡（*sallekhana*）或自愿绝食而死被认为是那些在灵性上已经准备好的人最吉祥的死亡方式。耆那教教徒的死亡方式经常被误解为自杀，他们将此看作是“神圣死亡”而非自杀，是以仪式化的方式离开身体，其目的是灵性上的正见。施韦泽同样驳斥了这样一种观点，即个体是以无执(nonattachment)的精神否定生命，而不是字面意义上的完全不行动。选择是明确的，但并不公平：为了避免相对性(*relativity*)，我们不得不在绝食脱水自杀和肯定生命之间做出决定。对他来说，肯定生命是唯一合乎逻辑的反应，这一点也不令人奇怪。

施韦泽没有讨论耆那教的救赎神学，也不讨论它如何包含对一种活动和业力的完全不同的理解。我们很快谈到行动和意图(*intention*)之间的救赎关系，以及他批评的相关性。就目前而言，值得注意的是，类似的相对主义和前后矛盾的指控也经常针对施韦泽。尽管他
64 赞同一种绝对的、肯定生命的伦理，但他也承认，在某些情况下，杀死动物要比让它活着“更合乎伦理”。但是施韦泽没有看到蕴含在他自己的立场中的相对主义，也没有看到他拒绝用反对耆那教的论据来反对他自己。与他自己的观点相比，他对耆那教否定生命的解释显得没有那么灵活。

施韦泽用这种对耆那教否定哲学的曲解作为一种手段去标记他自己“伦理的肯定生命”的差异性，即“对属于这个世界的生命的福利怀有主动的兴趣”[39]。根据他的观点，既然伦理包含了活动性，否定生命(即脱离世俗事务)的伦理观就是“不一致的”。为了“避免”这种不一致的“命运”，耆那教“将它自身局限”在一种“不动的伦理”(*non*-active ethic)。这样一种伦理只能要求“以一种完全没有仇恨的仁爱精神……不可毁坏或损害任何生命”。但重要的是，“它不能在人身上要求积极的爱(*active love*)”[40]。正如我们所见，他的批评没有达到目标。简而言之，他无法分辨出，对耆那教教徒来说，不杀生并非不可避免地走向否定哲学。相反，耆那教的教义包含积极的服务。

施韦泽对肯定生命的表述促进了社会服务和生命的意义，而否定生命的伦理对世界漠不关心，并吹捧生命的静止性。集中讨论一个

迷失在沉思中，对世界毫不感兴趣的印度神秘主义者，而他或她的西方同代人积极参与到世界中来，并与上帝结成富有成果的统一体，这是一种讽刺。 对耆那教否定哲学的描述为施韦泽提供了一种修辞工具。 耆那教的作用相当于一种否定生命的思维方式的模型，一种与他的观念相对立的另一端，一种简洁地表达(如果不总是准确的话)他所不赞成的和想要改变的事物的工具。 就像他对待叔本华和尼采一样，施韦泽从耆那教中得到了一个关键的观点，实际上就是他的反模型，而耆那教的一般情况则让他感到不愉快。 这些持续存在的二元对立是他思想的一个狭隘之处。

一般而言，施韦泽对其他宗教的探讨，与其说是对事实的描述性研究，不如说是类型学和评价性的研究，尤其是在伦理探究方面。他关于印度思想文本的主要兴趣在于考察它们的各种伦理学说在多大程度上符合他敬畏生命的伦理观。 他用他自己的伦理观和他自己的世界—生命观作为评价其他宗教和伦理思想的基础，同时将其表述成是客观的。 如果施韦泽强调所有关于耆那教否定思想的严苛和不妥协的地方，那可能是因为他需要耆那教来衬托自己对肯定哲学的阐述。 他偏向那些与他观点一致的观念，而且很容易对其他观点不屑一顾。 施韦泽的目光更像是欧洲的，而非跨欧洲的；或者他的跨欧洲视野是通过强有力的施韦泽式的透镜才看到了耆那教。[41]

耆那教的愿景 65

深入研究耆那教的戒律和实践或许可以帮助我们理解这一点。在政治、社会、经济和艺术成就中，公元前6到前5世纪的印度以耆那教、佛教和其他非正统的宗教派别的传播而闻名。 与婆罗门相反，许多苦行僧和沙门(*Sramana*，灵性追求者)抗拒吠陀传统。耆那教和佛教在起源上都属于沙门学派运动。吠陀传统被认为建立在不平等的基础上，耆那教和佛教则建立在更广泛的平等(业力)思想之上。婆罗门的不平等被认为表现在三个方面：通过社会阶级，即种姓制度；关于此世和天堂的成功的目的和观点；关于对生命的伦理考虑和吠陀的祭祀仪式。这三种不平等，尤其是最后一种不平等，都由非暴力思想的发展而得到解决。非暴力的原则和实践与耆那教传统的关系最为密切。

耆那教的名字源自“耆那”(*jina*)一词，意思是“征服者”。耆那教教徒是由耆那所开拓道路的追随者，耆那被认为已经“征服”这个世界上的所有痛苦(*dukkha*)。作为不伤害和尊敬所有生命的非暴力主张，构成了所有耆那教教徒的主要宗教和道德戒律。在圣人面前，耆那教教徒重复着这一古老的法则：

> 我将停止知晓或停止故意毁灭所有伟大的生命。只要我活着，我不会杀生，也不会让别人杀生。我将努力不做任何这类活动，无论是身体上的、言语上的还是精神上的。[42]

耆那教最早的书面文本提供了一种重生的教义，它严格遵守不杀生的伦理原则。[43]耆那教声称其历史悠久，它的最后一位领袖大雄(Lord Mahavira)恢复了古老的信仰；人们不认为这是他首创的。他被认为是耆那教第24代祖筏驮摩那(Tirthamkara)中的最后一位(或渡人者，向我们展示去往生命彼岸的人)。根据耆那教的传统，大雄(伟大的英雄)出生于公元前599年，尽管有些学者把他的生日推迟了50多年。与佛陀一样，大雄在30岁的时候放弃了这个世界，过着流浪僧人的生活去寻找幸福。经过12年的苦行和隐居生活，他从这个

世界上获得了解脱，进入了全知的境界。 大雄在 72 岁时从轮回中获 66
得最终解脱。 大雄所传达的信息在于，个人的业力最为重要，而出生和种姓则是不重要的。 一个人未来的幸福依赖于消除业力，而业力与避免伤害或破坏任何“吉瓦”（*jiva*，灵魂或生命单子）直接相关。

广义地说，耆那教的实践是由三个独立但相互关联的信念所制约的。 首先，自然界中几乎所有的物质都是活着的；也就是说，物质包含灵魂（*jiva*）。 第二，任何对生命的伤害行为都是不合乎伦理的。第三，行动不可避免地会影响行动者未来状态和未来重生的结果。这三个信念构成了业力的信条，要求严格遵守基于非暴力的伦理原则。 对耆那教教徒来说，非暴力不仅是诸多美德中的首要美德，而且还是最高的道德美德（*ahimsā paramo dharma*，最高的达摩法）。 五戒（*Anuvratas*）是耆那教的基本教义，通过五戒可以约束业力的涌动，在五戒之中，不杀生被列为首位。

虽然“伤生行为”（*himsā*）经常被理解为伤害其他生命，但对耆那教教徒来说，它还包括了伤害自己——妨碍灵魂获得解脱能力的行为。 例如，杀害动物不仅因受害者所遭受的痛苦而应当受到谴责，而且“更应受到谴责，因为这涉及杀戮者的强烈激情，这种激情使得他更牢固地受到轮回（*samsāra*，灵魂的转世轮回）的控制”[44]。 伤生行为导致业力对灵魂的系缚（karmic bondage），这确保人一旦死亡，灵魂将在这个世界或另一个世界重生，而不是在宇宙的顶端达到一种解脱和喜乐的状态。

为了摆脱业力的系缚，遵守对所有生命的非暴力誓言是必要的。此外，为了把自己从业力的负面影响中解脱出来，耆那教教徒会许下一系列的戒律（*vratas*），这些誓言被认为能够帮助他们清除之前因不良行为而积累的业力残留。 但由于灵魂被认为自然界中的一切都包含灵魂(包括通常被认为是无生命的事物),很明显,在不伤害它们的情况下进行几乎所有的身体动作都是极其困难的。确实,早期耆那教没有提到有功绩的活动;任何形式的身体活动都对其他灵魂和系缚有害。只有抑制行动,才能减少“遮蔽”灵魂的业力,进而获得更好的重生。一个人行为背后的意图在耆那教早期的文本中是重要的,只有意图可以导向或远离伤生行为;而对救赎来说,重要的是对身体造成伤害,其原因则是次要的。

耆那教的思想后期从严格强调个人的行动转向关注个体犯下伤生行为的意图。但正如所预料的那样,施韦泽对耆那教否定生命的批评未能意识到这些复杂性(或者他的本性没有对这些复杂性保持警惕)。“耆那教”和“印度宗教”一样,都不是单一的整体。

67

通往解放之路

在乌玛斯伐蒂(Umasvati)的著述中,这种内在化学说的影响是显而易见的。他的《谛义证得经》(*Tattvartha Sutra*)大概成书于公元150年至350年之间,它首次对耆那教教义进行了文本统一,《谛义证得经》是一个把耆那教通往解脱之路的不同要素(认识论、形而上学、宇宙论、伦理学和实践等要素)系统化的尝试,同时调和僧侣和世俗(或积极的)各自的关切。这种综合与调和的关键是一种全新的系缚机制学说(*bandha*)。

这种新的综合理论提出了袈裟(*kasāya*,意图)学说,认为或多或少的系缚程度是行为动机的意愿程度的结果。乌玛斯伐蒂提供了后来成为伤生行为的标准定义:“源于激情而毁坏生命。”[45]几乎所有的重点——至少在理论上——都变成了主体的内部状态。

除了乌玛斯伐蒂的内在化学说，值得注意的是，非暴力主张（远非施韦泽对它的理解）不仅将非暴力视为一种消极的责任，而且还被视为唤起对所有生命的同情。耆那教对不杀生的承诺反映在对预防和减轻痛苦的积极关注上。例如，18 世纪一位名叫比罕吉（Bhikhanji）的僧人试图建立一个完全不援助任何众生（僧侣除外）的教派，但遭到了几乎整个耆那教共同体的抗议。比罕吉认为拯救一个动物会让这个人对它未来犯下的所有暴力行为负责，因此，应该避免这样的拯救行为。

比罕吉揭示了耆那教固有的困难，耆那教信奉完全的非暴力通往从轮回中解脱的道路，重视同情和慈悲行为的重要意义在于让人得以在天堂中重生。他的观点代表了施韦泽对否定哲学的僵化理解。为了对比罕吉和施韦泽的观点提供辩护，一些权威的教导可以很好地证明这一解释。但比罕吉的理论遭到了拒绝，而施韦泽的“粗线条素描”则忽略了这些细节和复杂性，对此他很有可能缺乏必要的直觉。

除了非暴力行为之外，非暴力主张还有另外一个作用，即唤起采取行动以减轻痛苦的慈悲（*karuna*，同情）。这个概念抓住了与消极禁令相伴随的积极精神。下面两处引文突出了耆那教中敬畏的中心地位。一处引文来自《阿含经》（*Agamas*），大雄以这种方式谈论不杀生：“除非我们发自内心以非暴力和敬畏所有生命的方式去生活， 68
否则我们一切仁爱和行善行为……是没有成效的。”[46]耆那教的《瑜伽正典》（Jain *Yogasastra*）也以类似施韦泽的语言对非暴力给出了一个定义：“敬畏生命是最高的宗教教义。不伤害生命是最高的道德准则。……没有什么品质比非暴力更美妙，也没有什么美德比尊重生命更高尚。”[47]女修士湿拉皮吉（Sadhvi Shilapiji）对此评论道：

> 非暴力在最真实的意义上不仅意味着不伤害他人，而且包含

> 了对所有众生的爱和同情的普遍法则……不伤害任何生命是非暴力的消极方式。通过采取积极意义上的非暴力，可以培养强烈的同伴情谊和同情心。[48]

非暴力在肯定生命方面在施韦泽对耆那教的批评中是缺乏的。正如他的表述(或需要它来宣传理论创新)，敬畏生命不同于耆那教对非暴力主张的应用。敬畏意味着不仅不伤害其他生命，而且要求积极的爱："[非暴力]典型态度与其说是积极敬畏生命，不如说是避免毁灭生命的消极责任。"[49]

施韦泽忽视了乌玛斯伐蒂对意图的强调，也忽视了诸如慈悲等"积极美德"，而这些都是耆那教伦理内在固有的。他的疏忽不能归咎于现存资料的不足，1906年，赫尔曼·雅可比(Hermann Jacobi)在《一个耆那教教义学：乌玛斯伐蒂的〈谛义证得经〉》(*Eine Jaina-Dogmatik：Umasvati's Tattvarthadhigama-Sutra*)一书中对这个提出翻译和注释。与施韦泽狭隘的表述不同，很明显的一点是，非暴力与敬畏生命之间具有比他意识到或希望阐述的更多共同点。

思想的宝藏

考虑施韦泽对不杀生的分析的一些主要因素和不足之处之后，我们现在可以研究施韦泽思想与耆那教之间其他的一些对应关系。两者都致力于建立一个服务于所有生命的精神和伦理基础。对施韦泽来说，生命的物理性和精神性的活动在于其生命意志，而在耆那教中，灵魂是生命力量，是每一个生命的灵魂。每个人都通过对生命和存在本身的冥想，达到对生命意志或灵魂的关注。

如果我们问道：“我意识的直接事实是什么？ 把其他一切抽象掉
后，我对自我的自我意识理解有多深？”根据施韦泽的观点：“意识的简 69
单事实在于，我意愿生活（*will to live*）。”[50]他批评笛卡尔的名言：“我思故我在”（*Cogito*，*ergo sum*），并把生命意志理解为哲学的起点：

> 笛卡尔通过假设人一无所知，并且怀疑一切，包括不论是外在的还是内在的，从而建立了一个人工的结构。为了结束怀疑，他回到了意识这一事实上：我思。……谁能够建立他在思考着这一事实，除了与思考某物之间存在关系？所思考的某物是什么，这一点非常重要。[51]

虽然施韦泽绝不是第一个在这一点上批评笛卡尔的思想家，但重要的是施韦泽的人格观念。 对他来说，笛卡尔式方法隐含这一断言：自我是自主的（即，是“我”在“思”），并且自我超越于自然，远离自然。 与之相对，施韦泽把人格进行概念化，将其理解为一种生活在其他生命中的存在：“真正的哲学必须从意识的最直接和最全面的事实出发，这一事实说的是：‘我是意欲生活在生命之中的生命。’”[52]这一命题源于一切生命在生理构造和本体论上的统一：“那么，这就是伦理学的本质和本源；它源于物质性的生命，源于生命与生命之间的联系。”[53]

施韦泽认为，所有生命都拥有相同的意志，这是他的伦理学的基础。 他的（伦理）人类学是建立在人作为共同体中的人而不是作为个体的人这一基础之上的：“没有任何一个人类对另一个人来说是完全而永久的陌生人。”[54]在评论中，施韦泽猛烈批评笛卡尔主义：“似乎笛卡尔的格言‘动物只不过是机器’迷惑了整个欧洲哲学。”[55]

在《东方圣书》（*Sacred Books of the East*，施韦泽可使用的一本翻译印度各个宗教文本的精选集）一书中，赫尔曼 · 雅可比写道，耆那教达到灵魂的概念“不是通过追寻自我，追寻在不断变化的现象世界中自我存在的不变原则，而是通过对生命的感知”[56]。在最普遍的耆那教术语中，灵魂是“生命”（jiva），这就相当于“自我”（*āyā*，*ātman*）。正如帕德曼达哈 · S.简恩尼（Padmanabh S.Jaini）断言，“对实在的外在证明”被认为是“多余的；对自我意识的简单体验（ahampratyaya）就足以构成理据”[57]。他解释道：

> 甚至连怀疑——例如，“真的有一个自我吗?”——也支持这个观点，当人进一步提出疑问：“是谁在怀疑?”当然，答案是“灵魂”，在所有人类行动背后的基本的“我”。[58]

70 施韦泽的存在（生命）和意识（自我）观念与耆那教的立场有明显的相似之处。不过，与叔本华不同，他承认，如果没有《奥义书》，这个自我理论是“不可能形成的”。而施韦泽对这些问题保持沉默。

施韦泽与耆那教思想的一个关键相似之处是他们都持有生命悲剧性本质的观念。对两者而言，世界是许多痛苦的根源。正如施韦泽反复讨论的那样，生命和痛苦是相互关联的：“生活意味着感受、敏感和痛苦。”[59]在耆那教中，被因果报应束缚的自我其存在是非常明显的。这强调了一种观点，即痛苦是生命结构中固有的。对两者而言，对世界上痛苦的敏感性要求人类不仅要尽可能地放弃对生命的暴力，而且要减轻这种暴力。

在耆那教中，当一个人开始理解自己生活中的痛苦程度时，就会对他人的痛苦产生一种关注。“把自己与他人比较”的重要性得到了反复强调：“所有的生物都热爱自己的生命。对它们来说，幸福是可欲的；不快乐是不可欲的。没有生物喜欢被杀。每一个生物都渴望生命。每一个生物都珍爱自己的生命。”同样地，《耆那教〈付经〉》（*Kritānga Sutra*）建议人应该“像自己愿意受对待一样对待世界上所有的生灵”。与之类似，在《耆那教仪轨经》（*Ayāramga*，1.4.2.6）中，他人的痛苦是由个人的痛苦推断出来的：“疼痛对你来说是愉快的还是不愉快的？……对所有的生物来说，痛苦都是不愉快的，令人厌恶的，引起极大恐惧的。”[60]与《耆那教十二支正典》中对其他生命的道德敏感性相呼应，施韦泽鼓励将道德关怀扩展到其他物种：

> 我们想用双手杀死的可怜飞虫，也像我们一样存在着。它知道焦虑，它知道对幸福的渴望，它知道对不再存在的恐惧。……在你的路上死掉的甲虫——也曾经是活生生的生命，像你一样为了生存而斗争，也同样沐浴在阳光下，也像你一样知晓焦虑和痛苦。[61]
>
> 大自然的朋友是这样的人：他感到自己与生活在自然界中的一切事物内在地联系在一起，他与其他所有生灵共享命运，在他们受苦或需要的时候就帮助他们，并尽量避免伤害或夺去生命。[62]

施韦泽和耆那教都认同“己所不欲，勿施于人”这一伦理规范。
其他生命就像自己一样，渴望快乐，厌恶痛苦。施韦泽和耆那教都 71
诉诸个人经历，通过同理心和同情心扩展到其他人身上，以此作为践行敬畏生命和不杀生的理由。当然，基于施韦泽的著述，很难说他对耆那教的悲剧观念的认识有多深。但他的立场与之太接近，不能认为这纯粹是巧合。

值得指出的是，耆那教和施韦泽所呼吁的同理心和同情心并不是没有问题的。同理心和同情心被认为毫无例外适用所有生灵。但如果与其他生物“内在统一”的程度达到极致，那么这就会面临马克斯·舍勒(Max Scheler)的批评，如果道德主体对受难者的认同达到某种程度，他或她就会失去了自己的身份，不再与受难者区分开来，那么同情就会变得不可能。如果对受难者的认同达到了这样的程度，受难者的痛苦变成自己的痛苦，同情也就不会产生。相反，减轻痛苦的动机是“以自我为本位的”(egotistical)，因为一个人试图减轻的是自己的痛苦。舍勒论证道，同情预设了存在者之间的区分(*distinction*)，并总是被引向他者。意识到自己与受难者不同是使得行为具有道德价值的必要条件。[63]

在施韦泽的意志理论和他的同情观中有存在者之间的区别吗？他像舍勒一样对认同有类似的观点吗？的确，施韦泽的写作方式有时会招致这样的批评。他对《罗马书》(第14章7节：“我们没有人为自己而活，也没有人为自己而死”)的布道辞加重了这个批评方向：

> 无论你在哪里看到生命，那就是你！在每一件事上你都重新认识了自己……与所有生命分享富有同情心的经历。我唯一能做的就是对所有被称为生命的东西怀有同情。
>
> 如果我们放弃自私，如果我们放弃对其他生命的疏远，如果我们分享和同情在我们周遭生命的经历，我们就是有道德的。[64]

施韦泽对同情的理解是字面意义上的，也就是说，行动者实际上是通过同情来体验另一个人的痛苦。但他未能在布道辞中解释这种非凡经历的可能性。情况逆转了，至少这一次，他的哲学可能有助于阐明他的神学。回到他的形而上学，施韦泽声称，那些只看到世界上存在者的多样性和多元性(即缺乏任何内在本质的现象对象)的个体忽视了问题的关键所在：尽管所有的存在者都是相分离的，但它们共享共同的潜在之实在性(生命意志)。施韦泽赞同康德的超验美学，坚持认为令多样性变得可能的空间和时间是主观的(即纯粹是人类认知的一个功能)，空间和时间只适用于表象，并不属于物自体。[65] 72

因此，对施韦泽来说，分离是一种幻觉。只要一个人以这种现象的方式感知世界，他就被排除在施韦泽关于实在内在本质的真理之外：生命意志及其根源，无限的生命意志。根据施韦泽的认同理论，富有同情心的人认识到其他人与他或她拥有相同的本性——经历着类似的痛苦，并像追求自己的幸福一样谋求他人的福利。施韦泽提出的观点是，我们不需要把自己的个性作为看待其他生命的唯一视角。但是，正如舍勒可能会指出的那样，施韦泽把同情建立在他的意志形而上学的基础，这肯定会使他陷入毫无根据的假设之中。

施韦泽和耆那教的另一个相似之处是自然悲剧的另一个方面，或者施韦泽所说的*必然性法则*，它迫使人类以伤害和毁灭生命为代价来生活。但他错误地认为耆那教并不理解这一思想，反而在这一点上对它的传统进行批评。

> 我们不能完全遵守没有限度的伦理，但耆那教的思想并没有讨论这一事实。它根本不承认这一点。它以一种令人费解的方式紧紧抓住自己的幻觉，仿佛任何认真对待这件事的人都完全有可能做到不杀生、不伤害。因此，耆那教教徒对这个重大问题视而不见，好像它根本不存在一样。无论一个人多么严肃地放弃杀生和伤害，他也不能完全避免会犯下某些错误。他处在必然性的法则之下，这种法则迫使他不知不觉中犯下杀生和伤害其他生命错误。[66]

正如我们所见，施韦泽没有注意到乌玛斯伐蒂的袈裟学说(承认完全不伤害生命是不可能的），该学说关注的是行动者的内在状态，并区分故意杀生和无意杀生。耆那教非但没有“对这个重大问题视而不见，好像它根本不存在一样”，反而正是施韦泽以“令人费解的方式紧紧抓住”他自己的幻觉。施韦泽声称耆那教“没有讨论”，也“根本不承认”一种无限伦理固有的复杂性，这时他甚至犯下更大的错误。正如一位耆那教思想家所注意到的：

> 生命因生命而繁荣。不伤害的理想实践是不可能的。无论我们做什么，为了存活下去，我们必须把一些生命转化成自己的生命。因此，规定和禁止的规范不过如此：“不要毁坏生命，除非这对
> 73 于维持一种更高的生命是绝对必要的。”当然，更纯洁的灵魂甚至不愿意认同这一点。但是，正如上所述，该规范不支持损害或伤害：它把伤害限制到最低。[67]

承认完全的非暴力是不可能的，耆那教的传统预示了施韦泽思想的两个关键因素。首先是对“生命因生命而繁荣”的意识，或者正如施韦泽所说：“生物的生存是以牺牲其他生物的生命为代价的。”[68]这似乎是一个非常罕见的情况，在被假定的思想资源与施韦泽的思想之间存在密切的相应关系。相似之处还有：“人不能像植物那样从空气和土壤中吸取营养。高级的生命形式为了生存而毁灭低级的生命形式。……但除非有必然性引导我们，我们才能[杀生]。……我们必须把每一种破坏行为视为可怕的事情，并扪心自问是否有必要这样做。”[69]第二，也有鉴于此，耆那教区分了必要的杀生和伦理的杀生。正如我们所见，施韦泽也认同“人类只应该在必要时才能够破坏和杀生”。对两者来说，虽然有些杀生是必要的，但它既不被制裁，也不合乎伦理。施韦泽可能独立发展出这样的洞

见，这似乎是不可思议的。

施韦泽相信，印度和西方的思维方式可以彼此互补互惠："两者都是有价值的思想宝藏的守护者。"通过比较研究，印度和欧洲的伦理思想可以意识到自己的"不足"，并"受到激励，转向更完善的方向"[70]。由于他认为欧洲的思想限制了人类对道德的关注，在精神上和伦理上都是贫乏的，所以他如此深刻地赞美非暴力主张也就不足为奇了。但施韦泽非常擅长打烟幕弹，"因天意的奇妙安排而赋予耆那教的知识[即非暴力主张]"[71]对施韦泽产生了实质性影响，或者仅仅确认他独立获得的结论，这一问题很有可能将永远是模糊不清的。

施韦泽告诉我们，在奥戈维河上旅行时，他脑海中"闪过"敬畏生命这个短语。但这个短语所表述的伦理概念已经在很早之前就开始孕育。施韦泽对各种各样的思想刺激做出反应，对它们进行吸收、修改、挑选和选择，然后逐渐建立起他的敬畏生命思想。在耶稣、保罗和其他思想家的重大影响中，施韦泽与耆那教和非暴力主张的融洽关系帮助他得以阐明和识别敬畏的意义。

注　释

[1] Jackson Lee Iceh 和 Albert Schweitzer 未被出版的通信(7 July 1952)，位于美国康涅狄格州昆尼皮亚克大学阿尔贝特 · 施韦泽人文研究所档案馆。

[2] Joy，in *GOETHE*，24.

[3] *GOETHE*，24.

[4] *GOETHE*，p.27.

[5] Ibid.，27.

[6] Joy，in *GOETHE*，25.

[7] *GOETHE*，25.

[8] IND，vi.关于印度思想对叔本华的影响，参见 Moira Nicholls，"The Influences of Eastern Thought on Schopenhauer's Doctrine of the Thing-In-Itself，" in *The Cambridge Companion to Schopenhauer*，ed. Christopher Janaway (Cambridge：Cambridge University Press，1999)，171—212；Dorothea Dauer，*Schopenhauer as Transmitter of Buddhist Ideas* (Berne：Herbert Long & Company，1969)；and Bryan Magee，*The Philosophy of Schopenhauer* (Oxford：Clarendon Press，1983)，14—15，316—321。此外，关于叔本华研究印度古代文献的介绍可见于 Ludwig Schemann，ed.，*Schopenhauer*

Briefe (Leipzig: 1893), 332。

[9] Schweitzer, correspondence with Asiatic Society, Calcutta, India(10 February 1965), *LETT*, 351.

[10] 关于这个处理，参见 H.G. Rawlinson, "India in European Literature and Thought," in *The Legacy of India*, ed. G.T. Garratt(Oxford: Clarendon Press, 1937); Rawlinson, "Indian Influence on the West," in *Modern Indian and the West*, ed. L.S. S.O'Malley(London: Oxford University Press, 1941); and P. J. Marshall and G. Williams, *The Great Map of Mankind*(London: Dent, 1982).

[11] Georg Wilhelm Friedrich Hegel, *The Christian Religion: Lectures on the Philosophy of Religion*, vol.2, trans. Peter Hodgson(Missoula, Mont.: Scholars Press, 1979), 43.

[12] *WWR*, 2:608.

[13] Schopenhauer, *Werke in zehn Bänden*, vol.5, ed. Arthur Hübscher, trans. E.F. J.Payne(Zurich: Diogenes Verlag, 1977), 40.

[14] Schopenhauer, *Manuscript Remains*, vol.1, 467.

[15] Schweitzer, correspondence with Prime Minister Lal Bahadur Shastri, New Delhi, India(12 June 1960), *LETT*, 348.

[16] Schweitzer, *Memoirs of Childhood and Youth*, trans. Kurt and Alice Bergel (New York: Syracuse University Press, 1997), 37. 此后引用为 *MCY*。

[17] Ibid., 41.

[18] *IND*, vi(我加的斜体)。

[19] Ibid., 10.

[20] Ibid., 83(我加的斜体)。

[21] Ibid.(我加的斜体)。

[22] Ibid., 78.

[23] Ibid., 79.

[24] Ibid., 83.

[25] Ibid., 10.

[26] Ibid., 84.

[27] Ibid., 234.

[28] Moritz Winternitz, *A History of Indian Literature*, 3rd ed., vol.1(Calcutta: University of Calcutta, 1962), 1.

[29] 当时一些主要的德语和法语专著包括 Ernst Leumann, *Das Aupapatike Sutra, erstes Upanga der Jaina*(Leipzig: Brockhaus, 1883); August Friedrich Rudolf Hoernle, *Jaina Agama*(Calcutta: Bilbiotheca Indica, 1888); Hermann Jacobi, "Mahavira," *Indian Antiquary* 9 (1880): 158—163; *Eine Jaina-Dogmatik: Umāsvāti's Tattvārthadhigama-Sutra*(Leipzig: Brockhaus, 1906); *Ubersicht uber die Avasyaka-Literatur*(Hamburg: Friederichsen, 1934); Arman Albert Guérinot, *Repetoire d'Epigraphie Jaina*(Paris: Geuthner, 1908) and *La religion djaina*(Paris: Geuthner, 1926); Helmuth von Glasenapp, *Der Jainismus: Eine indische Erlö-sungs-Religion* (Berlin: Hayer, 1925); and Walther Schubring, *Acaranga-Sutra*(Leipzig: Brockhaus, 1910), *Worte Mahaviras*(Gotingen: Vandenhoeck, 1926), and *Die Lehre der Jainas* (Berlin: Walter De Gruyter and Company, 1935)。关于耆那教的详细参考文献，参见 Padmanabh S.Jaini, *The Jaina Path of Purification*(Berkeley: University of California Press, 1979)。

[30] Schweitzer, correspondence with Prime Minister Lal Bahadur Shastri, New Delhi, India(29 November, 1964), in *LETT*, 349.

[31] *IND*, 43.

[32] *TEACH*, 13.

[33] *IND*, viii.

[34] *WWR*, 2:170(叔本华加的强调)。

[35] *IND*, 1.

[36] Ibid., 1—2.

[37] Ibid.，42.

[38] Ibid.，7—8.

[39] Ibid.，117.

[40] Ibid.，8—9(我加的斜体)。

[41] 叔本华显然也遇到过类似的难题。See Christopher Janaway，ed.，*The Cambridge Companion to Schopenhauer*（Cambridge：Cambridge University Press，1999），171—212.

[42] Padmanabh S.Jaini，*The Jaina Path of Purification*（Berkeley：University of California，1979），1. 此后引用为 *PATH*。

[43] See *Acārānga Sutra*，1.1.2，1.5.5.

[44] *PATH*，167.

[45] 正如引自 W.J. Johnson，*Harmless Souls*（Delhi：Motilal Banarsidass，1995），63。此后引用为 *SOULS*。

[46] Mahavira，转引自 Gurudeva Chitrabhanuji，"Jainism as a Religion of Nonviolence," in *Jainism in a Global Perspective*，ed. Sagarmal Jain and Shriprakash Pandey（India：Parsuanatha Vidyapitha，1998），1。

[47] Jain Yogasastra，转引自 N.P. Jaina，"Jaina Religion," in *Jainism in a Global Perspective*，88，110。

[48] Sadhvi Shilapiji，"Ahimsā Dharma"［非暴力的宗教］，in *Jainism in a Global Perspective*，27。

[49] *LIFE*，188.

[50] Ibid.，181(施韦泽加的强调)。

[51] Ibid.(施韦泽加的强调)。

[52] *PC*，309.

[53] *LIFE*，181.

[54] *TEACH*，39.

[55] *PC*，297.

[56] Hermann Jacobi，*Sacred Books of the East*，vol.22（Oxford：Clarendon Press，1884），3.

[57] *PATH*，103.

[58] Ibid.

[59] *REV*，10.

[60] *Acārānga Sutra* 1:2:3；*Kritānga Sutra*，bk. 1，lecture 11:33，in Jacobi，*Sacred Books*，314；*SOULS*，10.

[61] *REV*，10.

[62] Schweitzer，"The Revival of Falconry," in Joy，*Animal World of Albert Schweitzer*，177. 原文最早出自 *Nochmals Falkenjägerei*（Zurich：Atlantis，May 1932)。

[63] See Max Scheler，*The Nature of Sympathy*，trans. Peter Heath（New York：Archon Books，1970）17f.

[64] *REV*，10—11，14.

[65] *PC*，236—237.

[66] *IND*，83—84.

[67] Jagmanderlal Jaini，*Outlines of Jainism*（Cambridge：Cambridge University Press，1916），71.

[68] *REV*，15.

[69] Ibid.，26.

[70] *IND*，x.

[71] Ibid.，81.

75

第4章　追寻上帝的国

施韦泽有时太在意自己被讽为一个前学者，现在却隐居在原始丛林里。有一次在施韦泽位于根斯巴赫的家中的晚宴上，一位客人对他关于当前神学著作的知识感到惊讶。施韦泽爆发了：“是的，你很惊讶我知道这件事，不是吗？欧洲博学的神学家们正在思考‘那位丛林医生坐在他的非洲医院里，不知道我们在这里想什么、写什么。’好吧，让我告诉你一些事情——这些我都读过！”[1]

重要的一点是要明白，施韦泽对敬畏的追求与他对历史上的耶稣的追求并不是分开的两条道路。把施韦泽看作是一个单纯被哲学、世界宗教和《圣经》研究等各个方向拉扯的人是错误的。相反，这些都是他寻求“道德根本原则”的重要途径，他在敬畏中找到了这些根本原则。

确实，有一些证据表明，施韦泽构思了一种模式，从耶稣开始，进而到保罗，最后以敬畏生命达到高潮（而巴赫是其中的一段插曲）。把这些合在一起，《保罗及其诠释者》（*Paul and His Interpreters*）和《使徒保罗的神秘主义》（*The Mysticism of the Apostle Paul*）是一部综合著作《早期教会的历史》（*History of the Early Church*）中前两卷，而《寻找历史上的耶稣》则是第1卷。第3卷通过使徒约翰文献

和次使徒时代的教父教会，追溯希腊化的基督教思想的发展。 施韦
泽打算把《文化哲学》的两部分再加上另外两部分，即《敬畏生命的 76
世界观》和《文明国家》，尽管时间不允许完成这项宏伟的任务。 此
外，关于巴赫合唱前奏曲的三卷本也从未付诸现实。[2]

施韦泽对耶稣形象的沉迷是这一事业的核心。 毋庸置疑，他对历史上的耶稣的研究远非中立的。 相对于那些像叔本华和雷纳(Renan)那样“剥去耶稣”的光环，把他变成一个多愁善感的人物的学者，施韦泽的“目标”旨在“描绘出耶稣压倒性的英雄气概，并将其在当今时代和现代神学中留下浓重的印象”[3]。 他对于“没有任何历史任务比写作耶稣的生平更能揭示一个人的真实自我”[4]的观察，具有深刻的自传体意义。

在 1950—1951 年间，他写了《上帝的国和原始基督教》(*The Kingdom of God and Primitive Christianity*)，但很奇怪的是，这本书直到 1969 年才由他女儿出版，那已经是他去世 3 年后了。 这个文本展示了施韦泽对耶稣的学术信念是如何从他的第一次出版就发生了巨大变化。 他在脚注中承认：

> 我仍然相信，在前弥赛亚的苦难中，有一种罪恶的负担不仅阻碍了世界，还延迟了上帝的国的来临，但它可以由信徒来补偿，因此，根据仆人的经文，耶稣把他的替代献祭视为赎罪。通过对晚期犹太末世论的进一步研究，以及对耶稣受难思想的思考，我发现我不能再认同这一观点。[5]

这个脚注也许是文本中最重要的一段，标志着施韦泽对耶稣历史研究的一个重要转变。 但是，正如我们将要看到的，他个人(精神性的)对耶稣的信念在他的一生中几乎没有发生过任何改变：与耶稣的

同伴关系并不是严格由我们的历史知识来定义的，而主要由与耶稣的精神结合来定义的。

肖像素描

19世纪自由主义新教对耶稣生平的研究忽视、低估或“精神化”“历史上的耶稣”末世论的元素，而这些是约翰内斯·韦斯(Johannes
77 Weiss)和施韦泽的研究核心。在《耶稣宣告上帝的国》(*Jesus' Proclamation of the Kingdom of God*, 1892)一书中，韦斯坚持认为，耶稣期待着即将建成的天国*，这是一场人类在其中几乎或根本没有起到任何作用的灾难性事件。施韦泽不仅将韦斯的理论用于关于耶稣的布道，而且还用于他的传道和激情：“韦斯只走了一半的路。他意识到耶稣的思想是末世论的，但并没有由此得出他的行动也是被末世论所决定的结论。”[6]施韦泽认为，当耶稣派十二门徒出去的时候，并不指望他们在上帝的国实现以前能够回来。[7]当他们确实回来了，施韦泽假设耶稣意识到他有必要承担天国来临之前的苦难，并以此作为必要的前奏。根据古代犹太教的末世论希望，这使得耶稣蒙受了前往耶路撒冷的死亡之旅。耶稣就这样前往耶路撒冷，为的是“最终迫使上帝的国的来临”。耶稣以弥赛亚的身份进入圣殿，他“激烈地洁净圣殿，在众人面前激烈地抨击法利赛人”，结果是“故意将自己置于死地”。[8]

虽然耶稣期待他的死将保证在地上建立上帝的国，并死于这个期待，但天国并没有完全完成。这是《寻找历史上的耶稣》中经常被

---

* 原文出现的“Kingdom”、“Kingdom of God”均指施韦泽基督教末世论的理想，根据上下文语境译作“天国”、“上帝的国”。——译者注

引用的一段话：

> 耶稣……认识到他是即将来临的人之子，就握着世界之轮，推动它进行最后一场革命，也就是结束一切普通历史。历史拒绝革命，于是他就把自己献了上去。历史决定向前，于是他就被碾压了。他没有带来末世论的条件，反而毁灭了它们。车轮滚滚向前，一个无比伟大的人类血肉之躯仍然悬在上面。他的身体是如此的强壮，以至于他认为自己是人类的精神统治者，并使历史屈从于他的意图。这是他的胜利，也是他的权柄。[9]

施韦泽发现，耶稣的末世论期望并没有在那一刻完全实现，这一点相对来说没有那么重要。对他来说，最重要的是耶稣对上帝的国的态度(*attitude*)。我们将会看到，以这种坚定的、为上帝的国而牺牲的精神工作，成为施韦泽神学和伦理学的主导性主题。

为了更好地理解历史上的耶稣，施韦泽强调有必要研究耶稣自己的时代背景。耶稣时代的世界观是一种天启思想，认为世界进程即将面临灾难性的终结，这个观点在当时非常流行。施韦泽挑战了大多数自由主义新教学派的观点，他们认为耶稣主要是一位道德导师；对耶稣历史上不准确的“现代化”只能通过在耶稣传道的记载中忽视
耶稣的末世论维度来加以辩护。耶稣不是一个现代的自由主义者， 78
期待天国道德的逐步完善，相反，他是一个属于自己时代的人，他期待即将走入天国。耶稣的伦理观与他的末世论是分不开的；它们是临时的伦理(*interim ethics*)。自由主义神学忽视耶稣传道的末世论维度，而将其重点限制在他伦理教诲中“没有时间维度的”元素上，这个观点难以得到合理辩护。

后来的《新约》研究证明，施韦泽的末世论假设的许多细节都是

有问题的，尤其是他对《马太福音》中某些孤立文本的强调，比如《马太福音》第10章23节。虽然他对耶稣的重建可能没有像他的前辈们那样是一个现代化的建构，但他属于他所批评的那一类耶稣传记作家，因为他把《福音书》看成一种历史记录，可以提供一个准确的耶稣形象。他的这句话说得清楚："从《马可福音》的零碎记载中，我们根本无法认识耶稣生平的历史问题，更不用说解决问题了。这两部最古老的《福音书》提供两种不同的叙述，同样有价值，但《马太福音》的丰满性赋予了它更大的重要性。"[10]

他的特点是，他不会把自己对其他学者的批评用于他对耶稣形象的论述上。

内心的启示

从施韦泽的角度来看，耶稣死了，历史却没有结束，但这并不会减损他"超越人类的伟大"，或减损他生命的"永恒"力量，或减损他话语的"永恒"价值。[11]正如我们所看到的，施韦泽改变了他对历史上耶稣的学术结论。但他仍然坚持认为："精神真理……与关于这个世界的事务性知识处于不同的层面，而精神真理完全独立于事务性知识。"[12]关于耶稣的精神知识取代了关于他历史信息的认识。因此，施韦泽开始以他自己的神学信念，建构关于历史上的耶稣的精神化(*spiritualized*)版本。

施韦泽毫无保留或不作修改地指出："在我们这个时代，历史上的耶稣是一个陌生人，一个谜团。"[13]深受现代肯定世界观和人生观影响的基督徒不可能与耶稣的末世论思想(其中包含否定哲学的元素)联系起来，而会把它置之不理。对施韦泽来说，一旦我们忽视耶稣思想的末世论基础，我们对耶稣的历史和精神的认识就仍然是肤浅的。理解历史上耶稣的末世论并不完全是一个理智的问题。正如J.C.奥尼尔(J.C. O'Neill)指出，施韦泽坚持认为，单凭《新约》的学术知识是无法告诉历史学家如下信息的：

> 施韦泽同时代的人之所以无法理解耶稣，不是因为他们对奇 79
> 异的末世论一无所知，而是因为他们对实现[上帝的国]的意愿和希望不够坚定。他们不能与耶稣的思想相提并论。[14]

理解历史上的耶稣与个人对上帝的国的承诺有关。我们的“意愿和希望”越像耶稣，我们对他的理解就越深：“我们对历史上的耶稣的理解，就像我们对上帝的国一样，有着坚定而充满激情的信仰。”[15]尽管施韦泽强调要保持耶稣作为公元 1 世纪犹太人的历史轮廓，但他相信，我们对耶稣的历史了解无论有多详细，这些知识都不会向我们揭示“我们想要知道”的东西，因为“历史知识无法召唤精神生活的存在”。精神真理高于历史知识是显而易见的：

> 耶稣对我们的世界很重要，因为有一股强大的精神力量从他那里流出来，也流经我们的时代。任何历史发现既不能动摇这一事实，也不能证实这一事实。它是基督教的坚实基础。[16]

一方面，施韦泽强调所有历史研究都有必然的局限性。历史知识无论多么详细和丰富，都不能召唤精神生活的存在；我们需要找到一种超越历史分析的方法来接受关于耶稣的精神知识。另一方面，施韦泽强调，耶稣身上永恒不变(*abiding and eternal*)的特质，绝不能脱离产生这个特质的历史形式。历史知识可以帮助我们点燃对耶稣的精神理解。但它不能构成信仰的唯一基础："历史将迫使它[神学]找到一条超越历史的道路，用另一种锻造出来的武器为耶稣主宰和统治这个世界而战。"[17]正如我们将会看到的，施韦泽选择的理论武器是圣灵。

尽管施韦泽对耶稣进行了长期的历史研究，但历史信息被认为次于内心的精神启示：

> 但真相是，我们不是从历史中知道耶稣，他从人的灵魂深处升起，被我们的精神所知，他对我们的时代非常重要，并可为这个时代提供帮助。不是历史上的耶稣，而是从他那里流出的圣灵，流经人的精神里，力争新的影响和统治，这就是胜了世界的精神。……
>
> 80 ……耶稣的永恒不变是绝对独立于历史知识的，只有与他的圣灵相遇，才能理解他，他的圣灵仍在世上运行。我们如何拥有耶稣的圣灵，就如何拥有关于耶稣的真实知识。[18]

要想认识耶稣，就必须超越对历史上耶稣（"凭借肉身的基督"）的知识的追求，而要通过他的圣灵来认识他。施韦泽关于使徒的评论同样适用于他自己："保罗遵守的原则是关于基督的真理……不是从传统叙事和教义中得来的，而是从耶稣基督的圣灵所给予的启示中得来的。"[19]对施韦泽来说，这个"寻找"通往人与基督经由圣灵的结合，这几乎就是一种"内心的启示"[20]。

施韦泽基督论的一个整体特征是超越历史上的耶稣的精神活动；圣灵是耶稣与人类关系的跨历史模式。施韦泽指出，耶稣的圣灵是一种超越实证主义历史决定论的全新《圣经》诠释学：历史上的耶稣存在于圣灵伴随出现的任何地方，因为"圣灵就在他身上"[21]。对施韦泽来说，内心精神与耶稣的圣灵是相通的。

在《宗教的神秘元素》(*The Mystical Element of Religion*)一书中，弗雷德里希 · 冯 · 胡格尔(Friedrich von Hügel)将注意力集中在“明显的内在二律背反”，这些矛盾存在于“特殊的具体经验”之间，这些经验“单独地推动着我们，帮助我们决定我们的意志，而从表面上来看，它们是不可转移的，实际上是不可重复的；一般的抽象推理是可重复的，确实是可转移的，但它不能打动我们，也不能直接帮助我们决定意志”[22]。这种“明显的内在二律背反”类似于施韦泽所理解的关于历史上耶稣的两种倾向。从历史的角度和从精神的角度，这种矛盾存在于可传达的但不充分的与不可传达但他认为是核心的两种倾向之间。大量的历史研究是可传达的，但问题的核心(即圣灵的内心启示)是一个人必须自己领悟的事物。

施韦泽的叙述似乎仍然受到他所拒绝的自由主义的影响。他把自己的圣灵学说附在耶稣和福音上，但这样做就犯了他所指责的他的自由主义前辈犯下的同样“错误”。信奉自由主义新教神学的中心原则之一是认为基督教信仰的基础是精神上的，而不是历史上的，因而是永恒的。根据圣灵和他所处时代的道德问题来解释耶稣的这一做法遭到了许多批评，他也无法逃避这些批评。施韦泽也深深地往井里寻找耶稣，最后看到的是自己面容的倒影。我们将在下文看到，他对《新约》的学术研究与他的伦理信念融为一体。

历史困惑 81

对施韦泽来说，对耶稣末世论的(历史的)理解是很重要的，因为它可以激发我们自己对于实现天国的热情。末世论世界观在任何时代都是合适的，“因为在每个世界里，他们都培养出敢于迎接挑战的人……超越他所在的世界和时代”[23]。基督徒被要求坚持末世论世界观，这个世界观激励他们像耶稣一样生活，就像上帝的国即将来临一样。

施韦泽论证道：“耶稣话语中永恒的东西正是来自末世论的世界观。”[24]最后一行有助于阐明未明确说明的《圣经》诠释学：末世论很重要，因为它始终服务于道德目的。正如施韦泽所描述的，耶稣末世论的核心特征是它的超越时间性和道德意义。耶稣的末世论话语以这样一种方式看待未来，以至于每次都可以重新进行谈论。末世论话语超越时间性的本质与其伦理品格是相辅相成的，因为它作为一种关于未来时间的话语，对任何时代都能做出道德判断。末世论不仅是施韦泽对历史上的耶稣进行学术研究的主要视角，也是信徒在当下捕捉耶稣伦理教诲重要性的主要手段。

虽然末世论的思想可以用来规劝人们不要努力改善可能很快就会消失的世界现状，但施韦泽相信这并不适用于耶稣。耶稣确定一个更完美的世界即将到来，这没有令他走向禁欲主义或遁世：“耶稣没有因物质世界的目光被指向纯粹的存在而否定它，他否定的只是邪恶的、不完美的世界，他期待的是一个即将到来的良善而美好的世界。”[25]施韦泽的末世论辩证法建立在这样一种信念之上：这个世界将继续存在，而我们必须在其中做工和改善它（“在这个世界保持积极性”），以及我们必须不能被这个世界吞没（“从这个世界解脱出来”），因为天国即将来临。耶稣话语中的末世论基础既不是要废除它们的意义，也不是给予它们被动性，而是要赋予它们即时性，并保留最初的迫切性：

> 重要的是：上帝的国的概念对我们世界观的重要性与对他的意义是一样的，我们体验这种迫切性和这个概念的力量的方式与

他所体验的方式是一样的。[26]

耶稣与当下的连续性在于末世论。但施韦泽并没有质疑，天国 82
的概念在解释学上是否可能与我们的世界观“一样”，就像它与耶稣的世界观一样。

施韦泽这里对天国的解释再次与他的新教自由主义对手的解释一致。尽管他强烈反对自由主义对历史的论述，但他接受了其中不少伦理见解。自由主义新教徒对耶稣的描述在历史上误入歧途，但他们对末世论的论述鼓舞了人们以伦理的方式积极参与到这个世界的活动中来，施韦泽对这一点非常赞赏。

问题在于，施韦泽在多大程度上有意识或无意识地利用他的《新约》学问来传达他的伦理信念。虽然他没有把宗教归结为伦理，但在每一个关键点上，宗教都被解释成与伦理密切关联在一起。

布道上帝的国

施韦泽在著作中把末世论和伦理行动联系在一起，这可以追溯到到他最早出版的著作。1900 年(在他 25 岁的时候)，他在论文“19 世纪的哲学与通识教育”(“Philosophy and General Education in the Nineteenth Century”)中已经论述“文明的衰落”这一主题，其中预见了后来在《文化哲学》中提炼出来的许多问题。同时，他着手撰写《上帝的国的奥秘》(*The Mystery of the Kingdom of God*)。看起来施韦泽似乎在写两部书——一部关于文明的衰落，另一部则关于耶稣末世论——不过他在文明、伦理与末世论之间看到了某种联系。他的布道“创造性的苦难”和“扣人心弦的希望”(也写于那个时期)表明了同样的联系。正如他所表述的，19 世纪欧洲思想越脱离末世论的世界观，文明就越远离精神和道德的进步。对于这种处境，施韦泽建议的解决方案如下："为了上帝的国而谦卑工作是当今时代的命令。"[27]一个人为实现上帝的国所做的努力与文明的伦理精神进步是有联系的。施韦泽在 1934 年的论文"现代文明中的宗教"（"Religion in Modern Civilization"）充分表达了这一观点，指出"宗教正是通过上帝的国的理念而与文明建立联系的"[28]。

在《文明的衰落与重建》（《文化哲学》第 1 卷）中，施韦泽认为，文明的衰落主要根源于"伦理世界观"的缺失，而在论述为文明
83 的重建而需要这样的伦理基础的过程中，他却遗漏了任何关于末世论的讨论。他希望他的哲学能够独立存在，但事实上，它缺乏神学的支撑。因此，他的哲学著作掩盖了他对上帝的国和人类道德行动的个人信念。再一次探讨施韦泽在法国斯特拉斯堡和非洲兰巴雷内的布道辞，可以让我们深入了解他的神学思想。

在转向施韦泽在布道中论述上帝的国的理解前，有必要讨论他利用布道的优势和缺点。他的布道给学术分析带来了一些潜在的问题。它们既非神学论文，也非哲学论文。一篇布道通常是一种简化的表达方式，目的是通过启发和理性来说服听众。施韦泽经常使用的与其说是论证，不如说是修辞；他的传教冲动体现了他的情感层面和信仰层面，这些都有别于他的学术思想。

但是，把他的布道考虑进来有助于获得更广阔的视角。尽管还不清楚施韦泽是否计划过出版他的兰巴雷内布道，他确实要求把这些手稿从法语翻译成当地的加蓬语（巴乌因语和本贾比斯语），并在他讲道时逐字逐句地抄写下来。[29]这些布道（对象是向加蓬病人和聚集民众介绍基督教信仰），尤其是主祷文提供了他对基督教基本教义的洞见："在这里[在兰巴雷内]的重要事情是宣讲福音的精髓。"[30]同

样发人深省的是施韦泽的这句话：“无论我的出发点是什么，我总是能找到与成为基督徒相关的最深刻的事实……因此，即使一个人只参加一次礼拜，也能了解成为一个基督徒意味着什么。”[31]回顾之前的主题，这几乎不可能是出于无神论者或不可知论者的言论。

当施韦泽从事医生工作的时候，基本上停止了神学和哲学著作的写作，不过他经常用布道的机会来处理当时的神学和社会政治问题。鉴于此，埃里希 · 格雷泽（Erich Gräesser）认为施韦泽的布道提供了他的主要关注点的洞见，并揭示他内心深处的想法。[32]尽管从施韦泽的其他著作来看，他的布道不属于学术神学，但这些布道对他的神学提供了一个更完整的图景。

精神王国

从广义上讲，关于耶稣末世论的解释有三个普遍的立场。第一，
未来主义者（*futurist*）的观点主张，上帝的国在未来仍然存在，并将在 84
人类历史的进程中实施破坏性的干预。第二，*开启*（*inaugurated*）的立场声称天国已经开始在人类历史中发挥影响，但其充分实现仍然取决于未来。第三，*已实现*（*realized*）的视角认为，上帝的国已经在耶稣降临时实现了。

《新约》学者把施韦泽在《寻找历史上的耶稣》中得出的学术结论与关于天国的未来主义观点联系起来。原因很容易理解：当耶稣怀着对天国的期待把自己抛在世界之轮上，由此他被描述成期待上帝的国的来临。但这并非这个图景的全部，至少对施韦泽来说。我们稍后会看到，他自己的神学立场是很容易确定的，是建立在开启立场的基础上。“我们必须把耶稣死亡的表象看作是实现上帝的国的*开端*

(*beginning*)。”又一次:“耶稣之死对信徒的重要意义不在它本身,而是作为上帝的国开始的事件。”[33]

施韦泽对上帝的国许多深思熟虑的陈述,都可见于 1930 年他在兰巴雷内关于主祷文的七次布道。在“你的国即将来临!”和“将你的国赐给世界!”两篇布道中,他对听众劝诫:

> 耶稣来到世上的时候,已经有许多人祷告说:“但愿上帝的国来到世上!”……耶稣复活的日子,人看见他是上帝所差来的人的王,**上帝的国就开始了**。所以我们知道上帝的国是从主耶稣基督开始的。**但这才刚刚开始**。这就是为什么当耶稣基督教导人们祈祷时,他教导他们祈祷:“愿你的国降临。”自从耶稣到来后,人们已经祈祷了很多年,很多年了……上帝的国,才刚刚开始不久。然而我们看见上帝的国仍是个弹丸穷国,就相信上帝的国总有一天要成为强大的。[34]

> 我们祈祷两件事。我们向上帝祈祷:在这个世界上“将你的国赐给我们!”,我们还祈祷,“上帝啊,愿你将你的国赐给我们心中。”[35]

对施韦泽来说,天国的开启与耶稣对我们心灵(*heart*)的影响有关。但天国还没有完全实现。在探讨施韦泽的心灵神学及其对上帝的国的理解的关系之前,需要对他过时的关于权柄的用语做一些评论。

85 如果要描绘政治专制的形象,施韦泽关于耶稣权柄的观点肯定不能提供一个合理的联想。它代表等级制度,特别是父权、压迫和屈从的关系。施韦泽显然没有预见到这些词语后来的负面含义,也没有看到这种模式与他的伦理神秘主义形成了鲜明的对比，后者谈论的是联合和避免支配。但是，更深入地分析他论述耶稣权柄的特征的方式可能有助于解决其中一些问题。从末世论的角度理解，通过肯定基督对世界的最终统治，他对权柄用语的运用起到的是一个批判性概念的作用。耶稣的权柄被认为是对人类滥用世俗权力的一种纠正。为了这个目的，施韦泽将“人类的国”的不公与“上帝的国”的和解进行对比：“在全世界，就是人类的国所在的地方，[存在那些]恶人，不义之人，好战之人。……但也有人知道上帝的道。他们说：‘不，我们不必一直如此——战争、不公和残酷——总有一天，上帝的国会降临。’”[36]根据施韦泽的描绘，耶稣的正义统治将取代压迫性的世俗统治。耶稣的权柄是自由的，而非专制的，对此他没有看出有任何矛盾之处。而对我们当中的一些人，他的术语至少存在一个潜在的矛盾。

在施韦泽的布道中，心灵代表了人类的精神中心；它是精神生活的起点，是人类与圣灵相遇的地方。心灵指向人类能够感受的那部分，它体验到一种比散漫的思想更深刻的感觉——一种能深入到人类内心最深处的精神性。

施韦泽关于心灵的神学类似他关于人类意志的形而上学。他关于无限的爱的意志的哲学阐释鼓舞人类的生命意志朝向更高的爱的意志，并在圣灵中找到它的神学对等物：“赐给人全新的心智(mind)和心灵。”[37]这个关联是明显的：“爱是圣灵的礼物。……爱是最珍贵的‘圣灵的果实’。”[38]爱不是纯粹的形而上学之物，它直接合乎伦理。圣灵将个体推往建造一个完整的人格，这在舍己之爱中得到了体现。他的心灵神学正如他的意志形而上学一样，最终在伦理学中落实：“用传统的宗教语言……我说的是‘爱’，而不是‘敬畏生命’。”[39]

施韦泽用田园牧歌般的语言描述了圣灵对心灵的影响，圣灵点燃

每个人内心的“火种”，“只有当它遇到来自外部的火焰或火花时，即
受到另一个人的火种的影响，才会成功地燃烧起来。”[40]这“另一
个人”即耶稣，他是我们心灵的“君主”。这充分说明了施韦泽思想
86 对作为经验自我(生命意志)的一部分的潜能与在耶稣基督中伦理启蒙
(爱的意志)的区分。在实现这一潜能之前，人类必须诉诸无限的爱
的意志的帮助：“愿主耶稣基督把爱放在我们心里。愿这爱之火光永
远在我们的心中燃烧。”[41]虽然圣灵对我们来说是外在的，但通过
它的力量，我们能够实现我们的内在潜能，使“火种”能够点燃
发光。

为上帝的国而工作

在整个19世纪，自由主义者普遍认为耶稣建立了作为内心和精神现实的上帝的国。上帝统治信徒的心灵，用圣灵充满个体的身心，激励他们在社会生活中实现基督的价值。社会进步的目标是通过人类的努力得以实现，信徒的共同体将带领人类在人间建立天国。基督教道德与社会发展的普遍信仰相一致。

阿尔布雷希特·里切尔(Albrecht Ritschl)或许与这一观点的联系最为密切。里切尔把宗教(通过基督的救赎)和伦理(上帝的国)比作椭圆的两个焦点，它们统一在整体之中，由此形成了新教：基督徒的完善并不在一个超脱世俗的领域中获得的，其实现是要在服从一个“世俗的使命”以作为“践行爱的地方”，这是“基督教的根本原则”。[42]基督徒并没有在更高的领域中寻找完善，但恰恰是“通过与这个世界和他们在世俗社会中的独特天职的不断交往”[43]。基督所实现的救赎，是由爱为动力鼓舞人心的积极活动，它导向了一个全

新的人性结构：上帝的国。基督教是出于“爱的动机而产生的一种活动冲动，目的旨在建构人类的道德组织”[44]。里切尔认为康德是“第一个认识到‘上帝的国’对于伦理具有至高无上重要性的人，他认为道德王国是由德性法则联结在一起的人类联合体”[45]。里切尔把天国理解为一个支持德国社会发展的伦理价值的领域。文明被认为是在上帝的指引下走向完善的过程。

里切尔神学最严重的缺陷之一，在于他基于耶稣的生平和教导而
建立的天职伦理这一历史前提是站不住脚的。他坚持认为，正是耶
稣本人在世间建立了一个旨在实现最高伦理善的共同体。简单地
说，正是韦斯(里切尔的女婿)和施韦泽认识到历史上的耶稣这一观念
是不可能的。对韦斯来说，支配里切尔教条式概念的天国观念与耶 87
稣末世论是对立的。

> 在阿尔布雷希特·里切尔学派中，我确信，上帝的国这一系统性概念的重要性是无与伦比的，它正是这一神学理论的中心主题。我今天仍然认为，当我们正确理解和评价他的体系和这个核心概念所代表的基督教教义的形式，那么它最有可能让我们人类种族更靠近基督教，以及更有可能激发和鼓舞我们过一种当今所缺乏的完整而健全的生活。但从一开始，我就被一个清晰的发现所困扰，那就是里切尔的概念……与早期教会的信仰观念有着完全不同的形式和共鸣。进一步的研究使我确信，里切尔思想的真正根源是康德思想和启蒙运动的神学。[46]

里切尔神学形成了一个不充分的关于世俗国度的论述，这一事实无需掩盖他正确地把上帝的国确定为耶稣教诲的核心关切这一成就。尽管里切尔的描述是非历史性的，韦斯相信它对神学仍然有用：“无

论里切尔的《圣经》神学基础如何现代化和教条化，他所提出的上帝的国这一概念仍然有它的用途。”[47]韦斯试图在不损害里切尔作为一个历史学家的完整性的前提下，保持自己在神学上的里切尔色彩。他的解决方案是移除去掉历史的范围，专注于探讨世间的人类在未来的完善最终(与他的历史发现相一致)由上帝独自实现。把历史放在它与未来的关系上，我们才能理解它的意义。

> 历史的最终结果如下：上帝的周遭围绕着丰富多样的诸多完善精神，它们代表着人类理想最富有差异性的形式，它们之间的完善程度都是类似的，因为它们在能力和力量上已经达到了所能达到的最完美的形式。在我们看来，这似乎是一个关于历史和上帝的恰当结论，而人类的个性正是上帝最高和最美妙的创造，不仅仅因为人类的最后一代在前人的肩膀上欢欣鼓舞，还因为人类的最后一代从所有时代中的所有丰富的人类个体身上汲取营养，并以自己的方式达到自己的发展目标。正是在这种语境下，《圣经》中关于完美的上帝的国的观念才拥有它的一席之位。[48]

88 韦斯非常欣赏里切尔对信仰和道德的关注。但当韦斯将上帝的国的根基从历史中解放出来，而专注于未来时，它就失去了与当下的联系：“实现上帝的国不是人类主动性的事情，而完全基于上帝的主动性。”[49]在这个过程中，他剥夺了基督教末世论中改造世界的权力。

正如我们所见，施韦泽喜欢将他的观念的(自称的)独创性与某位或一些前人联系起来，而他们的观念在某种程度上(从不完全)与之相似，在某种程度上还与他自己的观点对立。那么，施韦泽如何(或他认为他如何)与这些神学家建立联系？和韦斯一样，施韦泽指责里切尔和自由主义新教徒“把一个被现代的发展理念所主导的耶稣放在了舞台上”[50]。但他的这个指责非常令人困惑，因为施韦泽把敬畏生命这一观念理解为“扩展到普遍性的耶稣的爱的伦理”[51]，这几乎不能被视为偏离了“现代的发展理念”。考虑到这种相似性，施韦泽认为自己在某种程度上“赞成”自由主义新教也就不足为奇了。[52]但他对上帝的国的理解在三个关键点上与自由主义的观点不同。

第一，里切尔和自由主义被人性正在上升到道德和精神进步的新领域这一信念所鼓舞，与之相对，施韦泽认为文明正在“衰落”：“在过去的几十年里[即 19 世纪后半叶]，我们的文化停滞不前，这在任何领域都是显而易见的。显示实际倒退(*retrogression*)的迹象甚至很明显，而且程度不小。”[53]20 世纪的历史危机，例如两次世界大战、大屠杀和核扩散，这些都让施韦泽无法支持历史进步主义。自由主义者把他们的道德规范(即作为一个人类道德共同体为了上帝的国而工作)视为指向完善的神圣指导。但他们的道德规范永远不能使真正的上帝的国来临；施韦泽认为伦理需要来自圣灵的神圣启示：

> 通常得出的结论……就是上帝的国可以借着国与国之间的理解在地上建立起来。这不是描述上帝的国和它的来临的正确方法。事实上，上帝的国首先通过耶稣的圣灵，才能进入人的内心，然后又从人的内心进入世界。[54]

与自由主义新教徒一样，施韦泽认为圣灵指引人类在世界上实现天国。但相对自由主义的倾向，他明确反对作为“国与国之间”和平的天国观念或一个关于人类道德共同体的康德—里切尔式的理想主
义概念。他认为，自由主义者混淆了人类社会的价值观和上帝的 89
国，剥夺了属于它的末世论超越性：

> 他们[自由主义者]认为,上帝的国是某种伦理和宗教的事物,应该被视为在这个世界上发展起来的,需要信仰者付出伦理努力。这一点对他们来说如此明显,以至于他们想不出别的方法来看待这个问题;他们理解《福音书》中所说的耶稣来到这个世界上是为了建立一个上帝的国,是为了号召人们和他一起建造。……现代新教用它关于上帝的国的看法,以及它的来临代替了耶稣所提出的末世论观点,就好像前者真的代表了《圣经》的原初观点。[55]

里切尔走上了正确的宗教道路(伦理)。但他的基础(非历史的)是错误的,他过于强调文化成就。正如施韦泽看来,无论这些成就走多远,都不足以让超越性的天国得以实现。天国不是一个由人类来阐释和使用的客观实体。确实,这样设想天国对施韦泽来说是不可想象的,因为它认为人类主体最终控制上帝的国。在这个意义上说,末世论也为施韦泽提供了一个批评由人类所创造的社会类型的理论源泉。正是因为天国是末世论的,才有助于吸引个体超越他们目前的存在状态,并禁止世俗政府或机构提出对权威的所有权:"当我们[过着]自己的生活,与世俗格格不入,揭示出了被活生生的伦理的上帝所把握的某些意义,那么耶稣的真理就从我们身上流淌出去。"[56]

施韦泽似乎借用了使徒保罗关于不从众的主题(尤其在《罗马书》第12章2节),他写道,耶稣"强迫勿顺从世俗世界"[57]。施韦泽告诉我们,耶稣持续存在的相关性——在其他方面——在于拥护末世论的希望,并与现行的制度保持一定的距离。事实上,他早年在兰巴雷内因站在殖民主义一边而饱受批评,这些批评有些是合理的,但即便如此,与人们普遍认为的施韦泽具有固执的家长主义作风恰恰相反,他出版了"非洲回忆录"("Book of African Reminiscences"),

该文读起来就像一份人权法案，他在里面抨击殖民主义和资本主义对西非的负面影响。他谈到诸如利润、世界贸易和自然资源的开发以及妇女权利等问题。[58]

第二，尽管里切尔的神学与历史上耶稣和韦斯的天国概念无关，但施韦泽专注于终极的圆满，寻求一种现在与未来、伦理与末世论的超越性关系：

> 独特的拿撒勒人的弥赛亚意识在现在与未来之间展开了一场 90
> 斗争，并引入了现在坚决吸收未来的观念，……对此我们在自身之中意识到宗教进程和宗教体验的本质——而在这一进程中，目标还远在视线之外。[59]

历史终结的压力影响了历史的正常进程；对天国的短暂期望在“现在与未来之间”的张力中得以保持，即便我们已经放弃了一个即将来临的终点。施韦泽试图揭示历史上的耶稣的末世论对当下的影响，并重新获得末世论信仰的紧迫感，而非延迟感。他对当时自由主义神学团体发表了如下评论：

> 现代的上帝之国的宗教在今天已经失去了它的力量和影响力，不得不发现自己被视为带有“社会学色彩的新教”[文化—新教]。一种适应了时代思潮的附庸神学……允许对上帝之国的信仰只能够以教条的公式进行表述，而这些公式背后不再有任何活生生的信念。……现在是基督教反省自己的时候了，看看我们究竟是仍然相信上帝的国，抑或仅仅把它当作传统的措辞而保留下来。[60]

施韦泽反对里切尔将上帝之国简化成非历史的、纯粹的伦理价值。这样的文化—新教（*Kultur-protestantismus*）被“时间的观念”所驱动，或者用其他话来说，是一个世俗的议程。对施韦泽来说，韦斯的观点同样存在缺陷：他持有这一观点：“上帝之国是需要被等待的事物，这里形成了一个不幸的推论。它迫使人类什么也不用做，只需等待上帝之国完完整整地来临……却不采取任何行动去改变现状。”[61]正如施韦泽所见，从这个即将到来的上帝之国观念中产生的伦理“在性质上是……完全消极的；事实上，与其说它是一种伦理，不如说它是一种关于悔罪的学科”[62]。与韦斯对未来的关注不同，施韦泽认为人类是开启上帝之国的参与者，并给予人类道德行动在韦斯的世界末日图景中所不具备的一种意义。

在“动人心弦的希望”这篇布道中，施韦泽宣扬人类必须“意识我们对我们的主的责任，因为我们的存在对我们周遭的人以及对上帝在这个世界上的天国的到来具有重要意义”[63]。同样，他关于使徒保罗的学术研究得出了如下结论：“作为一个基督徒，就意味着被对上帝的国的希望所占领和支配，以及阐释[在这个世界上]为之奋斗的
91 意志。”[64]这一主题可以进一步从施韦泽哲学化的引文中推出，他认为人类是“这个世界上一股积极的、有目的的力量”，并且“我们与世界精神所意愿我们具备的活动性协力合作”。[65]上帝的国并不是一种避世的伦理，而是引导施韦泽在这个世界上采取行动。他感到对天国即将来临的承诺正在渐渐失去力量，他的担忧让他与另一对手展开战斗：

> 我感到与整个新思潮格格不入，因为所有这些人不再相信上帝之国的观念。他们看不到目标，没有这个目标，文明就会误入歧途，但这就是为什么我们必须更加坚定地抱有这种渴望和信心。

> 我现在是多么理解那些先知们，他们在耶路撒冷即将来临和毁灭的时候，思考并展望即将到来的未来，他们的所思所做超越了当下。[66]

在这里，施韦泽看起来似乎与鲁道夫·布尔特曼（Rudolf Bultman）争论，后者的末世论思想剥夺了人类的伦理参与。从历史上，施韦泽和布尔特曼的观点就龃龉不合。布尔特曼将历史从基督论中剔除，历史研究被简化为“如此这般”（*das Dass*），其内容不过记载某个历史人物存在的这一事实。对基督的真实认识是通过在《福音书》传道的话语中与他相遇。布尔特曼试图提取他所认为的末世论神话话语所要传达的本质。他明确反对施韦泽在《寻找历史上的耶稣》一书中对耶稣的探寻：“历史被末世论吞没了。”[67]“历史的意义”在于每个个体自己的当下经验中。其结果是一个个体主义的相遇——面对上帝的吁告时，一个关于渴求真实存在的信息。在这一点上，末世论的历史、社会和宇宙性的指涉对象实际上都被简化为一个可随意丢弃的外部的神学外壳。对布尔特曼来说，上帝的国不属于这个世界。上帝之国是“末世论式的拯救，它结束了尘世的一切”；把天国称作“最高价值”是毫无意义的，“如果末世论意味着所有人类认为是善的事物都达到了圆满。……上帝的国作为末世论的拯救，与一切相对的价值是完全相反的”[68]。与施韦泽一样，布尔特曼反对里切尔式的把天国归于文化价值。但布尔特曼坚决将伦理的维度排除在天国之外：“寻求上帝之国的人必须意识到，他把自己与这个世界隔绝开来了，否则他就属于那些并不合适的人。……未来的上帝的国不是经过时间的进程而到来的，所以为了提前来临，我们可以做一些特定的事情，也许可以通过忏悔祷告和行善。”[69]布尔特曼的天国（正如他的老师韦斯的观点一样）剥除了人类活动性的积极意义。

92 作为对布尔特曼反对观点的回应，施韦泽回到了伦理与宗教的结合，并认为历史末世论特别强调人类的活动性：

> 放弃耶稣的**伦理末世论**形同复仇。……而不是为了上帝的伦理精神的胜利而战，通过这种战斗，个体……可能充满了持续不断的鼓舞力量，今天的人类正处于文明停滞和**文明衰落**的边缘。那些体验过笼罩世界未来的苦难的人，已经准备好面对历史上的耶稣，并明白他要说的话。与耶稣同行，我们必因盼望神的国的权能和敬奉神的国的旨意，而从当下的境况中得到拯救。[70]

“伦理末世论”的丧失与“文明的衰落”之间的关系是显而易见的。施韦泽致力于保留末世论伦理，这是一种处在基督教思想前沿的末世伦世界观，它以对上帝的国的期盼促使人类行动。但他在学术神学中所表达的思想自始至终出现在他的布道中。施韦泽的布道活动体现了他思想中基督教末世论的个人特质。

施韦泽在1913年的布道“为上帝的国而预备”中，以这句话作为结尾：“在降临节的这几个星期日，与我们一起思考将来必然发生的事情[上帝的国]，并祷告上帝将很快赐给我们。”[71]将近20年过去了，对上帝之国的积极呼吁仍在继续：

> [主]诗文告诉我们，我们总是需要盼望和相信有一天……上帝的国就在这里。自从耶稣在地上和人说话与传道以来……凡知道上帝的逻格斯的人，每一天都在祷告：“神啊，愿你的国降临！”
>
> 所以我今日对你们说：“愿神的国来到世上！……神啊，我们都向你祈祷。把你的国赐给世界！”[72]

祈祷的习惯用语被严肃地保留下来，而不是简单地认为缺少命题形式的礼拜装饰。“上帝”才是我们的“希望”，施韦泽向上帝祈祷“愿你的国降临到世界上!” 重要的是，上帝最终实现了天国的开启；施韦泽极为强调末世伦的超越性。施韦泽寻找行动中的上帝，恳求上帝采取主动。为即将来临的天国的祈祷表明，天国的降临并不完全属于人类行动的范围；这意味着在尘世上建立天国是不可能的。

施韦泽探讨末世论主题的方式有助于我们更清楚地了解他对人类 93
道德能动性的看法。在某种程度上，他通过将人类行为(像韦斯和布尔特曼一样)与上帝的决定性行为区分开来而对限制人类行为的重要性。但值得注意的是，施韦泽将他的末世论(就像里切尔一样)在一个伦理背景下发展起来，因为通过这种做法，他强调末世论可以唤醒人类的行为。他看到将来的上帝的国已经在天上和地上都准备好了，真正的决定权不是在这个世界上，而是在上帝那里。如果天国要来临，上帝将最终使之实现，而人类可以做的是通过道德行为来践行自己的职责。天国对现在的生活确实具有伦理和社会意义。但它不能像自由主义那样仅仅把天国的意义归结为这些。

施韦泽没有把选择局限在上帝的行动或人类的行动，二者择其一。向上帝祈祷以建立天国与人类的实践是分不开的。他祷告式的讲话方式是对实际行动的召唤。施韦泽或许不是在试图纠正别人使用祈祷这个词，但它至少表明他打算用不同的方式使用这个词。他邀请(实际上是期望)人类在这个领域里按照上帝行动的启示去工作，并对上帝祷告:“别忘了这一点。从现在开始，为上帝的国而积极行动。”[73]与人类失序的国相对的是神圣秩序的天国。从祈求上帝带领我们进入一个战胜“不公、残酷和邪恶”的天国，转而到显现出“宽恕”、“正义”与“和平”的祈祷[74]，成为人类在当今实现这些理想的呼吁。在某个意义上说，施韦泽越专注于他对彼岸世界的祷告，这个世俗世界就越具有相关性。

第三，里切尔和韦斯(在其他数不清的自由主义者之中)专注于人类道德共同体，布尔特曼把末世论缩减到一个个体主义(*individualistic*)的存在主义遭遇，无视世界历史和自然的历史，与他们两者不同，施韦泽的天国在心中(*kingdom in the heart*)虽然基于人类学的基础，但仍然指向宇宙性的(*cosmically*)。施韦泽寻求纠正对末世论不够重视的问题。天国不是仅仅为人类个体(布尔特曼)或人类共同体(里切尔和韦斯)而准备的，而是为了生命共同体而准备的。对施韦泽来说，末世论领域一直是人类中心主义的游戏场：这是“一个极大的缺陷，如果一个人只关心他自己的救赎，而不和其他人一样平等地关心上帝的国的来临……关心世界的未来”[75]。里切尔看到，当人类利用天国的信息时，他们就超越了自然。基督教确立了一种信念，即“个人生活高于整个自然界。这个世界被看作是与人类世界不同的……它必须被视为达到神圣目的[即天国]的一个手段”[76]。与里切尔的观
94 点类似，布尔特曼区分了抽象的世界观(*world-view*)和个人的自我理解(*self-understanding*)。根据他的论证，上帝不能被视为在整个宇宙中都是活跃的。这样一个理解会将自我理解与世界观混为一谈：“上帝与人之间具有存在主义的关系，只有这个关于上帝的表述才是合法的。而把上帝的行为说成是宇宙性事件的观点则是非法的。”[77]

正如我们在布伦纳和巴特的神学中所见，自然世界对这些神学家来说仅仅是上帝与人类的戏剧背景。施韦泽发现，人们对上帝的国的信仰已经发生了“改变”：基督徒“不再寻求改变世界的自然环境；我们把属于自然事物持续不断的罪恶和痛苦当作上帝所命定的”[78]。施韦泽告诉我们，人类历史的领域与非人类的自然之间的分裂是人为的：

> 起初，上帝的国的主要思想是信徒彼此分享对全新创世的祝福。但是现在个人的经验占据了优先地位。……每一个单独的信徒现在都关心他自己的救赎。他不关心人类和世界的未来。[79]

重点不在于人类个体的救赎学说，甚至也不在于包含全人类的救赎，而在于普遍的救赎。正如对生命的普遍敬畏一样，我们对天国的概念在范围上也应该是宇宙性的。

施韦泽对宇宙末世论的讨论似乎与他对堕落的理解有关。尽管他没有直接谈到这个主题，但在他对世界的描述中，隐含地指出世界是“一出生命意志与自身分裂的骇人戏剧”（*Selbstentzweiung*，字面意义上“自我分成两半”），在这个意义上，世界陷入失秩、碎片化和普遍性的隔阂。他对当前的失秩感，以及对所有造物和平未来的愿景，都指向了宇宙堕落的概念。施韦泽的人类救赎观（天国在心中）是所有造物（天国在这个世界上）得到救赎不可分割的一部分。人类的救赎伴随着自然的救赎。这显示了支持施韦泽的人类道德行为观的宇宙性末世论的框架。

最后，注意每个神学家末世论观点带来一些个人效果可能是有趣的。尽管里切尔一直在谈论伦理和天国，但作为一名欧洲知识分子，他过着安逸的生活。而对韦斯来说，没有证据表明他的末世论发现导致他过一种禁欲主义或挥霍无度的生活。作为一名学者，他也过着舒适的生活。

布尔特曼 31 岁时在马尔堡担任《新约》研究的主席，他在那里
工作直到 67 岁退休。1931 年，布尔特曼发表了一个名为“信仰危 95
机”的公开演讲。[80]他赞同马尔堡同事的观点，认为德国正面临严重困难。但对他而言，基督教信仰带来了永久的危机。他的演讲呼

吁将伦理、宗教和社会危机置于次要地位。虽然自1933年德国认信教会成立以来，布尔特曼一直是该教会的积极成员，但他对国家社会主义的反对从未如此强烈(与认信教会的其他成员不同)，以至于给他带来了麻烦。

施韦泽对耶稣伦理末世论的理解，使他的信仰得到了最伟大的实践表达。在他自己对《圣经》的诠释中，施韦泽放弃了他在斯特拉斯堡大学的教席，以及他在圣尼古拉斯教堂的职位，在1913年耶稣受难日下午，他离开了他父亲位于根斯巴赫的牧师住宅，从他第一次踏上兰巴雷内的土地起，他就一直是那里的医疗传教士，直到他1965年去世。我们将在下一章看到，伦理活动就是他的实践末世论。

更多误解

尽管施韦泽决心坚持末世论的伦理世界观，但《文化哲学》完全没有暗指上帝的国或末世论与文明的衰落有关。但这就是他的哲学，其中不允许使用宗教术语和神学的辩护方式。很大程度上正是由于这种遗漏(或策略撤退)，他的末世论观点遭到那些没有全面研究其神学著作的批评家的误解。事实上，对他的神学思想最常见的批评之一，就是它的末世论色彩不够充分。

在《希望神学》(*Theology of Hope*)一书中，尤尔根·莫尔特曼极力赞美施韦泽对“我们这个时代末世论”的重新发现，这“无疑是近代新教神学中最重要的事件之一”[81]。但莫尔特曼赞扬的对象仅仅是施韦泽提出这个问题的事实。对于施韦泽对末世论的处理，莫尔特曼的批评最为尖锐：“施韦泽工作中令人吃惊的一点是……他没有任何末世论意识——无论是神学上的末世论，还是哲学上的末世论。”[82]

莫尔特曼承认施韦泽前后一致的末世论(*consistent eschatology*)是一项创新。但他的赞扬更像是一种讽刺，这可以理解，这种讽刺指出施韦泽思想中存在如此巨大的不一致性，以至于一个更仁厚的批评家可能怀疑他在那方面读错了，并在施韦泽其他可用的著作中寻找文本证据以做出澄清。相反，莫尔特曼满足于把施韦泽的这个矛盾看作是无解的，更倾向将这个批评视为一场轻而易举的胜利。“没有一个发现者[施韦泽和韦斯]认真对待他的发现[即末世论]。……所谓‘前后一致的末世论’从来就不一致。”[83]莫尔特曼把这种批评发 96
挥到了极致：“两千多年的延迟的基督再临(*parousia*)，使末世论在今天成为不可能[对施韦泽而言]。”[84]他进一步说道：“耶稣和他的追随者所激起的对历史的希望剩下的[对施韦泽而言]就是顺从……历史埋葬了每一个对历史终结的希望。”[85]

奥斯卡 · 卡尔曼在《基督与时间》(*Christ and Time*)一书中也提出了类似的观点：

> 很难理解阿尔贝特 · 施韦泽的态度……以及所谓一致末世论的代表人物：他们拒绝了作为他们神学立场核心的《新约》信仰。[86]

这一观点在当代施韦泽研究领域中已经根深蒂固了。

在《历史上的耶稣的新探索》(*A New Quest of the Historical Jesus*)一书中，詹姆斯 · 鲁宾逊(James Robinson)对施韦泽的末世论关切提出了如下看法：“施韦泽对末世论并没有个人同情，他认为末世论对今天的神学没有什么潜力。”[87]令人惊讶的是，J.C.奥尼尔延续了施韦泽没有把上帝看作是“一个回应祈祷的人”这一幻想，他认为施韦泽的上帝无法“从外部超自然地干预历史”，从而无法开启天国。此外，他坚持认为施韦泽是一个“斯多葛主义者”，因此，“不允许任何人[即耶稣或上帝]成为其他任何人的援助者或拯救者”[88]。更重要的是：“施韦泽显然不相信这样一个上帝，并认为信仰这样一个上帝的耶稣是错的(因为他的神没有在他死时或死后不久带来天国)，这一事实为他终结了这个议题。”[89]事实上，奥尼尔甚至声称：“施韦泽从未使用过上帝这个词，除了表示我们必须服从这股神秘的生命力量。”[90]

在这些广泛的误解下，我们可以开始理解为什么施韦泽这么快就在一些学术圈里受到冷落了。

相比莫尔特曼的结论，施韦泽更看重末世论的重要性。首先，施韦泽并没有断言耶稣的死是一个彻底的失败，因为当他把自己的身体“抛”到“世界之轮”上时，天国还没有完全完成。在耶稣之死里，失败和胜利是矛盾地关联在一起的。耶稣可能已经被世界之轮“碾碎”了，但是他的生命与死亡开启了(*inaugurated*)天国，即使没有完全实现，但天国通过他的圣灵而继续，圣灵“从耶稣而来，并在人类的精神中争取新的影响和统治”[91]。对施韦泽来说，对天国的献身是一项绝对命令，我们无法逃离世界之轮。我们不应该寻求它的释放，而应该——在耶稣的精神里——把我们自己抛在世界之轮上，努力引导它走进天国，如果需要的话，承受它的重压。

97 第二，在施韦泽看来，天国远非莫尔特曼所宣称的是“幻想的末世论”[92]，它是历史上耶稣的传道核心。耶稣关于世界末日即将来临的观念是有时间限制的，但他在过渡期伦理中所表达的伦理意志则是永久有效的。这个伦理意志是施韦泽末世论的基础：耶稣“给予我们的任务是让我们……努力使得对上帝的国的信仰变得更深刻，并让[实现天国]的信念变得愈加强烈”[93]。

第三，莫尔特曼认为，“延迟的基督再临使末世论在今天成为不可能”，他关于施韦泽的这一观点也是错误的。根据施韦泽对延迟的理解，天国降临的延迟远非让天国的到来成为不可能，而是“要求我们认真投入自己的力量去实现它”[94]。虽然他没有直接采纳(他的历史)耶稣世界末日的图景，但他并没有放弃末世论，而是试图阐明耶稣末世论对所有时代的伦理意义。末世论希望的永恒核心在于耶稣开启天国的信心，这一点不会因基督再临的失败而改变。只要天国像施韦泽所强调的那样开启，那么对未来天国的信念就不一定会失去它的力度。

与莫尔特曼和卡尔曼的批判相反，施韦泽强调人类必须努力去实现天国末世论和伦理末世论双重主题。他的末世论促使形成了一个宏观的期待视野，在其中，人类采取伦理行动而改变这个世界。莫尔特曼的批评更令人惊讶的是，在旁人看来，他自己的结论追随了施韦泽强调为了天国的实现而去工作和生活的观点(在 60 多年前就已经得到阐发)。莫尔特曼描述了基督徒的天职是作为“共同工作的伙伴参与天国的建造”[95]，而对于基督徒生活，他说道：

> 对基督再临的希望不是逃离这个世界……也不是一件“等待”的事情。通过它对这个世界的正义与和平的承诺，它成为一种致力于为上帝的国而工作的生活。[96]

对施韦泽来说，对这个世界正义与和平的承诺通过敬畏生命而表现出来(我们将看到，莫尔特曼也直接采用了这一主题)。施韦泽关于上帝的国和原子弹的思想也预见了莫尔特曼对此事的看法：

> 我们不再满足于相信上帝的国在时间的尽头才出现。今天的人类要么实现上帝的国，要么对上帝的国的信念终将枯萎。我们

> 当前的悲剧处境迫使我们要满怀信心地致力于实现这一目标。我
> 98 们正处在人类灭亡的开端。……我们唯一的希望是上帝的圣灵能
> 够得胜。[97]

跟随施韦泽的看法，莫尔特曼指出：

> 争论的焦点是生命的各个领域朝向即将来临的上帝的国。……今天，生命本身处于致命的危险之中。自从1945年广岛原子弹爆炸以来，我们已经处在一个核爆可以随时毁灭人类的时代。数以万计的核武器可用来“最终解决”人类问题。……对上帝的国的教会来说，这个问题的结果是“敬畏生命”（阿尔贝特·施韦泽）和与地球上所有生命结为一体。……在这个逐渐死去的世界里，上帝的国的未来始于圣灵的在场，而对上帝的国的盼望建立在对圣灵生气勃勃的体验上。[98]

正如上文所见，施韦泽在兰巴雷内的主祷文布道列举了几个向上帝祈求实现天国的例子。很明显，罗宾逊和奥尼尔误解了施韦泽的末世论。但是，要往棺材上再钉一颗钉子，我们可以引用施韦泽的布道辞：“你的国来了！”他的布道以这句祈祷文作为结尾：“让我们向上帝祈祷。神啊，我们的父，求你即刻将你的国赐给世界。”[99]我们又一次面对施韦泽末世论的超越性质。未来的天国源于上帝。同时，我们也要在这个世界上生活和劳作以实现天国。

愤世嫉俗者可能认为，施韦泽的布道展示出更正统的末世论语言，这是一种安抚巴黎宣教会（Paris Mission Society）的策略，后者资助施韦泽建立医院。但证据却与此相反。巴黎宣教会最初禁止施韦泽布道，在他到了兰巴雷内几个月后，又要求他布道。此外，他注

意到施韦泽第一次去兰巴雷内，“财政问题终于解决了”，这意味着他无须再依赖巴黎宣教会的资助。到了1930年(当时他的布道明显出现末世论的语言)，施韦泽实际上成为他自己的医院的运营者，并可以宣讲他自己的观点。

他的布道从未离开过末世论的中心，而是以一种相当虔诚的——甚至极具魅力的——方式，努力让他的听众皈依耶稣，让天国在他们的内心成为现实。对施韦泽来说，耶稣是末世论的承载者，在末世论中，敬畏找到了恰当的位置。“敬畏生命的伦理是将耶稣的爱的伦理扩展到普遍性。”[100]

注　释

[1] Schweitzer, in Theodore Siebert, “Unerwartete Begegnung im Elsass,” *Runderbrief* 9 (January 1956): 48.(作者的译文)

[2] See Seaver, *Schweitzer: The Man and His Mind*, 206—207.

[3] Schweitzer, *The Mystery of the Kingdom of God*, trans. Walter Lowrie(London: A. & C.Black, 1914), 274. 此后引用为 *MKG*。

[4] Schweitzer, *The Quest of the Historical Jesus*, trans. W.Montgomery(London: A. & C.Black, 1910; reprint, London: SCM Press, 1996), 4. 此后引用为 *QUEST*，页码参照1996年的版本。

[5] Schweitzer, *The Kingdom of God and Primitive Christianity*, trans. L.A. Garrard (New York: Seabury Press, 1966), 128n(我加的斜体)。施韦泽在这里的评论与 *QUEST* 第378—379页的一段文字有关。

[6] *OMLT*, 48.

[7] *QUEST*, 357.

[8] Ibid., 388, 389—390.

[9] Ibid., 368—369.

[10] Ibid., xi.

[11] Ibid., 399.

[12] *OMLT*, 59.

[13] *QUEST*, 397.

[14] J.C. O'Neill, *The Bible's Authority: A Portrait of Thinkers from Lessing to Bultmann*(Edinburgh: T & T Clark, 1991), 261.

[15] *LEBEN*, 201.

[16] *QUEST*, 397.

[17] Ibid., 170.

[18] Ibid.

[19] *MYST*, 174; 同时参见 *QUEST*, 399, and *LETT*, 85。

[20] *MYST*, 172.

[21] Schweitzer, correspondence(Rhineland, 1954), in *LETT*, 254.

[22] Friedrich von Hügel, *The Mystical Element of Religion: As Studied in Saint Catherine of Genoa and Her Friends*, 2nd ed.(London: J. M. Dent & Sons, 1923), 3.

[23] *QUEST*，400.

[24] Ibid.，254；同时参见 400。

[25] *IND*，4.

[26] *LEBEN*，201.

[27] Schweitzer，sermon，"Compelling Hope，" Strasbourg（18 December 1902），in *RFL*，47.

[28] Schweitzer，"Religion in Modern Civilisation，" in Seaver，*Schweitzer*：*The Man and His Mind*，appendix 3，338.

[29] 参见 Schweitzer，*From My African Notebook*，trans. Mrs. C. E. B. Russell（London：Allen & Unwin，1938），112. 施韦泽的布道由他的女儿 Rhena Schweitzer Miller 翻译。它们被编入并作为美国佛罗里达州立大学 Steven E.G. Melamed 博士学位论文的一部分（于 1997 年春季学期授予）。施韦泽七篇布道的标题按时间顺序排列为："Our Father" "Thy Kingdom Come!" "Send Thy Kingdom!" "The Will of God Is Already in Your Heart" "A Happy Heart" "Our Daily Bread" "Deliver Us From Evil"。

[30] *OMLT*，93.

[31] Schweitzer，"Sunday in Lambaréné，" in *From My African Notebook*，112.

[32] Erich Grässer，*Albert Schweitzer als Theologe*（Tübingen：J.C. B.Mohr，1979），210.

[33] *MYST*，394（我加的斜体）；ibid.，380.

[34] Schweitzer，sermon，"Thy Kingdom Come!" Lambaréné（3 August 1930），简写的出版物名称出自 note 75，chap.2，page(s)（我加的斜体）。

[35] Schweitzer，sermon，"Send Thy Kingdom!" Lambaréné（10 August 1930），简写的出版物名称出自 note 75，chap.2，page(s)（我加的斜体）。

[36] Schweitzer，in *The African Sermons*，"Thy Kingdom Come!"（3 August 1930），97. 未出版的布道收藏于昆尼皮亚克大学阿尔贝特 · 施韦泽人文研究所档案馆。

[37] *MYST*，294.

[38] Ibid.，304；同时参见 *OMLT*，219。

[39] Schweitzer，in Kraus，*Albert Schweitzer*：*His Work and His Philosophy*，42.

[40] *MCY*，90.

[41] Schweitzer，in *The African Sermons*，"Sermon on the Good Samaritan，" Lambaréné（9 November 1930），126. 未出版的布道收藏于昆尼皮亚克大学阿尔贝特 · 施韦泽人文研究所档案馆。

[42] Albrecht Ritschl，*The Christian Doctrine of Justification and Reconciliation*：*The Positive Development of the Doctrine*，trans. H. R. Mackintosh and A. B. Macaulay（Edinburgh：T. & T.Clark，1900），11.

[43] Ritschl，*Three Essays*，trans. Philip Hefner（Philadelphia：Fortress Press，1972），86，87.

[44] Ibid.，13.

[45] Ibid.，11.

[46] Johaness Weiss，前言来自 *Die Predigt Jesu vom Reiche Gottes*（Göttingen：Vandenhoeck and Ruprecht，1892），v，trans. Mark Chapman，出现在 Chapman，"The Kingdom of God and Ethics：From Ritschl to Liberation Theology，" in *The Kingdom of God and Human Society*，ed. R. S. Barbour（Edinburgh：T & T Clark，1993），150。

[47] Weiss，*Die Idee des Reiches Gottes in der Theologie*（Giessen：J. Ricker，1901）113，trans. Mark Chapman，also in Chapman，"The Kingdom of God and Ethics，" 151.

[48] Weiss，*Die Idee des Reiches Gottes in der Theologie*，155，同时见于 Chapman，"The Kingdom of God and Ethics，" 152。

[49] Weiss，*Jesus' Proclamation of the Kingdom of God*，trans. Richard Hiers and David Holland（London：SCM Press，1971），132（Weiss 加的强调）。

[50] *MYST*，393.

[51] *OMLT*，235.

[52] Ibid., 52.

[53] *QUEST*, 483(我加的斜体)。

[54] Schweitzer, "Spirit of Christ Vital to World in Distress",未出版的文章收藏于昆尼皮亚克大学阿尔贝特 · 施韦泽人文研究所档案馆(我加的斜体)。

[55] Schweitzer, in E.N. Mozley, *The Theology of Albert Schweitzer for Christian Inquirers*(New York: Macmillan, 1951) 101.

[56] *CRW*, 85.

[57] Ibid., 75.

[58] See chap. 17 in *OMLT*.

[59] *QUEST*, 283—84(施韦泽加的斜体)。

[60] *MYST*, 382, 385.

[61] Schweitzer, in Mozley, *The Theology of Albert Schweitzer for Christian Inquirers*, 82—83.

[62] *QUEST*, 239.

[63] Schweitzer, "Compelling Hope," in *RFL*, 48.

[64] *MYST*, 384.

[65] *OMLT*, 151; *PC*, 216.

[66] Schweitzer, correspondence with Baron Lagerfelt and Greta Lagerfelt(10 April 1938), *LETT*, 159.

[67] Rudolf Bultmann, *History and Eschatology* (Edinburgh: University Press, 1957), 16.

[68] Bultmann, *Jesus and the Word*, trans. Louise Smith and Erminie Lantero (London: Charles Scribner's Sons, 1958), 33.

[69] Ibid., 34—35; Ibid., 44.

[70] *LEBEN*, 200(我加的斜体)。

[71] Schweitzer, in *The African Sermons*, "Preparing for the Kingdom," First Sunday in Advent(30 November 1913), 15. 未出版的布道收藏于昆尼皮亚克大学阿尔贝特 · 施韦泽人文研究所档案馆。

[72] Schweitzer, in *The African Sermons*, "Send Thy Kingdom!" (10 August 1930), 100—101. 未出版的布道收藏于昆尼皮亚克大学阿尔贝特 · 施韦泽人文研究所档案馆。

[73] *RFL*, 81.

[74] Schweitzer, Lambaréné sermons, in *The African Sermons*, 藏于昆尼皮亚克大学阿尔贝特 · 施韦泽人文研究所档案馆未出版的布道包括: "Thy Kingdom Come!" (3 August 1930), 97; "Forgive! And be Forgiven" (6 July 1930), 86; "Thy Kingdom Come!" (3 August 1930), 98; "The Parable of the Prodigal Son" (14 September 1930), 114.

[75] *MYST*, 384.

[76] Ritschl, *The Christian Doctrine of Justification and Reconciliation: The Positive Development of the Doctrine*, 222, 279.

[77] Bultmann, *Jesus Christ and Mythology* (New York: Charles Scribner's Sons, 1958), 69.

[78] *MYST*, 384.

[79] Schweitzer, in Mozley, *The Theology of Albert Schweitzer for Christian Inquirers*, 83.

[80] Bultmann, "Krisis des Glaubens—Krisis der Kirche—Krisis der Religion: Drei Marburger Vorträge von Rudolf Bultmann, Hans Freiherr von Soden, Heinrich Frick" (lecture, Giessen: 1931).

[81] Moltmann, *Theology of Hope: On the Ground and the Implications of a Christian Eschatology*, trans. J.W. Leitch(London: SCM Press, 1967), 37.

[82] Ibid., 38—39.

[83] Ibid., 37.

[84] Ibid., 39(我加的斜体)。

[85] Moltmann, *Hope and Planning*, trans. Margaret Clarkson(London: SCM Press,

1971)，167.

[86] Oscar Cullmann，*Christ and Time：The Primitive Christian Conception of Time and History*，2nd ed.，trans. Floyd Filson(London：SCM Press，1962)，30.

[87] James M. Robinson，*A New Quest of the Historical Jesus and Other Essays* (Philadelphia：Fortress Press，1983)，34.

[88] O'Neill，*Bible's Authority*，265.

[89] Ibid.，256(我加的斜体)。

[90] Ibid.，263(我加的斜体)。

[91] *QUEST*，399.

[92] Moltmann，*Theology of Hope*，39.

[93] *MYST*，384.

[94] Schweitzer，*Schweizerische Theologische Umschau* (1953)，in *A Treasury of Albert Schweitzer*，ed. Thomas Kiernan(New York：Gramercy Books，1994)，207.

[95] Moltmann，"The Future as Threat and Opportunity，" in *Contemporary Religion and Social Responsibility*，ed. N.Brockman and N.Piediscalzi(New York：Alba House，1973)，112.

[96] Moltmann，*The Way of Jesus Christ：Christology in Messianic Dimensions*，trans. Margaret Kohl(London：SCM Press，1990)，340—341.

[97] Schweitzer，in Mozley，*The Theology of Albert Schweitzer for Christian Inquirers*，107.

[98] Moltmann，*A Passion for God's Reign：Theology，Christian Learning，and the Christian Self*，ed. Miroslav Volf(Grand Rapids，Mich.：William Eerdmans，1998)，54—55.

[99] Schweitzer，in *The African Sermons*，"Thy Kingdom Come!" (3 August 1930)，99. 未出版的布道收藏于昆尼皮亚克大学阿尔贝特 · 施韦泽人文研究所档案馆。

[100] *OMLT*，235(我加的斜体)。

第5章　认识“一个未知领域” 99

历史研究不能传达耶稣的消息。不幸的是，这就是施韦泽的历史性研究《寻找历史上的耶稣》一书的结论。这就是为什么他用这些最令人难忘和深刻的文字作为全书的结尾：

> 他来到我们身边，就像一个无名之辈的陌生人一样，古老得就像这湖边一样。他来到那些不认识他的人面前。他对我们说同样的话：“跟随我。”他派遣我们完成他对我们时代所设下的必须完成的相同任务。他发出命令。对于那些听从他的人，无论他们是聪明的还是愚钝的，他都将在他们与他相遇时所经历的劳苦、冲突、苦难中显现自身，并且作为一个无法言喻的奥秘，他们将从自己的经历中知晓他是谁。[1]

这不仅仅是一位其研究以失败告终的《圣经》学者的话。虽然历史研究不能提供耶稣生平的传记(就像他同代人所认为的那样)，但它可以解放我们，让我们通过其他方式与耶稣相遇。其中最主要的方式是“在湖边”建立神秘联盟的可能性。对施韦泽来说，神秘主义是了解“陌生人”的方法。

施韦泽富有诗意和精妙的语言是对神学团体的挑衅。他对神秘主义这个词的使用受到德国新路德宗的怀疑，而他正是在这种神学氛围中成长起来。神秘的道路被认为是与改革宗神学的担保不相符，
100 其中最明显的是改革宗的因信称义（justification by faith）。当然，改革宗正是从使徒保罗那里获得洞见。施韦泽从同一个使徒保罗身上提取出一种基督神秘主义的教义，并取代了备受尊崇的改革宗“仅靠信仰”的教义，他的这种做法是如何地背叛了改革宗。

在上面的引文中，施韦泽尤其强调了通过“劳苦、冲突、苦难”与耶稣相遇，从而了解“他是谁”。因此，“与耶稣同在”有一种明确无误的伦理内涵，施韦泽后来称为“带有痛苦印记的人的同伴关系”[2]。换句话说，与耶稣的一次活生生的相遇应该让我们对生命的感受不仅更敏锐，而且对生命本身所承受的苦难也更加敏感。

施韦泽一完成《寻找历史上的耶稣》一书，就马上转向了研究使徒保罗。两者之间的联系可能不会马上显现出来。但是，对施韦泽来说，使徒保罗关于耶稣“死亡与复生”的神秘教义是一个我们在内心认识耶稣和开始实现天国的过程。就像他对耶稣的研究一样，宗教—伦理解释学从一开始就是显而易见的：“我相信，我从事这项工作，其使命不仅是为了可靠的学术研究，同时也为了宗教的需要。”[3]

使徒保罗的影响

如果施韦泽在耶稣身上发现了他的（伦理）末世论，那么使徒保罗对他的吸引在于（伦理）神秘主义。在《使徒保罗的神秘主义》一书中，施韦泽特别想回答这样一个问题：使徒保罗如何从原始的末世论基督教开始，到达一个关于耶稣基督死亡和重生的神秘主义。我们

可以以保罗的神秘主义作为出发点。施韦泽对这个术语的描述如下：

> 当我们发现人类把世俗与超世俗、时间与永恒的界限看作是超越的，并感到自己虽然在外在仍然属于世俗和时间之中，但仍然属于超世俗和永恒的领域，此时我们就面临神秘主义的在场。[4]

虽然身属物质世界，神秘主义者仍然拥有一种超越它的感觉。施韦泽区分了神秘主义的两种基本类型：原始的（*primitive*）或早期的（*early*）神秘主义与发展的（*developed*）神秘主义。早期的神秘主义认为，与神圣者的结合是“通过一次神奇的行动”，即举行例如祭祀筵席的仪式和有效的典礼，通过这些仪式，个人与“神圣存在者”的超自然存在模式结为一体。[5]发展的神秘主义寻求与神圣者结合为一 101
体，其途径是通过参与“启动”的方式“重生”到一个他或她热切渴望的更高的、永恒的存在状态。此外，还有一种更高层次的神秘主义：

> 当一个人形成普遍的观念，开始反思他与存在的全体以及与存在者自身的关系，从中产生的神秘主义……进而通过思考而实现。有意识的人格……能够把物质想象成圣灵的显现形式。它在瞬间看到永恒。经过认识在上帝中所有事物都结为统一体……它意识到自己存在于上帝之中，并且每时每刻都是永恒的。[6]

在这种理智的神秘主义（*intellectual mysticism*）中，施韦泽将对上帝显现的直接经验理解为一种在永恒之中内在的时间性，以及在时间性中的永恒。在理智的神秘主义中，个人把位格与宇宙的关系设想为在“婆罗门、柏拉图主义和斯多葛主义”，以及在“斯宾诺莎、叔本华和黑格尔”的思想中都有充分证据证明。这样一种上帝—神秘主义或直接的一元论结合被消极地描述成“堕入无限之海中”[7]。施韦泽以他对使徒保罗的学术研究作为一个机会，拒绝把自我等同为“无限”。对他来说，上帝既是内在的，也是超越的。上帝在不可知的自然中超越的，但在爱中是内在的：“所有关于上帝活生生的知识都建立在这个基础上：我们在生活中以把上帝体验为无限的爱的意志。”[8]

上帝—神秘主义同时也被认为是有问题的，因为它不是做为手段，而是可以使与永恒存在相关的精神性本身“成为自身的终结”。精神上的专注被认为会导致个体不再积极参与世俗事务。施韦泽对斯宾诺莎的上帝神秘主义作了全面(如果不是完全准确的话)的评价：

> 在斯宾诺莎看来，从存在于上帝中的理智的神秘主义获得一种伦理极为困难。……总有这样一种危险存在，神秘主义者会把永恒体验为绝对的被动性，不再把伦理存在视为精神性的最高表现。[9]

这种与上帝的被动和谐是理智的事务，它达到了“从世界中获得内在解放”的伦理，“而不是同时获得在世界中工作的伦理”。[10]上帝—神秘主义(正如他反复提到叔本华主义和耆那教对生命的否定，以及韦斯和布尔特曼的末世论)缺乏活动的动能。这种消极的神秘主
102 义似乎是施韦泽唯一知道的神秘主义，当然，除了他自己的神秘主义之外。施韦泽遵循使徒保罗的观念，努力追求一种行为神秘主义(*deed mysticism*)，以实现对其他生命的服务。

施韦泽有充分的理由试图将他对神秘主义的理解与寂静主义的解

释区分开来。在他写作的时代，自由主义新教的立场并不同情神秘主义，他们把神秘主义理解为寂静主义（*quietism*）。例如，里切尔相信：“基督徒的生活与神秘主义是对立的。……[神秘主义]教人们逃离和放弃这个世界，它把人类的伦理善行和美德所形成的价值远远置于与上帝狂喜的结合之下。”[11]一些神秘主义者面临这样的指控。但施韦泽肯定不是其中之一。他审慎地强调了使徒保罗的基督神秘主义的伦理聚焦点，以及他自己的伦理神秘主义。

使徒保罗的神秘主义既不是一个通过仪式与神圣者结合的原始概念，也不是一个关于在上帝中万物结为一体的成熟的理智概念。相反，并不存在一种上帝—神秘主义，“只有基督—神秘主义，人借此与上帝建立联系”[12]。对施韦泽来说，使徒保罗关于与基督结合的论述为我们提供了唯一一种神秘主义，它一方面优于一元论神秘主义，另一方面优于二元论：

> 使徒保罗神秘主义的基本思想是：我在基督中；在他里面，我知道我自己是一个被提升至这个肉欲的、罪恶的、短暂的世界之上的存在者，而且已经属于超越之领域。……这种“存在于基督中”是使徒保罗教导的主要奥秘：一旦理解它，它就给予通往整体的线索。[13]

使徒保罗的神秘主义并不被描述成与上帝直接的神秘关系，而是以基督的经验作为中介，它是一种存在于基督之中的神秘主义。施韦泽引用了12段《新约》经文来强调这种神秘主义：《加拉太书》第2章19—20节、第3章26—28节、第4章6节、第5章24—25节、第6章14节，《哥林多后书》第5章17节，《罗马书》第6章10—11节、第7章4节、第8章1—2节、第8章9—11节、第12章4—5

节，《腓立比书》第3章1—11节。一组证据文本（正如施韦泽早就清楚的那样）也与那些服务于改革宗其他关键理论——例如因信称义——的文本证据并重，就算没有超越的话。这些段落强调，和无限存在者直接的一元论结合（上帝—神秘主义）与使徒保罗的思想无关，因为他从来没有说过与上帝“合一”，或在“上帝之中”。使徒“远离上帝即自然（*Deus sive natura*）的观念。他的世界观是超越的上帝”[14]。

很明显，施韦泽自己的观点与他对使徒保罗的解读是一致的。施韦泽反驳任何被存在者“吸收”的概念，从而丧失个体的个性。
103 神秘主义的结合并不意味着一个人成为上帝。相反，与上帝的神秘关系是通过与基督的结合，以此“作为中介和施加影响”的。就像他的使徒保罗“只知道基督—神秘主义，但没有上帝—神秘主义的陪伴”[15]，施韦泽坚持认为：“我们都必须通过耶稣而与上帝相遇。”[16]他武断地强调了这一信念：“在与基督的结合中，与上帝的结合是我们所能得到的唯一形式。”[17]上帝超越的本质在基督之中的存在被消解。

在万物之上，为万物之主

使徒保罗所预见的圆满是“当上帝在万物之上，为万物之主”，这是一种明确的末世论。[18]根据施韦泽对使徒保罗的解读（与对他自己末世论的解读一样），只有在万物的终点，才会有直接的存在于上帝之中（*being-in-God*）。基督—神秘主义并不等同为上帝—神秘主义，因为它们“是历时性前后相继的”[19]。上帝的国通过基督—神秘主义而进入人的内心。但这并不构成其最终的圆满。

在施韦泽的思想中又暗示了里切尔对宗教(通过基督而得到救赎)和伦理(上帝的国)的共同关注点。 从他的立场来看，保罗的神秘主义和末世论的结合能够平衡通过基督而救赎的神秘主义与上帝的国的神学：

> 保罗的上帝的国的信念里想出了他关于通过基督而救赎的观念。在保罗的神秘主义里，耶稣之死对信徒的重要意义不在于这个事件本身，而在于这个事件实现了上帝的国的来临。对他来说，信徒通过与基督结合，通过与基督神秘的死亡，并在自然的世界时代的延续中与基督一起复活，从而进入超自然的存在状态，这种状态是他们在上帝的国中所拥有的。[20]

通过使徒保罗的基督神秘主义，信徒的内心“已经”拥有了对天国的期待。 在未来才能得到实现的天国在“自然的世界时代”开始在当下得以实现。 基督神秘主义坚持主张当下的救赎(在内心的天国)和未来的上帝的天国(在世界中的天国)。 正如我们所见，由于未能完成这种开启与超越的综合(里切尔、韦斯和布尔特曼)，文明走向了“衰落”的道路。

施韦泽对基督—神秘主义的理解以已经实现或期待中的天国作为
核心。 基督徒被夹在耶稣“已经”复活(开启)和“尚未完成”的基督 104
再临(圆满)之间。 施韦泽把“基督教信仰”归功于保罗，即“‘在基督之中’的末世论神秘主义”(*eschatological mysticism*)。 这里同样强调参与(神秘主义)和期望(超越末世论)。 根据施韦泽的判断，保罗的末世论神秘主义解决了基督信仰的“紧迫问题”，换句话说，即“虽然耶稣基督来临了，但天国仍然延迟”这一问题。 正如他所见，末世论神秘主义允许“对现在[神秘主义]的信仰在未来[末世论]的信仰中产生”[21]。用施韦泽自己的术语来说，对内心天国的信仰能够在对未来的世界天国的信仰中产生。

施韦泽的基督—神秘主义隐含着另一种神秘主义：末世论神秘主义。基督神秘主义作为一种末世论神秘主义，将天国带进信徒的心灵：“借着与十字架上复活的耶稣基督的神秘相遇，信徒们已经与他分享天国里超自然的生命品质。”[22]末世论神秘主义在施韦泽的两个关键观念之间形成一个中介——“现在已经”的开启性解释（inaugurated interpretation）与“还未开始”的超越性末世论（transcendent eschatology）。这不再是纯粹期待的时代了。但这还不是上帝天国的建成。

虽然保罗相信天国只会被延迟很短的时间，他和施韦泽都认为天国是一种存在状态，通过基督—神秘主义，个人可以参与到当下的活动。基督—神秘主义参与到耶稣之死（正在死亡）和复活（正在复活），它在保罗的思想中具有三个显著的意义，当中每一个也可以在施韦泽自己的末世论思想中出现。这三个意义分别是：苦难、全新的精神生命与伦理。下文将依次进行分析。

但值得注意的是，随后的《新约》研究并没有忽视施韦泽的概念化工作。他将保罗的思想描述为末世论神秘主义，这反映在E.P.桑德斯（E.P. Sanders）所称的使徒“参与主义末世论（participationist eschatology）”思想中。实际上，桑德斯的欣赏之情是非常明显的：“施韦泽强调‘神秘’与‘末世论’这两个概念是密切相关的，这一点完全正确。”同样地，R.巴里·马特洛克（R.Barry Matlock）认为在这“末世论的参与中”，人们“听到保罗独特的声音”。[23]虽然施韦泽被他的改革宗基督徒同伴嘲笑，《新约》学者仍然重新挖掘他的思想。

十字架和天国

施韦泽坚持认为，苦难作为“与基督同死”的一种表现形式，从
保罗“开始传基督的道，苦难就成为了他的命运，并帮助他得出这个 105
概念”[24]。使徒保罗的教导不能仅仅用保罗在大马士革的道路上皈依的经历来解释，对于这段经历，“使徒在信中很少提及”。从他的苦难中可以“更好地理解”这一点：“一次又一次……他说他的[苦难]如此之多，如此之沉重。”[25]但苦难并不是保罗所独有的。对施韦泽来说，正如《腓立比书》第 3 章 10 节所描述的那样，基督的痛苦共同体超越了保罗的磨难，囊括了整个信仰者共同体，在那里他们为基督作见证。

在继续行文之前，需要澄清一下施韦泽对苦难的理解。照目前的情况来看，他对苦难的强调有可能把基督教变成 G.B.萧伯纳所认为的“十字架基督教”(Crosstianity)。[26]苦难在保罗和施韦泽的思想中都发挥着创造性的作用。但苦难本身并不是善的。施韦泽不主张为了苦难本身而寻求苦难，也不主张赞美基督教忍受苦难的高贵品格。正如我们将会看到的，苦难的积极意义引导基督徒在现世(in the present)与基督结合，并超越现世，进入末世论天国，在那里苦难将被消除，万物将得到救赎。救赎性或创造性的苦难与悲剧性或无意义的困难之间存在一个重要区别。事实上，施韦泽对苦难的三个维度进行了含蓄的(虽然不太清晰)区分：受死亡所支配的苦难，因我们“自私的占有”而遭受的痛苦，以及因人类的不公正而遭受的肉体上的痛苦。

施韦泽把长期或剧烈的身体痛苦视为“比死亡更可怕的人类主宰”，他谈到他在兰巴雷内的服务，这是作为对“渴望与遭受痛苦印

记的人结成共同体”[27]的回应。为了把耶稣对苦难的回应用于上帝的国的开启，以及因身体疾病而引起的痛苦，但这忽视了耶稣的医治事工。施韦泽的医疗使命见证了这种区别。甚至在他70岁生日那天，他还在做外科手术，治疗因窒息导致的疝气——这是他积极参与减轻身体疼痛和苦难使命的核心。

对于苦难，施韦泽还提到了丢掉我们自私的占有欲，或者把自己从生活财产的占有中脱离出来：“我们可以逐渐地把自己从那些束缚我们感官的事物中脱离出来，把我们的目光投向永恒。”[28]在这个意义上，接受苦难并非完全是被动的。

对于人类遭受的不公义，施韦泽采取了保罗的回应：基督徒被呼召起来救赎苦难，以战胜世上的不公义。这样的苦难为上帝的国作
106 见证，也成为与基督结合的人们的印记。这不是施韦泽对保罗学术研究孤立出来的一部分。在他的布道“创造性的苦难”中，他认为他的苦难是“真正的使徒身份的印记”：“正是那些承认他们对主和他的国有信心的人必须比其他人承受更多的痛苦。”[29]但正如施韦泽在“我们将被高举”一文中明确指出的，耶稣复活的力量通过在苦难中联合成共同体的方式表现出来。

> 耶稣在各各他(耶稣被钉死在十字架的地方)即在十字架上被举高，他高过世界，等候天父赋予他圆满与转变，我们也必须受苦，才能被高举在世界之上。……我们必须知道，这种不幸是基督徒的一部分，耶稣把我们和他一道拉入他的苦难之中。[30]

正如施韦泽所见，保罗打破了这样一种观点，即苦难是上帝遗弃或惩罚的标志；相反，信仰的纽带是“血”的纽带，意味着受苦以及与耶稣“同死”。[31]施韦泽当然和耶稣一起发出了“我父”的呼喊。

但他也呼求基督的名：“不论我们忍受怎样的苦难，救世主的手必搀扶我们，他的声音对我们说：‘我若被高举起来，就会吸引万人来归我。’”[32]基督使人远离恐惧和战栗，耶稣在磨难中仍保有和平：“无限的安慰淹没了每一个与他结合的人。”[33]就像画像上的那样，耶稣获得“胜利”和“统治”，他在世界之轮上“身体被撕裂”，钉十字架的基督和崇高的基督在施韦泽的思想中再次融合在一起。

施韦泽对保罗思想的强调不是苦难的神秘主义，也不是苦难的高贵，而是“全新的”基督徒经验：

> 耶路撒冷的十字架永远是我们宗教的中心。我们注视着它，就像我们的祖先被它紧紧抓住一样。……我们的思想转向耶稣在去往耶路撒冷的路上对门徒所说的话：受难是一种洗礼，是一件神圣之事。[34]

受难，或者正如保罗所说与基督“同死”，标志着“新造的人”(new creation)的基础。施韦泽追随保罗，坚持认为我们与基督一同死亡和复活，就不再“活在肉身”中，而是“在圣灵中”领受新的生命。[35]圣灵中的生命是一个彻底的伦理概念，同时也是一个末世论的概念。

通过凸显末世论的困境是耶稣殉难所必需的，施韦泽的世界之轮(*wheel of the world*)强调天国不能没有伴随苦难而来。菲利普·韦
斯特(Philip West)通过对《寻找历史上的耶稣》一书中的耶稣思想进 107
行解读，得出如下判断：“上帝呼召我们走十字架的路，这是苦难之路，好让天国降临。”[36]克里斯托弗·罗兰德(Christopher Rowland)同样注意到施韦泽对耶稣的描述“有一个优点，那就是认真对待《福音书》的双重主题”——十字架和天国：

> 耶稣被描述成一个献身于天国的人，但他也认识到实现这一目标的代价，因为他面临着反对和拒绝他的消息处境。他接受了必须经历斗争和动荡的现实。[37]

为追求天国而承受的苦难并非没有意义，但它们是为了朝着目标，实现转变而需要付出的代价。与基督同死包括与人分享耶稣去往耶路撒冷背负十字架的痛苦——苦难之杯(the cup of suffering)。施韦泽说道，基督—神秘主义“就是以普遍适用的方式表达的经验”[38]。正如他所阐明的那样，我们无法逃避痛苦的现实(与基督同死)，这一现实发生在为苦难辩护之前(与基督同复活)。这是那些希望“在基督里存在”的人所面临的挑战。在这里找不到与基督同复活的捷径。

通过苦难(死亡)而不断恢复神秘的共同体关系，这让施韦泽将神秘的结合比作内心对世界的放弃，并将与基督同在等同于积极地(有时是痛苦地)为了上帝的国而奋斗。如果说模仿基督(*imitatio Christi*)的主题不过在他的思想中出现，那就过于轻描淡写了。他的耶稣自愿的自我牺牲显然给他留下了深刻的印象。施韦泽的耶稣为所有愿意(和施韦泽一样)为在世界上实现天国而献身的人树立了典范。就像施韦泽的耶稣一样，一个人可能对天国何时来临的确切时间是错误的，但他同样被呼召相信，并为最终实现上帝的国而奋斗。

一些评论家认为，施韦泽对耶稣的描述和他对苦难的理解让人想起苦难在尼采发展超人(*Übermensch*)的概念过程中起到的核心作用。尼采的形象传达了这样一个看法：人类生命朝着更高层次的肯定生命而实现转变和增强。他的超人站在叔本华的直接对立面，叔本华认为：“痛苦是一种净化的过程，只有通过它，人类才能……从生命意志错误的道路上被引导回来。”[39]对尼采来说，“痛苦的伟大训练”通过提供要去克服的更大障碍，为更高层次的创造带来机会。[40]痛苦驱动着尼采的超人朝向自我克服的更高境界，并且以这种方式，痛苦有利于提升生命。

有人论证，施韦泽的耶稣是一个有着善良意志的超人。早在 1912 108
年，B.H.斯特雷特(B.H. Streeter)意识到《寻找历史上的耶稣》一书中耶稣身上尼采式的色彩，他指出，施韦泽“大胆勾勒的画像有点像穿着加利利长袍的尼采式的超人”[41]。格雷泽认为施韦泽对耶稣的描述展示了尼采式的“人格魅力”(*überirdische Persönlichkeit*)[42]。但这种人物特质的刻画需要很强的限定条件。

与里切尔和布尔特曼的末世论一样，施韦泽认为尼采的痛苦概念及其与生命肯定的关系是关于人类存在的关注。根据尼采的论述，提倡“自我牺牲”的大众伦理是有缺陷的。在尼采的图景中，或者至少在施韦泽看来，个体发展不同于对社会的关切：“首要的问题，不是它对社会具有什么意义，而是它对个人的完善意味着什么。”[43]超人是这样一个“肯定自己去战胜一切命运，追求他自己的目标而罔顾其他人”[44]的人。这种理解与施韦泽所描绘的耶稣为了“在这个世界上”的天国而“牺牲自我”的形象形成鲜明的对比。在施韦泽的图景中，苦难的目的是为了实现天国，在那里苦难最终被消解。施韦泽告诉我们要聆听保罗的见证，并与创造一起，“渴望从创造中获得救赎……脱离那受束缚的身体”[45]。

全新的生命

施韦泽认为，使徒保罗思想的一个显著特点是，使徒“同时发展他的神秘主义与伦理思想”[46]。保罗“既不放弃也不抛弃这个世界，……通俗与深奥是相辅相成的”[47]。最后两句话出现在施韦泽在《文化哲学》中对伦理神秘主义的论述中，他认为：“思想的斗争必须指向伦理神秘主义。我们必须提升到一种伦理性质的神秘主义，以及一个包括神秘主义的伦理。”[48]这并不是施韦泽的使徒保罗基督—神秘主义和他自己的思想之间唯一的对应关系。

施韦泽对保罗之和基督同死与同复活（基督—神秘主义）的主要兴趣在于它与伦理学和末世论的联系。他看到保罗的道德劝勉建立在这样一个立场上，即信徒不再身处肉身之中，而是处在圣灵之中：“这是一个‘简单的逻辑推论’，我们应该按照肉身生命行走，以表明肉体的、肉欲的（*sarkic*）身体已经被丢弃了。”[49]富有启发性的是，肉身并不是身体；正是人性才与上帝构成对立。这是一个从指示中
109 引出命令的问题：因为信徒不再是肉身的了，他们必须不能再按照肉身的命令去生活。

因此，从旧生命转变到新生命的想法也是显而易见的。基督—神秘主义表现在信徒的行动中：存在一个“从自然存在到在圣灵中存在的过渡”[50]。在审视之下，存在或在圣灵中的生命，标志着一个全新模式的伦理态度。圣灵的出现对伦理行为有着直接的影响：“每一个被他的圣灵感动的人都应该有能力在这个世界上提供救助。”[51]更具体地说，基督救赎的神秘体验体现在末世论的行动中：基督—神秘主义使得“被救赎的人能在里面[这个世界]彰显上帝的国的圣灵”[52]。最后两段引文的联系强调了施韦泽对使徒保罗区分肉体与精神的特征，这一区分根据不仅在道德意义上，而且还在末世论意义上。

以下这段话读起来像是个人证词，他论述道：“如果我们想要一个‘安静的生活’，那么它[基督之死和复活]就以这个问题击中我们，我们是否被基督所占据，并在自身活出基督的形象，抑或这不过

从我们遥远的生命地平线上传来的回声。”[53]对施韦泽来说，保罗肯定因基督之死而发生末世论意义上的变化会对日常生活带来影响。我们又回到为天国而工作，与基督一同受苦。保罗的基督—神秘主义“并不是迫切要求那些蒙基督救赎的人放弃世界；他命令他们在世界上履行其职责”[54]。这段文本与施韦泽关于伦理的生命肯定的哲学概念之间的对应关系是明显的：“伦理的生命肯定要求人们应该让自己对这个世界及其所发生的事情产生兴趣；并进一步要求人们采取行动。”[55]

我们现在可以暂时总结在第1章中提炼出来的关于伦理神秘主义和末世论基督神秘主义对施韦泽的意义：人们的道德行为不仅有助于实现与基督的结合，而且有助于实现天国。他关于耶稣的教诲与死亡之间的关系的洞见，可以视为他对人类愿意为天国而工作的观点的基础。约翰·库珀(John Cooper)将耶稣的重要意义“重新表述”为“功能基督论”(functional Christology)[56]，它以“基督所做的事和他仍然通过圣灵所做的事为基础，讨论基督的意义”，并试图形成“一种为了世界的需要而全身心参与的神学”。他继续论述道：“一种功能基督论将推动基督徒把他们的道德与神学等同起来。”[57]这种基督论与施韦泽的基督—神秘主义几乎没有什么不同：“只有通过最彻底的道德[伦理学]，才能达到最高的精神性[神秘主义]。”[58]

与耶稣一样，施韦泽召唤我们去践行一种末世论伦理： 110

> 只要尘世万物还继续存在，我们所要做的就是以超脱世俗的精神生活在其中……当你坚定地站在现实的坚实地面上时，你的眼睛将要永远注视着永恒。[59]

基督徒(仍然)发现自己处于过渡时期。因此，基督徒要活得好像末世论的时刻即将来临，从而捕捉到由耶稣和保罗所激发的同样的末世论音调。在一封写给沃尔特·劳里(Walter Lowrie，施韦泽《上帝的国的奥秘》一书的译者)的信中，施韦泽提起他在兰巴雷内的工作："以耶稣的名，我在这些日子里投入到对他人的救助活动中，投入到为了上帝的国而战斗的行动中——我称之为'实践末世论'。"[60]

上帝的国里的一个小村庄

实践末世论这个概念用来描述人类在这个世界上践行道德行动，这些行动旨在这个世界上寻求对天国的盼望。"实践"是其关键概念，施韦泽向他的教区居民恳求，"要积极主动"，"你们要为神的国，存忍耐的心"[61]。在几封信中，实践末世论被描述成"为我们主耶稣的国的来临"[62]而工作。这些工作通常指施韦泽的医疗服务：

> 我觉得我来这里[兰巴雷内]是对的，因为这种痛苦比任何人所能描述的都要巨大。……每晚我疲惫不堪地上床休息，但在我的内心深处，我为自己能在上帝的国的前哨站投身服务而深感欢欣！[63]

> 脓肿、麻风病、昏睡病等疾病伴随着剧痛。除了我之外，没有其他人能够提供救助，对此我深感愉悦。……我不后悔来到这里。在上帝的国的前哨站帮助他人，我感觉很好。[64]

这所医院是"上帝的国的前哨站"，因为它寻求支持施韦泽关于自我牺牲的伦理和对他人的同情关怀，施韦泽认为这是耶稣“积极的爱之伦理”的核心。

有些读者可能会被施韦泽的描述所打动，施韦泽说的好像是另外一个不受普通人类规范所约束的世界，在那里，人们行为高尚，目标宏伟而明确。然而，事实并非如此。1913 年，施韦泽在赤道非洲的心脏地带写下了这些语句，在那里他每天都面临着纯粹的生存问题：
“疟疾、麻风病、昏睡病、痢疾、印度痘、吞噬性溃疡……象皮病肿 111
瘤、肺炎和心脏病。”[65]因此，令人惊讶的是，在这种背景下，他不仅能思考末世论的美好愿景，还能产生敬畏生命的思想，在面临由其他生命形式带来的疾病和死亡的威胁情况下，他将敬畏生命视为他所取得的全部成就中的巅峰：

> 我看见一个人躺在地上，头几乎埋在沙子里，蚂蚁在他身上爬来爬去。这是一个昏睡病的受害者，他的同伴可能几天前就离开了那里，因为他们不能带他往前走了。他虽然还有一丝气息，但已没有办法了。当我忙着照料他的时候，我能从小屋的门外看到海湾湛蓝的水波映在繁茂的绿林中，这是一幅神奇的美景，在夕阳洒下的金色光芒中显得更加迷人。一眼看上去，在这样一种无助的、无望的痛苦边上却是如此一幅天堂美景，真的令人难以承受。[66]

我们不应忘记，施韦泽在晚年被问及自己的成就时，他坚持认为他的“主要贡献”不是作为“一个服务于病人的医生”，而是作为敬畏生命的伦理的作者。[67]

在他的布道“动人心弦的希望”中，他宣扬：“希望是[工作]成功的先决条件。……如果没有希望，如果没有对一个新时代即将来临的坚定的内心希望，我们就一无所成。希望就是力量。”[68]施韦泽把希望寄托在塑造道德能动性和加强道德自我的品格上。实践末世论是变革当下境况的希望动力。实际上，对施韦泽来说，如果我们现在不能“彼此分享新造的人的祝福”，我们的希望就会落空。[69]在这个语境下，末世论不仅起到激励的作用，而且也成为伦理学的基础。

施韦泽相信“当代的上帝的国宗教召唤人们去做上帝的国的工作”[70]，他的这个信念与莫尔特曼的末世论密切呼应。莫尔特曼坚持认为，那些“与耶稣结合的人被召唤去做与耶稣一样的弥赛亚工作：‘去传道：神的国近了。去医治病人，叫死人复活，为麻风病人清洁，赶走恶魔。’”。他接着说道：

> 在19世纪的德国，“上帝的国的工作”是对基督徒在世界各地传教和宣教的描述。……我可以举个例子，日本基督教和平主义
> 112 倡导者贺川(Kagawa)在东京贫民窟发起的“上帝的国运动”，还有
> 拉丁美洲的基地社区，德国的和平运动等。无论在什么地方，上帝的国都带领我们越过教会的疆界。[71]

莫尔特曼也指出施韦泽在兰巴雷内的医疗工作是“为上帝的国而工作”或实践末世论的范例。但莫尔特曼也给予了施韦泽恰如其分的评价，他认为“阿尔贝特 · 施韦泽所教授的敬畏生命伦理”应该被看作是上帝的国的工作不可缺的一部分。[72]实际上，莫尔特曼从施韦泽那里借来了实践末世论这一概念，而同时又不知怎么竭力否认他从施韦泽思想中借助过什么概念：“基督教伦理被认为应该引导基督徒的生活和行为，这无非就是实践末世论和活生生的希望。”[73]我们可以称为一种左撇子式的欣赏。考虑到施韦泽的实践末世论思想，我们带着怀疑回到莫尔特曼对施韦泽的评论，他认为：“关于施

韦泽工作的惊人之处……在于他没有任何末世论的意识——无论是神学上的，还是哲学上的末世论意识。”[74]莫尔特曼著作中令人吃惊的一点就是，他根本不理解施韦泽的末世论意识。

其他人也是如此。米克斯(Meeks)用“作为实践的末世论伦理”去描述莫尔特曼试图写作一种“希望的历史伦理”。布拉顿(Braaten)在做为末世论实践的天国这一语境中谈论伦理，即寻求提前生活在未来，他的观点让人想起施韦泽的实践末世论。“在期望伦理(proleptic ethics)中，我们可以说，目的证明了手段的正当性，因为目的是预先在当下存在并产生作用的，在历史的进程中，它预演了末世论天国的特质——和平、爱、喜乐、自由、平等、统一。”[75]布拉顿把敬畏生命添加上去，这一点做得非常好。

所有造物都在悲鸣

在施韦泽关于上帝的国的神学工作中包含一个宇宙要素：它寻求救助所有生命。回顾他对救赎的普遍理解这一点非常重要；他强调需要的不仅是“个人救赎的教义”，而且还需要“改变世界的自然环境”[76]。通过对所有造物提供最终救赎的希望，他把人类的道德行为(实践末世论)置于目的论的语境中。

就像耶稣开启天国的其他方面一样，天国的完成只有在末世论的
未来才能得到实现。但这个问题仍然存在：人类如何在创造与完成 113
之间的过渡时期生活，去寻求期望普遍和平的《圣经》观点？施韦泽相信，人类和其他生命之间的和平在当下是可预期的，这表达为“以行动体现出爱，不仅为了人类，并且还为了一切生灵”[77]。在他看来，如果我们现在不能“彼此分享新造的人的祝福”，我们的希

望就是徒劳的。每一个使生命免于毁灭的行动都被看作是成为新造之生命的前奏。

就像施韦泽神学思想的其他方面一样，他的实践末世论也遭到了他的神学家同行的误解。事实上，他的末世论和伦理思想之间缺乏可感的联系，这为他的同代人以及最近的评论家对他提出另一系列批评提供了一个来源。卡尔曼和巴特都批评施韦泽的《圣经》诠释学和伦理观之间的关系，他们的批评可能是这个观点最清晰的表达。卡尔曼宣称：

> [施韦泽并没有]把他自己的生命哲学建立在……耶稣末世论的基础上。……施韦泽把他个人的态度建立在“敬畏生命”的基础上。对施韦泽来说，这与实践的基督教密不可分。但从理论的角度来说，它既不是植根于耶稣的末世论……也不是以保罗的末世论神秘主义为根基。他的《圣经》诠释学与其宗教哲学态度之间存在着不可逾越的鸿沟。……以阿尔贝特·施韦泽为例，他的《圣经》诠释学的研究结果[即末世论在耶稣和保罗中的核心作用]与他的“敬畏生命”哲学这两者的关系是不平衡的。[78]

同样，巴特对施韦泽的批评在这一点上也没有做出很准确的解读：

> 施韦泽[*Von Reimarus zu Wrede*，1906]把[末世论]建构成为理论，该理论把《新约》所传的消息和《新约》的信心都寄希望于耶稣再临，并在人间建立神的国——这个希望没有实现，因此是错误的。
>
> 施韦泽本人在某种程度上也受到这个观点的影响，他积极传

> 授文化哲学的伦理形式[敬畏生命],在其中,福音只以教条的形式呈现(被等同为各种各样的东方智慧),根据对福音的这种理解,这个世界的样子将要失去了(出自《哥林多前书》第7章31节),我们所能起到的作用是对其无法补救的不幸表示积极的同情。[79]

沿着这条已有人走过的道路，蒂莫西 · 戈林格(Timothy Gorringe) 114
认为，施韦泽“对末世论的重新发现没有做出任何贡献，而是撤回到了自由神学的平静水域和原始丛林的边缘[兰巴雷内]”[80]。普遍的共识是，施韦泽把他的《圣经》诠释学中的末世发现撇在一边，转而阐述他的缺少末世论因素的伦理观。这些批判几乎没有理解末世论在施韦泽伦理思想中的决定性作用。他们看到了施韦泽的两种思想，但没有看到它们之间的相互作用或相互衍生的关系。

值得注意的是，卡尔曼把敬畏生命称为一种“哲学”，这表明他不熟悉生命的神学根源。施韦泽的伦理神秘主义并没有给他的《新约》研究成果带来“不可逾越的鸿沟”，也不是与之“失去平衡”，而是建立在他对耶稣和保罗的研究中发展出来的末世论的基督—神秘主义的基础上。戈林格也同样偏离了目标，以至于他没有理解施韦泽对耶稣末世论使命的理解是如何激励他“在原始丛林的边缘”投身于医疗服务。这很难被认为是一种“撤回”。

巴特的批评更令人感到困扰。和莫尔特曼一样，他把在《寻找历史上的耶稣》一书中世界之轮上的耶稣看作是一个失败的先知。当然，这与施韦泽对文本的理解相去甚远，正如他说得很清楚：

> 那些继续宣扬基于历史上耶稣的话语而建立伦理的人是要负责的……他们不考虑善的实现,而善是上帝借着耶稣之死和复活,以及由此而来的圣灵的恩典而赐给信徒的。[81]

耶稣之死和复活开启了天国，并把圣灵传递给人类的内心，在人类的内心中做工以实现天国。

其次，施韦泽从不认为“这个世界的样子将要失去”，也不认为这个世界是一种虚幻。与之相对，他说的是从无常和死亡中得到救赎。正如巴特所言，敬畏生命不仅仅是对创造的“不幸”的一种“积极的同情”。相反，施韦泽的伦理作为一种实践末世论，屹立在一个更广泛的语境中：敬畏生命是为了天国而工作，在其中，造物“无可补救的不幸”得到转变（*transformed*）。根据施韦泽的布道，在这个时刻，“与我们一起叹息的造物将从焦虑和易朽中解脱出来”[82]。所有被造生灵都注定接受末世论的救赎。实践末世论是一种彻底的宇宙末世论。

115 非暴力生活

巴特反对伦理“素食主义”，理由是因为“它代表了一个对《以赛亚书》第 11 章和《罗马书》第 8 章一个放肆的预期，这两章描述了我们对新世代存在境况的希望”[83]。很有可能巴特也基于某些理由反对施韦泽的实践末世论。这并不是说非暴力地与万物和平共处不是上帝的意愿，相反，基督徒的行为只是“过渡期的步骤”，只具有“暂时的、相对的意义和范围”。巴特让我们注意人类能动性的局限；他坚持认为，因为我们的行动从来“不过是极为软弱和不完美的工作”[84]。在目睹了“文明的衰落”后，他的怀疑主义可以被看作是对人类历史进步观念的积极挑战。在他的《伦理学》一书中，他发展了一个更为尖锐的批评：“虔诚的人必须为神的国的来临而工作，这是不正确的。他必须为神的国的来临而祷告——但这是不同的活动。”[85]确实，巴特认为祷告是“基督徒最亲密、最有效的行为方式”[86]，施韦泽对此回应道：

> 近年来，教条主义宗教出现了一种倾向，认为宗教与世界和文明无关。在人间实现上帝的国，这并不是宗教的事务。这种极端倾向主要以卡尔·巴特为代表。
>
> 巴特说，一个有宗教信仰的人并不关心世界上发生了什么。上帝的国这一观念与他无关。他嘲笑他所称作的“文明的新教”[文化新教教义（*Kulturprotestantismus*）]。教会必须把世界留给它自己。教会所关心的就是布道启示真理。宗教要背向世界。
>
> 然而，当卡尔·巴特——我个人非常看重他——不得不关心这个世界的时候……他转而为捍卫宗教自由而反对国家。他的做法充满了勇气。但这正好表明他的理论是错误的！说宗教是非伦理的是一件非常糟糕的事情。卡尔·巴特是一位真正的宗教人物，在他的布道中有许多深刻的宗教思想。但可怕的是，他敢于宣扬宗教与世界是相背离的，他的做法表达了时代精神的感受。[87]

据推测，施韦泽指的是巴特帮助成立认信教会的工作，以及他对 116
1934年的《巴门宣言》(Barmen Declaration)的重要贡献，他认为信仰和行动在巴特身上已经融合为一体。在宣言中，巴特宣誓效忠耶稣基督，因此排除了所有公务人员对希特勒的效忠。虽然巴特神学是否支持施韦泽所描绘的寂静主义是值得怀疑的，但巴特对“虔诚的人”的论述似乎拒绝人类活动可以意义重大地预期或参与实现天国的这一观点。巴特思想中的这些模糊性可以得到澄清。

在《巴特的道德神学》(*Barth's Moral Theology*)一书中，约翰·韦伯斯特(John Webster)认为，祷告应该被理解为“谦卑、自信、信任地把上帝的行动放在首位”[88]。巴特强调，没有上帝的行动，天国就不会实现。但巴特的相关论述还有：“如果祷告是人类祈求上帝的一部分，那么，这当然就意味着人类要做好自己的职责。”[89]为此，巴特指出：“有一件事……[基督徒]永远没有理由这么做，这就像懒惰的仆人那样消极行事。”[90]事实上，那些祷告上帝的国的人的行为应该“像在天国一样”[91]。对某些人来说，存在一种朝向“最后的伟大终结之日”的伦理转向：

> 他们确定向上帝施压，并吁请上帝介入请愿，期待上帝对此做出回应，正如那些从根本上感到严重不安和震惊的人在人类能力和可能性范围内，以他们自己的职责和方式进行施压和介入。他们表明，在他们向上帝祈祷的事情上，他们也将相应地做一些事情，并在其能力范围内承担责任。[92]

巴特比施韦泽所认为的更看重希望及其伴随而来的人类道德行为。既然如此，我们应该把实践末世论看作对天国“放肆的预期”，即一种无关要紧的活动吗？巴特的观点并不十分一致。正如施韦泽指出，巴特为国际和平所做出的努力，其基础是基督通过世界和解而取得的和平宣言，并在末世论的未来得到充分的实现。而且正如巴特所宣称的，我们“有责任见证和平，并发现自己被召唤去行动”[93]。

尽管如此，巴特并没有像施韦泽那样把神学的重要性归因于伦理活动。在引领我们进入天国的路径这一问题上，施韦泽的实践末世论赋予人类的道德行为非常重要的作用。而巴特强调了一个事实，那就是人类只能做到这么多：希望“一方面代表人类行为的一种明确模式，但另一方面希望清楚地表明上帝对人类行动最终性质的支配”[94]。

巴特区分首要和次要伦理行为的方式可能有助于阐明他对末世论的理解。“首要的伦理行为”是悔改，它由荣耀上帝和敬拜上帝而产 117
生。“次要的伦理行为”指我们由此而来的对邻居和社群采取行动。[95]同样地，巴特认为，首要的末世论行动包含为上帝的行动而祷告，而次要的末世论行动则包括基于目的论的人类道德活动。

虽然施韦泽理解人类活动的局限性，以及上帝引领天国的终极权力，但他仍然强调道德行为的积极作用。在他看来，为敬畏生命而提出伦理行动是对圣灵的回应。但正如施韦泽所澄清的那样，他仍然满怀希望地等待和祈祷，但并不是为了实现上帝的应许本身：“我们将自己的意志委托给他[上帝]；我们把未来留给他。……人类的道德行为不过是对上帝的热切祷告，期待他使天国毫不迟延地出现。”[96]施韦泽对上帝的强调并不意味着排除人类社会行为，而是让这些社会行为变得是相对主义的。基于这个视角，尽管施韦泽和巴特之间的观点存在一些重要的不同之处，但这两位神学家的立场并不像他们各自所陈述的或人们最初所怀疑的那样，存在如此深刻的分歧。

对施韦泽来说，当践行敬畏生命被看作是对实践末世论的表达时，在某种程度上它预示着天国的和平。施韦泽写道：“如果我把一只昆虫从水坑里救出来，生命就把自己奉献给了生命，生命与自己的分裂就结束了。”[97]当“生命把自己奉献给了生命”，生命之间的和谐就得到了实现，哪怕只有瞬间；关于救赎的未来愿景已经部分地在当下开启了。实际上，根据查尔斯·乔伊的记叙：“兰巴雷内丛林的野生动物经常在施韦泽的手上吃东西，或任由他抚摸。”[98]巴特写道：“以牺牲一种生物为代价来滋养另一种生物并不符合最初的秩序，因此也不符合最终的秩序。”[99]自然世界的暴力被认为是造物堕落本性的特征，也被看作破坏了造物之间原初的和平。巴特的末世论观念强调，捕食行为不符合上帝的最终秩序，他的未来愿景采取的伦理形式与施韦泽的实践末世论并没有什么不同：“存在另外一个世界，这个世界远非那一个世界，换句话说：‘接受改变！’是一个目标，我们必须把我们的目光投向这个目标，并以此来指导我们的步伐。”[100]

这一章主要讨论了主导施韦泽思想的双重主题：神秘主义与末世论。对许多人来说，这两者关注的是超越性的彼岸世界，然而对施韦泽来说——其重要性怎么强调也不为过——它们是这个世界道德赋能(moral empowerment)的源泉。具体地说，它们是后来敬畏生命得以概念化的关键的理智基石之一。

118 施韦泽拒绝屈从于作为这个世界特征的自我分裂，尤其当他在兰巴雷内进行前哨战工作。看似深奥的超越性主题是他在兰巴雷内从事英雄般工作的日常生命力量。他的行动是英雄般的壮举。无可否认，他对病人的实际服务和医疗行动犹如基督一般，充满献身精神。不管施韦泽的观点有什么局限性或偏向性，他的生活仍然展现出一种道德英雄主义，很少有其他神学家能与之比肩，不用说大部分医生了。

注　释

[1] *QUEST*，401.
[2] *EDGE*，11，70，124.
[3] *MYST*，x.
[4] Ibid.，1.
[5] Ibid.
[6] Ibid.，1—2.
[7] Ibid.，378.
[8] *OMLT*，241.
[9] *MYST*，297.
[10] *PC*，301.
[11] Ritschl，*Three Essays*，76.
[12] *MYST*，3.
[13] Ibid.

[14] Ibid., 8.
[15] Ibid., 5.
[16] Schweitzer, correspondence with Reformed Church of the United States(1930s), in *LETT*, 144.
[17] *MYST*, 380(我加的斜体)。
[18] 《哥林多前书》第15章24—28节。
[19] *PAUL*, 223.
[20] MYST, 380.
[21] Ibid., 380.
[22] Schweitzer, "The Conception of the Kingdom of God in the Transformation of Eschatology," in Mozley, *The Theology of Albert Schweitzer for Christian Inquirers*, 88.
[23] E.P. Sanders, *Paul and Palestinian Judaism* (Philadelphia: Fortress Press, 1977), 462—463, 549; R. Barry Matlock, *Unveiling the Apocalyptic Paul: Paul's Interpreters and the Rhetoric of Criticism* (Sheffield: Sheffield Academic Press, 1996), 40. 关于Sanders与施韦泽的耶稣思想的关系的论述, 参见Robert Morgan, "From Reimarus to Sanders: The Kingdom of God, Jesus, and the Judaism of His Day," in Barbour, *Kingdom of God*, 80—139。关于近来对施韦泽对使徒保罗的研究及其学术结论的论述, 同时参见S.Westerholhm, *Israel's Law and the Church's Faith: Paul and His Recent Interpreters* (Grand Rapids, Mich.: Eerdmans, 1988); W.G. Kümmel, *The New Testament: The History of the Investigation of Its Problems*, trans. S.M. Gilmour and H.C. Kee(London: SCM Press, 1973), 235—244; S.Neill and N.T. Wright, *The Interpretation of the New Testament 1861—1986*, 2nd ed.(Oxford: Oxford University Press, 1988), 205—215; 以及A.C. Thiselton, "Biblical Classics 4: Schweitzer's Interpretation of Paul," *Expository Times* 90(1979—1980):132—137。
[24] *MYST*, 147.
[25] Ibid., 148.
[26] George Bernard Shaw, *Pygmalion and Major Barbara* (New York: Penguin, 1957) p.24.
[27] *EDGE*, 11, 70, 124.
[28] Schweitzer, sermon, "We Shall Be Exalted," Strasbourg(23 February 1902), in *RFL*, 22.
[29] Schweitzer, sermon, "Creative Suffering," Strasbourg (14 May 1900), in *RFL*, 15.
[30] Schweitzer, "We Shall Be Exalted," in *RFL*, 22.
[31] Schweitzer, "Creative Suffering," in *RFL*, 16.
[32] Schweitzer, "We Shall Be Exalted," in *RFL*, 22.
[33] Schweitzer, sermon, "Christ in Our Life," Strasbourg(24 April 1904), in *RFL*, 35.
[34] Schweitzer, in D. Roland Schutz, "Albert Schweitzer's Christentum und Theologische Forschung," *Rundbrief fur den Freundeskreis von Albert Schweitzer* 9(1 January 1956):13, 转引自Clark, *Ethical Mysticism of Albert Schweitzer*, 92。
[35] 《罗马书》第8章13节, 转引自Schweitzer, *MYST*, 169, 302。
[36] Philip West, "Re-reading Schweitzer's Quest," in Barbour, *Kingdom of God*, 167.
[37] Christopher Rowland, "Reflections on the Politics of the Gospels," in Barbour, *Kingdom of God*, 225.
[38] *MYST*, 148.
[39] *WWR*, 2:636.
[40] Nietzsche, *Beyond Good and Evil*, 93(尼采加的强调)。
[41] B.H. Streeter, "The Historic in Christ," in *Foundations: A Statement of Belief by Seven Oxford Men*, ed. B.H. Streeter(London: Macmillan, 1912), 77.
[42] Grässer, *Albert Schweitzer als Theologe*, 79. 同时参见O'Neill, *Bible's Authority*, 263。
[43] *PC*, 245.

［44］Ibid.，246(我加的斜体)。
［45］*PAUL*，59.
［46］*MYST*，302.
［47］Ibid.，25.
［48］*PC*，304.
［49］*PAUL*，59.
［50］*MYST*，387.
［51］Schweitzer，in Schutz，"Albert Schweitzer's Christentum und Theologische Forschung," 14.
［52］*MYST*，388.
［53］Ibid.，387.
［54］Ibid.，388.
［55］*IND*，8.
［56］Cooper，*Radical Christianity and Its Sources*(Philadelphia：Westminster Press，1968)，139.
［57］Ibid.，139—140.
［58］*CRW*，38.
［59］*MYST*，333.
［60］Schweitzer，correspondence with Walter Lowrie (15 October 1913)，in *LETT*，37.
［61］Schweitzer，sermon，"My Brother's Keeper," Strasbourg(4 April 1909)，in *RFL*，81.
［62］Schweitzer，correspondence with Paris Mission Society (18 June 1913)，in *LETT*，33.
［63］Schweitzer，correspondence with his sister Adele Woyttin(April 1913)，in *LETT*，28(施韦泽加的强调)。
［64］Schweitzer，correspondence with Anna Schäffer(18 May 1913)，in *LETT*，30.
［65］*OMLT*，119.
［66］*EDGE*，168—169.
［67］Erica Anderson，*The Schweitzer Album*(New York：Harper & Row，1965)，169.
［68］Schweitzer，"Compelling Hope," in *RFL*，p.46.
［69］Schweitzer，in Mozley，*The Theology of Albert Schweitzer for Christian Inquirers*，90.
［70］*MYST*，388.
［71］Moltmann，*Jesus Christ for Today's World*，trans. Margaret Kohl(London：SCM Press，1994)，21—22.
［72］*SOURCE*，49.
［73］Moltmann，"The Liberation of the Future and Its Anticipations in History," in *God Will Be All in All*：*The Eschatology of Jürgen Moltmann*，ed. Richard Bauckham (Edinburgh：T & T Clark，1999)，267(我加的斜体)。
［74］Moltmann，*Theology of Hope*，38—39.
［75］Douglas Meeks，*Origin of the Theology of Hope*(Philadelphia：Fortress Press，1974)，48，49；Carl Braaten，*Eschatology and Ethics*(Minneapolis，Minn.：Augsburg，1974)，121.
［76］*MYST*，384.
［77］Schweitzer，"Philosophy and the Movement for the Protection of Animals," *International Journal of Animal Protection*，Edinburgh(May 1935)，in Charles Joy，*The Animal World of Albert Schweitzer*：*Jungle Insights into Reverence for Life*，ed. Charles Joy(Boston：Beacon Press，1950)，187.
［78］Oscar Cullmann，*Salvation and History*，trans. Sidney Sowers(London：SCM Press，1967)，31 32，40(我加的斜体)。
［79］*CD*，2：1：636.
［80］Timothy Gorringe，"Eschatology and Political Radicalism," in Bauckham，*God Will Be All in All*，93.

[81] *MYST*, 297.
[82] *REV*, 23.
[83] *CD*, 3:4:355—56.
[84] *ChrL*, 180, 175.
[85] *ETHICS*, 13.
[86] *CD*, 3:3:268.
[87] Schweitzer, “Religion in Modern Civilization,” in Seaver, *Schweitzer: The Man and His Mind*, 338.
[88] John Webster, *Barth's Moral Theology: Human Action in Barth's Thought* (Edinburgh: T & T Clark, 1998), 93.
[89] *ChrL*, 156(我加的斜体)。
[90] Ibid., 181.
[91] Ibid., 266.
[92] Ibid., 169.
[93] Barth, correspondence with Hiderobu Kwada of Tokyo(22 September 1964), in *Karl Barth: Letters 1961—1968*, trans. Geoffrey W. Bromiley (Edinburgh: T & T Clark, 1981), 88—91.
[94] *ETHICS*, 513.
[95] Barth, *The Epistle to the Romans*, trans. Edwyn C.Hoskyns(Oxford: Oxford University Press, 1968), 431.
[96] *CRW*, 29, 30.
[97] *PC*, 313.
[98] Joy, *Animal World of Albert Schweitzer*, 11.
[99] *CD*, 3:1:194.
[100] Barth, *Holy Ghost*, 47(巴特加的强调)。

119

第 6 章　重新发现兰巴雷内

人们普遍认为，敬畏生命随着施韦泽 1965 年在兰巴雷内去世而消逝了。 唐 · 库比特(Don Cupitt)表达了这个通常的结论：

> 生命宗教当前拥有了它的圣人、先知和导师。阿尔贝特 · 施韦泽是施洗者圣约翰吗？他很有可能是的，但他也过时了，他自己提出来的敬畏生命伦理尽管盛行一时，但在很大程度上已经被遗忘了。[1]

这里有许多明显的误解。 首先，施韦泽从不信奉某种生命宗教(*religion of life*)。 事实上，他几乎不理解这个术语。 正如我们所见，敬畏只出现在剧烈的理智斗争和对耶稣和保罗等人物以及对耆那教无神观的迷恋中。 泛神论(因为一个生命宗教很可能会陷入泛神论)不可能对超越性感兴趣，更不用说对末世论神秘主义感兴趣了。

第二，一位神学家把施韦泽的思想称为“过时”，这是一个奇怪的论点，他的任务应该是识别，甚至对抗潮流，而不是认同它。 当然，大众的意见不能建立真理。 施韦泽和我们所有人一样受到历史的局限：他觉得自己被召唤去做特定的传教工作，这不可避免的是某

个特殊时代和地方的产物，所有人类努力的结果亦如此。 但这不应 120
掩盖他的工作中什么是必要的或值得赞许的，也不应意味着我们今天不能借鉴他为最佳榜样。

在库比特的观点中有一个不一致的地方，那就是他认为施韦泽的敬畏思想“尽管盛行一时，但在很大程度上已经被遗忘了”。 当施韦泽表示，他希望人们记住他的最高成就是对生命的敬畏，他显然不是标记一个口头公式。 相反，敬畏是一种对所有生命开放的体验，甚至是一种启示。 在一定程度上，生命的价值被提升到道德议程，而我们现在经常辩论的议题，例如堕胎、安乐死、死刑、核武器、生态学和素食主义，正是施韦泽理应引以为傲的遗产之一。 库比特忽略了施韦泽所持立场正来自他准备好面对流行思潮：尽管现在看来他的立场很温和，但他冒着被公开指责的风险表达对昆虫、动物和环境的担忧。 他也成为同行们嘲笑的对象，他们不明白他为什么要放弃已建立好的学术生涯，甚至远赴兰巴雷内帮助那里受苦的人们。

库比特忽略了施韦泽作为一个标志性人物在当今蓬勃发展的以生命为中心的伦理运动中的重要意义。 作为证据，这一章选取分析施韦泽著作中他承认或不承认的（*acknowledged or unacknowledged*）自由主义新教与过程神学这两条发展脉络。

万物之源

1962 年，兰巴雷内的外科医生理查德 · 弗里德曼（Richard Friedmann）问蒂利希（1886—1965）为什么他很少在著作中提及施韦泽。 蒂利希回应道，他所写的一切都受到施韦泽的影响。 弗里德曼问道：“但你不应该公开承认这一点吗？”蒂利希答道（有人可能认为

这一点不太诚实)，看起来

> 生命中最重要的事情都被认为是理所当然的。例如，什么是生命中最重要的呢？我们谈论食物和水，但最重要的事物是空气，没有空气我们一秒钟都活不下去，而我们几乎没有提过这一点。我们认为我们呼吸空气是理所当然的，就像我们认为伟大的原创性思想家已经成为我们整个思想体系的基础一样。[2]

蒂利希在“施韦泽的神学意义”这个电视节目中更进一步坦诚他受惠于施韦泽。[3]杰罗德 · 布劳尔(Jerald Brauer)向蒂利希提出第一个问题，即他是否见过施韦泽，他回答道：

> 121 没有，我很抱歉，虽然我们有好几次计划会面，但我总是错过他。……但这并不意味着我真正错过他。至少他没有错过我，因为从 1909 年起，那时我还在学生时代，他就一直陪伴着我。[4]

蒂利希首次回忆，他如何在 17 岁的时候阅读施韦泽的《寻找历史上的耶稣》，这次阅读经历犹如“一次启示”。蒂利希宣称“[它]决定了我的整个神学生涯”[5]。当被问及施韦泽论述基督形象而带来的影响时，他说道：“[如果]这个全新的实在[即耶稣]是上帝自我忍让之爱[即无限的爱的意志]的核心……那么在这一点上，我们会走在一起。”[6]布劳尔问道，这个“全新的实在”是否主要指施韦泽所相信的伦理原则，或它是否是“比伦理原则更根本的事物”。蒂利希并没有排除这种关联：“我不知道施韦泽[是否]认为生命……或一切生命的基础就像我所认为的生命的神圣基础一样。两者可能有相似之处。”[7]也许确实存在相似点，而且不止一个，正如蒂利希的著作所充分显示出来的那样。

蒂利希在其他地方更具体地论述这些相似点和他如何受惠于施韦泽的思想。例如："在我看来，所有生命的统一性——我喜欢这样称呼它——似乎是施韦泽最重要的观点，也是我追随他的地方。"[8]这里的动词"追随"非常模糊，既表示从属关系(作为门徒而追随)，也表示独立关系(作为继任者而追随)。在前一种意义上，我们把如下两个段落进行比较：

> 施韦泽："上帝是创造性的力量，创造并维护外物。"[9]
>
> 蒂利希：上帝"是生命的创造性根源，是一切生灵中的生命力量"[10]。

很明显，这两位神学家都把上帝理解为万物之中的创造性原则。但蒂利希走得更远。他的论文"自然与圣礼"("Nature and Sacrament")通过发展一种自然的圣礼神学来推进这一思想轨迹，在这种神学中，上帝不仅存在于传统的圣礼中，也存在于自然实在中。基于这种神学，蒂利希发展了他关于生命的本体论概念。

> 如果潜能的实现是一切存在的结构性条件，如果这种实现被称为**生命**(*life*)，那么普遍的生命概念就是不可避免的。因此，星辰和岩石的形成，它们的生长和衰变必须被称为一个生命过程。生命的本体论概念把**生命**这个词从它的有机领域的束缚中解放出 122
> 来，并把它提升到一个可以在神学体系中使用的基本术语的程度。[11]

蒂利希反对人类中心主义，他认为："无机物在各个维度中具有优先(*preferred*)地位，因为它是实现每一个维度的首要条件。这就是为什么所有的存在领域都会被分解，而这正是无机物群落所提供的消失的基本条件。”[12]但蒂利希提到无机物在各个维度中具有优先地位，并没有赋予它一个“本体论的、定性的优势地位”，与之相反，他强调了它作为所有其他维度的“根本约束性维度的地位”[13]。也就是说，无机物在维持生命过程中起到至关重要的作用。蒂利希反对所谓的无生命、惰性物质的机械论观点：“就像所有其他维度一样，无机物属于生命，它展现了生命的整体性和解体的可能性。”[14]他的观点强调了所有生命的相互依存；所有的实在领域在某种程度上都参与了生命的过程。

我们已经看到，施韦泽的主要关注点之一是价值等级和物种差异的评价问题。他质疑基于人类中心主义的标准而区分生命形式，认为所有生物本身就具有价值。虽然人类必须对不同生命形式的优先次序做出实际的决定，但这种判断不应被视为对其他生命内在价值的客观衡量尺度。价值等级或层级不能通过不同生命形式在宇宙中占有的重要性不同而得到辩护，而宇宙当然是未知的。

蒂利希接受施韦泽对人类中心主义的批评。他同样对人类中心主义提出挑战，他比施韦泽(或施韦泽同时代的任何人)更清楚地认识到有机物和无机物这两个维度*相互依存*(*interdependence*)的关系，因此他发现我们不能在价值属性上区分有机物与无机物。他对无机物维度的偏爱挑战了自然界生命的传统的等级结构，这一结构反映了不同程度的创造价值，而人类在其中居于首位。蒂利希认为人类是创造中最高层次的存在，但这一观念受制于我们不一定是最完美的这一概念：“完美意味着一个人潜能的实现；因此，一个较低的存在可能比一个较高的存在更完美，如果较高存在实际上处在潜能状态中……人可以变得比其他任何存在都更不完美，因为他不仅未能实现他的本质存在，并且还会否认和扭曲它。”[15]蒂利希认同施韦泽关于这种人造的分级秩序的先见，并坚持认为：

> 根据这一观点，实在被看作是一个拥有不同层面的金字塔，根 123
> 据它们存在的力量和价值等级沿着垂直方向而排列。[16]

而施韦泽认为：

> 敬畏生命的伦理不对生命价值做出高低贵贱的区分。……当我们在活生生的有机生命之间建立价值固定不变的等级次序时，我们所做的不过是通过它们与我们关系的远近而做出判断。[17]

蒂利希的结论是，隐喻性的*层级*、*阶层*或*层面*应该被排除在任何对生命过程的描述之外。他的批评不只是对术语的修改：“重要的……并不是用一个隐喻替换另一个隐喻[用维度替代层级]，而是这种替换表达的是改变对实在的看法。”[18]隐喻性维度的重要性在于它能够改变我们对生命的感知。这里存在某种对称性。没有任何隐喻自动就是安全的，但是出于同样的理由，没有任何一个隐喻在有人操作下是绝对没有价值的。蒂利希可能同意层级—隐喻目前起到了刹车阀的作用，但他也承认，与当时的替代方案相比，它们曾经可能具有启发性的作用。同样地，他也不能暗示维度—隐喻（或其他任何隐喻）在某种程度上不受这个循环的影响。也许更重要的是，蒂利希区分生命维度的目的旨在强调在多维度上一切生命的统一，以及所有生命过程的模糊性依存关系的来源和后果。施韦泽和蒂利希的思想都强调任何系统性评价在认识论、本体论和伦理学意义上产生的危机。

共同的信念

蒂利希的生命哲学与施韦泽其他几个关键的洞见产生共鸣，我们可以通过把相关段落并列在一起看出来。他们的思想有三个方面可能涉及参与的观念。

首先是认识论的领域，施韦泽特别强调，一个人所获得的内在知识(生命意志)超越了他所感知到的外部世界的知识：

> 施韦泽："我只有通过内在的生命存在才能理解外部生命存在
> 124 的本质。……关于[外部]现实的知识必须经过一个思考[个人]存在本质的阶段。"[19]

> 蒂利希："人类已经意识到这样一个事实：他自己就是通往更深层次实在的大门，在他自己的存在中，他拥有通往存在本身的唯一可能的途径。……一个人对存在的直接经验揭示了存在的一般本质。"[20]

在这两个例子中，在同等条件下，他们的思想都把人类主体牢牢置于物质世界之中。通过我们的身体，我们每个人都拥有内在的意识，这也是世界的一部分。通过使自然世界的基本力量(施韦泽的意志和蒂利希的存在)同质化，这两位思想家都拒绝人类和世界之间传统的分裂。

第二，蒂利希强调所有生命的统一或关联性，与之相似，施韦泽把自我理解为"意欲生活的生命，是意欲生活在生命之中的生命”[21]，他认为“在我们存在的每一根纤维中，我们的内在自我都承载着生命结为一体的事实”[22]，这一概念也与蒂利希类似。个体在经验认同上通过上帝的生命而意愿与其他生命共同生活，这是施韦泽神秘主义神学的基础。作为一种生命意志，自我存在于与其他生命意志的关系之中，包括人类和非人类的生命意志。

> 重要的是，我们是生命的一部分。我们源于其他生命；我们有能力使其他生命持续存在。……因此，自然迫使我们认识到生命相互依存的事实……[以及]所有生命结为一体的事实。[23]

施韦泽与蒂利希在思想上的相似之处在《根基的动摇》（*The Shaking of Foundations*）这本书里显得非常明显：“我们与它（‘生命的根源’）永远联系在一起，就像我们与自己和所有其他生命联系在一起一样。”[24]对施韦泽和蒂利希而言，在所有生命意志或生命之间存在一个本体论的或灵性的联系；所有的生命在无限的生命意志或生命的根基之中都有一个共同的起源。对两者来说，世界是造物与造物主建立关系的重要手段。

第三，这两位神学家都持有一个极具争议的看法，即所有实在都是有生命的。施韦泽论述道：“因此，我在现象世界里所遇见的一切都是生命意志的显现。”[25]生命意志并不限于人类，我们可以在“繁花盛开的树上，在形态优美的水母里，在草丛间，[以及]在水晶里”[26]都可以观察到生命意志。正如我们所见，蒂利希同样强调“无机物”维度的生命力，以及无机物在精神层面的存在方式，反之 125
亦然。[27]同样值得注意的是蒂利希对唯意志论（voluntarism）的辩护，正如我们在施韦泽思想中所发现的那样。他写道：

> 在石头、水晶、植物或动物中怎么可能存在意志？它们……缺乏由理智导向的目标，而理智是使用语言和抽象概念来表达自身的。但如果从本体论的意义上理解意志，那就不是意志所表达的意思了。意志是所有生命形式的动力。……[意志]以具有意识能力的意志形式出现在人身上，而以本能或冲动的形式出现在动物身上——同样也出现在人身上——以驱动力的形式出现在植物身上，并以万有引力等势能的形式出现在物质世界中，这样的意志才具有意义。……它是一切生命过程的普遍动力。[28]

施韦泽和蒂利希提出普遍的生命力的观念，这是他们与同时代的大多数人(如果不是所有人)的显著特征。

布劳尔随后问蒂利希关于施韦泽敬畏生命的伦理，并问他是否“朝着类似目标构造一个神学体系？”蒂利希回应道：

> 是的，我认为这是朝着相似的方向发展。但我怀疑施韦泽和我在精神上有相似的父辈。第一个……是谢林，他先在西方哲学的发展历史中提出了一种发展中的自然哲学。这让他的想法接近歌德，而施韦泽撰写了一篇极为优美的文章评价歌德的自然哲学。接下来，我们遇到19世纪末柏格森的生命哲学，他影响了英美哲学家怀特海。我感到自己很符合这条思想路线。不仅如此，除了这两位哲学家外，尼采的生命哲学也深深地影响了我。[29]

更重要的是，蒂利希总结了这些哲学家给他留下的道德训导，尤其是施韦泽的：

> 从这些思想来源中我得出这个观点：凡是把人与自然分开的

> 神学理论都是完全错误的。自然参与人类的活动,人类也参与自然的活动,正出于这个理由,我现在比早些年更能感受到施韦泽关于生命不可侵犯这一思想的影响。在我即将出版的《系统神学》第3卷中,我甚至以"生命的不可侵犯性"为标题,用很大篇幅论述这个主题。[30]

蒂利希并没有形成以"生命的不可侵犯性"为题的章节——这有 126
可能对施韦泽关于敬畏的伦理神秘主义做出粗率的误解——但转而以"生命与精神"作为第 4 章的标题。尽管如此,施韦泽影响了他关于人类与自然世界关系的理解,这一点是显而易见的。蒂利希跟随施韦泽,强调人类尊重某些维度的必要性,基于这些维度,人类才得以存在。[31]达尔伍德 · 福斯特(Durwood Foster)在北美蒂利希学会的演讲中讲述了下面的故事:

> 我们当作有些人想去钓鱼。……听说它们[鱼]在海湾里会咬人。我们以为保卢斯(Paulus)会来,当我们在蒂利希家会面准备安排时,情况似乎就是这样。但是一听到钓鱼的话题,保卢斯的心情就变了。有人可能会想,这是否与保卢斯对动物世界的回避或恐惧反应有关。但他非常激烈地控诉我们那种冷酷无情剥削自然、把一切都变成可利用的手段的敕尔派(Ritschlian)* 态度。他对这件事的态度是极为真诚的。……我们争论道,如果钓到鱼,我们就会吃掉它们,而这种游戏对鱼自身的福利是有利无害的。保卢斯没有被打动。他待在家里。当我们到了水边,没有人想要钓鱼了。[32]

---

* 敕尔派系一种把耶稣理解为将位格生命从自然的统治中释放出来的神学观点。——译者注

对蒂利希来说："生命的不可侵犯性体现在许多宗教对生命的保护……也体现在人类对植物和动物生命的实际参与上。"[33]与施韦泽一样，蒂利希也对几种世界宗教进行研究，有趣的是，他也可能受到了类似的影响，在不同程度上受到多种印度宗教的影响，把道德关怀的范围扩展到非人类物种的领域。蒂利希注意到："只有当人类与某些动物的关系(或者像印度人与动物的一般关系)变得类似于人与人的关系时，人类与其他所有生物的关系才会发生变化。"[34]

救赎的模糊性

对蒂利希来说，与自然世界的互动是"人类普遍存在的一部分，对此不需要做出扩展性的评论"。但是人类与自然世界关系的模糊性"需要对此做出充分讨论"[35]。在讨论他们生命哲学的这一方面时，蒂利希对施韦泽的论点做出了不正确的解释：

127 > 未来的观察者肯定注意到一个细微的差别，那就是施韦泽在他的著作中或许更强调自然和人的爱的元素。在这一点上我同意他的观点，但我们也必须看到所有自然现实中的破坏性因素，而施韦泽在行动中忽视这种破坏性因素，其程度不比他在思想中忽视这种破坏性因素要少。在我看来，这似乎是他生命哲学的局限性。
>
> 当然，生命在原则上是神圣不可侵犯的。但在另一方面，生命一直被侵犯。生命一直在侵犯自己，由此带来如下模糊性：它既具有创造性，又具有破坏性；既具有整合性，又具有瓦解性；既表现出神圣的基础，又隐藏着神圣的基础。在所有这些模糊性中，我讨论我的生命哲学，我不确定施韦泽会在这一点上和我走多远。我更

感到他强调的是生命积极的一面。[36]

更准确地说，施韦泽和蒂利希的宇宙观有惊人的相似之处。蒂利希可能担忧，强调他的独立性会导致他忽略了施韦泽著作中关于自然道德模糊性的许多段落。事实上，如果蒂利希知道施韦泽以下这段话，他几乎不可能做出这样的批评：

> 这个世界在繁华背后令人惊惧，在意义上却毫无意义，在快乐之中饱含悲伤。[37]

> 从外部来看，自然是美丽而崇高的。但阅读自然这本书却是可怕的。……**自然不懂得敬畏生命**。它以数以千种最有意义的方式创造生命，又以数以千种最愚蠢的方式毁灭生命。……生物的生存是以牺牲其他生物的生命为代价的。[38]

> 对我来说，带着对生命的敬畏生活在一个由创造性意志支配的世界里仍然是一个痛苦的奥秘，创造性意志同时也是破坏性意志，而破坏性意志同时又是创造性意志。[39]

施韦泽在书中指出了生命意志与自我对立的分裂，而蒂利希则在其著作中写到*存在*(*being*)与*存在者*(*Being*)本身的隔阂：

> [生命]生活和成长……通过抑制或消灭其他生命。[40]

> 自然不仅光辉灿烂，它也是一个悲剧。它受制于有限性和毁灭性的法则。它和我们一起受苦和悲叹。……任何一个曾经同情 128

地聆听过自然音籁的人都不会忘怀它们悲壮的旋律。……分裂构成一切存在的状态，这是一个普遍的事实，它是每一个生命的命运。……存在即分裂！[41]

确实，人类的存在与所有的实在都带有疏离（*estrangement*）的特征。但施韦泽和蒂利希的独创性不在于他们对这一困境的陈述，不管他们的语气或措辞可能意味着什么。从外在来看，他们都很难（像其他人一样）理解达尔文的思想。达尔文在这里是一个简化的符号：世界当然不必等到1857年才发现大自然是“腥牙血爪”般的残酷竞争。

不过，还存在更多意涵。出于分析的目标，我们必须承认，施韦泽和蒂利希是最早从神学（而非进化生物学）的角度来研究这个问题的思想家之一。他们都力图寻找一种方法来解释并最终克服这种分裂/疏离。在施韦泽的思想中，生命意志被爱的意志所取代，而爱的意志“总是起到与其他生命建立特殊的结合关系”[42]的作用。正如施韦泽用蒂利希式的术语写道：“爱意味着存在的和谐与存在的共同体。”[43]蒂利希相应地讨论了“圣灵的临现”如何表现为爱。因为“疏离的第一个标志包含了不爱，”它需要通过爱而得到和解：“在爱之中，疏离被重新联合而得到克服。”[44]同样地，在《爱、力量与正义》（*Love*, *Power*, *and Justice*）一书中，“上帝的力量在于他以重新联合克服疏离”，和解“的形式是重新与爱相聚……爱是分离者重聚的力量”[45]。蒂利希说道，爱“是生命与生命的重逢。……因为生命属于生命”[46]。对这两位神学家来说，爱是最高程度的和解。他们“并行”的解决方案不仅仅是通过上帝的干预来断言宇宙的和解。施韦泽和蒂利希都特别主张，人类应该充当神圣之爱在世界上的中介者。

最后，虽然蒂利希在采访中没有讨论末世论，但施韦泽和他关于在上帝的国中宇宙和解的理解都显示出一种可能的影响，或至少在某些关键点上思想的趋同。施韦泽的末世论包含了一个宇宙框架：它试图克服作为整个创造特征的分裂。他反对把天国降为个人救赎的个人主义观点："一个人如果只关心自己的个人救赎，而没有同等地关注与未来世界相关的上帝的国的来临，这是一个极大的缺点。"[47]施韦泽的末世论根植于他对保罗"不可思议的段落"（《罗马书》第8章22节）的阅读，这段话"谈到了整个造物对尽早救赎的渴望"，并表现出"他对动物造物的深切同情……包括对自然世 129
界"[48]。在其他地方，他赞美保罗给罗马人的信，保罗在信中"描述即使是与我们一同悲叹的生物也能从苦难和必朽中解脱出来"[49]，他还描述了使徒与造物一起"渴望从被造性(creaturehood)中得到救赎……并且从那被束缚的身体中解脱出来"[50]。

蒂利希对生命模糊性的理解让他对清晰明确的上帝的国形成类似追求。他也谴责对上帝的国的私有化解读："人不能宣称无限进入到有限，其目的只是为了克服有限在人身上的存在主义疏离。"[51]相反，蒂利希在"自然也为失去的美好而哀悼"这篇布道中提供了一个关于自然"渴望"和解的论述，这个论述同样基于保罗给罗马人的信：使徒"知道，我们与其他所有生物，与所有的动物、花朵，与海洋和风一样，都处在期待、渴望和痛苦的阶段"[52]。蒂利希同样注意到：

> 人类一直梦想一个在自然中充溢着和谐与喜乐的时代，一个人与自然和谐相处的时代。……这个梦在保罗忧郁的话语中回响。人与自然在他们共同创造的荣耀、悲剧和救赎中属于彼

> 此。……因为如果没有自然的救赎，就没有人的救赎，因为人在自然之中，自然也在人之中。[53]

进一步，蒂利希承认耶稣钉死在十字架这一事件对所有造物的重要性："我们应该问问我们是否能够感觉到……耶稣在各各他的受难事件与这个宇宙相关，包括所有的自然和历史。"[54]

在《系统神学》中，蒂利希写道：

> 这不仅是人类的天国，它包括在所有维度下的生命的实现。……这个"新天新地"的象征标志着已经实现的上帝的国的祝福的普遍性。……生命的所有维度都被包含在对变化之物的终极目的（*telos*）的考虑中。[55]

对施韦泽和蒂利希关于宇宙救赎的理解进行比较，可以看出这两位思想家的相似之处。施韦泽写道：

> 先知以赛亚（《以赛亚书》第 11 章 6—9 节）宣称主将拯救世界。[56]
>
> 最初，上帝的国的主要思想是信徒彼此分享新造生命的祝福。
> 130 但是现在个人的体验占据了优先地位。……每一个彼此分离的信
> 徒现在都只关心他自己的救赎。他不关心人类和世界的
> 未来。[57]

蒂利希同样坚持认为：

> 有一件事非常明晰……救赎就是拯救世界，而不是单单拯救

人类。以赛亚说,狮子和羊,孩童和蛇,必安然躺卧。

因此,让我们与自然交流吧!人类与自然疏离之后,要与之和解。……它将在悲剧的枷锁中与我们一同叹息。它将谈论对救赎坚不可摧的希望![58]

他们对上帝的国的愿景清晰而完整地表达了他们一以贯之地对生命统一性的强调，尤其是人类与自然其他部分的统一。

最后，与施韦泽的实践末世论一致，蒂利希形成了一种末世论辩证法(eschatological dialectic)：我们现在的存在与未来的希望之间的关系。“末世成为一个不丧失未来的前提下体验当下的事情。”[59]虽然上帝的国指向的是对历史的超越，但“拯救力量[也]打破历史，在整个历史中发挥作用”[60]。虽然蒂利希没有对他所设想的拯救力量起作用的类型给出系统的内容，而这些内容是由一个面向未来的神学所产生的，不过它大概包含了通过在所有维度上的爱，让“彼此疏离的存在重逢”。他指出，“《圣经》中关于自然和平的愿景”设想了“一种在有机领域中清晰明确的自我超越，这将改变有机生命的实际条件”[61]。这种对天国特征的描述与他对末世对现世影响的理解一起，支持了一种即便是以非常有限的方式进行和解的可能性，和解发生于宇宙实在的当下模糊性与未来的无条件性之间。

施韦泽和蒂利希对悲剧的看法(以及对其他观点)有着明显的相似之处，而且相似之处太多，我们肯定不能将其归入简单的趋同。我们似乎可以得出这样的结论：尽管对施韦泽的遗产研究得还不完善，但它们仍然对蒂利希产生了显著的影响。如果对施韦泽的遗产做出更详尽的理解和认可，它很可能在未来成为更丰富的思想资源。

生命过程

在过程思想中，我们可以更直接地看到施韦泽思想的作用。过
131 程思想这一领域背后的主导思想家是英国数学家和哲学家阿尔弗雷德·诺斯·怀特海(Alfred North Whitehead，1861—1947)，他提出了有机体的过程和实在的哲学(*philosophy of organism in Process and Reality*，1929)，其中一个有机体与另一个有机体的关系使得人类与所有生物建立关联。正如施韦泽的思想可能受到柏格森生命冲动的观念的影响，蒂利希也注意到柏格森对怀特海哲学的影响。同样值得注意的是，蒂利希将怀特海列为影响他的思想家之一。所有这些思想家都可以看作是20世纪西方伦理学解决生命伦理观的一场广泛的道德敏感性运动的一部分。尽管过程神学有各种各样的表现形式，但有三位神学家特别发展了怀特海的过程思想，他们着眼于对非人类生物进行伦理思考，其中包括：小约翰·B.科布、查尔斯·伯奇和杰伊·B.麦克丹尼尔(Jay B.McDaniel)。

在科布关于生态—神学的早期文本《太迟了吗？一种生态神学》(*Is It Too Late? A Theology of Ecology*，1972)中，他提出基于过程思想和施韦泽“所有生命都值得敬畏的愿景”[62]这一基础上发展一种新的基督教。科布赞同施韦泽对于敬畏生命的理解，因为耶稣的“爱的伦理扩展到普遍性”，并呼吁基督教的爱要超越人类的领域而延伸到其他生物。[63]但这种道德敏感性的扩大并不是建立在对施韦泽生命意志形而上学的关注基础上的。相反，意识到人类与其他生物的亲缘关系是生物进化的结果：“我们必须把自己作为整个生物群落的一部分来体验我们所说的进化过程。”[64]从这个基础出发，

科布试图发展一种伦理观来指导人类针对其他物种的行为。

在科布的生命进化论哲学的发展中，一个生物的内在价值与它的感知能力相关：

> 我不相信任何一种意识对于感觉和感觉的价值是必要的。虽然有意识的享受远比无意识的享受要丰富，但我相信后者同样也具有价值。我相信无意识的感觉是一种低水平的价值，也遍及宇宙。[65]

过程形而上学以 20 世纪早期量子物理学和达尔文主义思想为基础，在所有现象中假定了力场和经验场的预设。科布认为，人类不是内在价值的唯一承载者，他还声称，所有生物都有能力拥有某种感觉，这与它们是否具有意识无关。对他而言，不同程度的内在价值存在于整个创造之中。科布和伯奇在很大程度上基于这种对生命的评价，并在《生命的解放》（*The Liberation of Life*）一书中发展了一种生命伦理（*ethic of life*）。

他们认为施韦泽是“20 世纪西方最伟大的思想家之一，他认真对待所有生物的价值”，并承认他的敬畏生命思想“对其他人有着广泛 132
的影响”。但他们宣称施韦泽的伦理观在一个主要方面存在缺陷：它“未能体现为实践的伦理指导”[66]。科布和伯奇把他们的手指按在施韦泽伦理学的一个“缺陷”上（主要由布伦纳提出）。然而，就连他们自己也承认，施韦泽本人已经意识到了这一缺陷。他们的疗法是否比疾病本身更糟糕还有待观察：

> 施韦泽有意识地反驳对生命形式进行差异化的评价方式，这将使得以下这种指导成为可能。对物种之间进行价值判断带有主

> 观因素，而某一物种因与人类具有相似性有可能带来扭曲的作用。但这并不意味着任何概括都是不可能的，也不是说如果人们做出临时（*ad hoc*）决定，就会在这个领域表现出更大的智慧。敬畏生命之恰当的伦理观要求发展，而施韦泽拒绝给予这种发展。[67]

科布和伯奇能够清楚地阐述施韦泽对价值判断的反对立场，同时给人的印象是，他的批评力量不足以阻止他们对生命做出“差别评价”。双方的争议可以归结为以下困境：要么采用施韦泽式的反堕胎（在这个词最宽泛的意义上）立场，但就排除了一个生命形式优于另一个生命形式的理论主张；要么追随科布和伯奇的观点，接受反堕胎（某些生命）的立场，并按照科布和伯奇的例子发展一个道德优先次序的层级结构。

如果施韦泽已经着手构建一个系统的伦理观，那么科布和伯奇的批评将被证明是严苛的。但他很明显没有这么做。施韦泽把敬畏视为一面旗帜或一块试金石——或许他本应该做出更详细的论述，以防止敬畏被当作其他更多的东西，也就是说，被当作一个在任何情况都可以使用的一站式实用指南。因此，他们批评的问题在于试图从系统的角度理解敬畏生命。正如我们所见，施韦泽把敬畏描述成一种“伦理神秘主义”；也就是说，他不是以一种系统的伦理或道德要求的立场去论述敬畏这一概念。他强调神秘主义（无论他多么努力地将其确认为一种公共现实），认为它意味着一个私人启示的时刻，并且就连他自己也承认，这种强调超越了理性的辩护：敬畏生命“止步于神秘主义的非理性领域”[68]。伦理神秘主义超越了公共辩论的本质，它既不提供理性的辩护（尽管施韦泽尽了最大努力），也不提供理性的批评。你要么获得了敬畏之情，要么没有：事实证明我们难以对这一点进行推理。鉴于此，正如伯奇和科布指出的那样，敬畏逃脱了基于道德规则或原则的解释，而这些道德规则或原则可以得到普遍的应用和辩论。也就是说，他的伦理观排除了建构精确的道德指 133
导或规范伦理学的可能性。

科布和伯奇本可以很好地指出，施韦泽在实践中认识到道德等级次序的必然性和必要性（而他自己似乎也在实践中试探性地使用了一种等级次序的形式，他经常把人类和其他动物的道德优先性置于其他生命形式之上）。但施韦泽未能以一种维持他所坚持肯定的方式，建构道德等级次序与敬畏的联系。尽管施韦泽在他的实践活动中肯定规范伦理学，但他始终认为这与他的神秘主义格格不入。至少在这一点上，伯奇和科布认为施韦泽的伦理神秘主义有效地把规范伦理学边缘化，他们的抱怨是令人信服的。

施韦泽的看法则不同，他的伦理观（即缺乏“实践的”指导）的神秘（非系统性的）本质是其强项，或者更准确地说，是他观点的强项。正是通过神秘主义，而非通过遵循规则，我们得以与神圣存在者结为一体。很明显，他相信敬畏的神秘本质源于它与宇宙（而非人类中心）实在的关系。此外，相对于那些像伯奇和科布那样寻求建立严格的道德等级次序的人，施韦泽按照敬畏这一概念来表述道德，并否认我们的伦理角色首要是类似将专业知识应用于规则的技术人员。

施韦泽拒绝在处理例外情况时过于系统化，他实际上是在努力不使用决疑论，他认为决疑论是一种类似律法主义的封闭的道德体系。几乎可以肯定的是，他也持有这个观点，即法典—道德试图“在法律周围筑起一道屏障”；也就是说，提供关于道德对错更基本的法律定义。有人试图准确和详尽地界定法律的内容，并在冲突造成有必要违反法律的情况下，在法律中确立某种等级次序，但施韦泽反对这种企图，因为他担心法律缺乏积极的道德意志。因此，他费尽苦心来区分敬畏与使用决疑法对具体案例做出道德判断，也许就不足为奇了。例如，当有人问施韦泽在动物实验中“是否存在产生益处的有用痛苦和一无所获的无用痛苦”时，他只是简单地回答道：“先生，请不要问我关于动物实验的大问题。我没有准备好，这是一个极为困难的问题。”[69]这样的回应并没有减轻人们对施韦泽观点不一致的批评，反而让他遭到了合理的指责：尽管他在理论上谴责道德等级次序，但在实践中却采用了某种价值等级的排序。当然，要点在于，尽管施韦泽在实践中做出判断（我们也必须这样做），但他从根本
134 上不愿意做的是把这些判断奉为具有约束力的法律或准则——仿佛它们是伦理的客观基准，而实际上它们只不过（对他来说）是由必要性所决定的主观决策。

但还有更多。通过对康德的研究，施韦泽非常清楚敬畏超越了理性的评估。因此，尽管施韦泽可以说不是一个系统化的伦理学家，但也可以说，他很明显既没有尝试，也不愿意成为这样的伦理学家。基于某种意义上说，对他而言，真正的问题不是认识论的问题，而是实用性的问题。通过“从知识而不是爱和实践的角度”来思考伦理问题：“‘伦理’……将驯化善，以防止提出令人过于不安的挑战。”[70]通过将伦理简化为一个特定的原则或一组原则（即正如伯奇和科布所希望的那样“使其差异化”），道德主体与善所做出的批判性主张被分离了开来。这就是施韦泽为什么认为“良知是魔鬼的发明”[71]。在他看来，协助和教唆自我辩护是一种犯罪，系统化的、诡辩的律法主义道德规范是“有罪的”。确实，人类被迫“以牺牲其他生命为代价生活，并一次又一次地招致毁灭和伤害生命的罪责”[72]。罪责感是他不想磨钝的一种感觉。敬畏和罪责感是相辅相成的。

为了更清楚地理解这一点，把施韦泽置于具体语境中去理解他是很重要的。他的大部分医生生涯都是在兰巴雷内丛林里度过的。他

每天都面临人类和非人类生命之间道德诉求相互冲突的问题。不杀生，他就几乎无法生存，而他也很少这么做。正如他对原始丛林生活的描述所表明的那样，如果不消灭毒蜘蛛，消灭蚊子和清除一些树林，人们甚至不可能在那里生活。[73]施韦泽值得称赞的一点是，他未能做到的(如果确实是失败)不是通过诉诸某种所谓的道德价值的客观等级次序来掩饰或合理化他自己的做法。可以理解，专业伦理学家对此感到沮丧，但它产生的语境更多的是出于无力感和罪责感，而不是出于任何歪曲现有伦理体系的企图。在兰巴雷内，生命让这一点变得更直接："世界是一出生命意志与自身分裂的骇人戏剧。"[74]没有任何一种规则，也没有任何一种不同的生命伦理，能够区分所有相互竞争的主张。这就是为什么施韦泽试图谆谆教诲一种道德感，而不是建立一种道德体系。通过分析伯奇和科布的生命等级评价方式，施韦泽的批评力量也就得到了最好的说明。

对生命价值的评价

伯奇和科布指出，感觉或"无意识的感觉"存在于所有物质中，
因此，"到处都有内在价值"[75]。所有生命都具有某些不可削减的 135
价值。但这并不意味着生命是平等的。伯奇和科布试图对敬畏提供"施韦泽拒绝给予的发展"，由此系统地区分了各种生命形式的内在价值。这种差别区分被认为帮助人类对不同生命形式的相对价值做出决定，并使伦理实践更加一致。

伯奇和科布对生命宽泛地区分了三重道德价值。首先，他们发现岩石、细胞和植物的经验是"黯淡的"，只具有"工具"价值。这种类型的实体可以"恰当地首先被当作手段来对待"。第二，在动物

生命中，有意识的感觉产生了。随着“中枢神经系统复杂性的增加和大脑的发展”，他们“找到了各种理由来假设获取丰富经验的能力也随之增加了”。与其他非人类的生命形式相比，动物“不能仅仅被当作手段来对待”；动物“对我们提出诉求”，我们对它们负有不同于其他非人类生命的“义务”。[76]第三，由于人类“理智活动的爆发”和拥有最高程度的意识，他们处在生命价值的巅峰。伯奇和科布的生命伦理由此得出如下结论：尽管所有生物在某种程度上都具有感觉能力，但“对具有高度发展的承受痛苦能力的生物施加痛苦，要比那些能力尚不成熟的生物更恶劣”[77]。

施韦泽可以对此做出什么回应？伯奇和科布的论点把道德考虑扩展到动物，并拒绝人类中心主义(在这个意义上，只有人类拥有内在价值，而非人类的生命只有工具价值)。但是他们采用了另一种基于物种信息的生命形式的等级结构，不具备与人类相似的意识的生命处在较低位置。基于施韦泽式的立场，伯奇和科布只不过用某种形式的差别区分取代了另一种形式。对他来说，这样的等级伦理框架意味着“可能存在没有任何价值的生命这一观点[即伯奇和科布所认为的细胞和植物]，它们可以根据环境被随意摧毁”[78]。

伯奇和科布伦理观的局限在于它把无意识的生命与另一种以人类为中心的等级次序捆绑在一起，并犯下了与他们所指责的对待动物的做法类似的错误。他们的生命伦理主要针对脊椎动物(首先是哺乳动物)，对那些中枢神经系统复杂性很低或完全缺乏中枢神经系统的生物几乎没有道德关怀。但很明显，所有的伦理制度都歧视某些物种；从某种意义上说，所有的伦理观点都是以人类为中心的。关键问题在于伯奇和科布伦理观偏向动物和人类，这能否被证明是合理的，也就是说，被证明不是任意的？从施韦泽式的角度来看，要发现他们的某些见解不能令人满意，就不能忽视他们受益于并参与施韦泽思想的方式。

上帝与鹈鹕 136

麦克丹尼尔的过程神学深受伯奇和科布的影响。他在科布的指导下获得了博士学位，并与伯奇一起编辑了《解放生命：生态神学的当代进路》(*Liberating Life*: *Contemporary Approaches to Ecological Theology*)。麦克丹尼尔跟随《大地、天空、诸神与凡人：21 世纪的生态学神学》(*Earth*, *Sky*, *Gods*, *and Mortals*: *A Theology of Ecology for the Twenty first Century*)与《根与翼：生态与对话时代的基督教》(*With Roots and Wings*: *Christianity in an Age of Ecology and Dialogue*)这两本书的观点，而他在书中经常提到伯奇和科布的著作以及他们的生命伦理的观点。他的著作《关于上帝与鹈鹕：一种敬畏生命的神学》(*Of God and Pelicans*: *A Theology of Reverence for Life*)旨在“把对个体和动物的关注与……生态系统的稳定性、美丽与统一性联系在一起”[79]。虽然对这两方面的关切往往是一致的，但它们也可能发生冲突。

麦克丹尼尔开始讨论他以生命为中心的伦理观与一个“普遍化的神圣之爱”的概念。上帝的爱是“普遍的，也是特殊的”，它的“范围之广大是无可比拟的，它对每一个生灵的深切之爱也是无可比拟的”。他写道：“强调神圣的爱包括植物和比如山脉、河流、星辰和风的无机物质，这一点非常重要。”[80]上帝并不爱物质世界的“纯粹对象”或“空洞现实”，根据“新物理学的推测性见解，基督徒可以假定，感觉——在这种背景下可以被理解为能量事件影响人类感知来自亚微观环境影响的能力，尽管是无意识的——本身的特征根源于由构成山脉、河流、星辰和风的亚微观能量”。应该指出的是，这是一个关于感觉的全新定义。在麦克丹尼尔的框架中，在有知觉和无知觉的物质之间不存在鲜明的二分：“所谓‘无生命的’物质只是缺乏感觉——比‘活生生’的物质的感觉能力更低。”相应地，没有任何东西是“没有生命的”，上帝的“爱和同情”扩展到山脉、河流、星辰和风，“或至少是无意识的瞬间脉动，而这些物质形式是感觉能量巨大而动态的表达”[81]。

麦克丹尼尔认同伯奇和科布的生命伦理，认为动物“在它们的感觉能力”和“先进的神经系统中”，比非动物物种更值得被纳入道德考虑的范围。虽然所有的存在都有内在的价值，值得“尊重、爱和保护，……但只有动物才能拥有道德权利”[82]。动物经历痛苦的潜在性提高了它们的权利水平，并由此超越了其他非人类物种。

麦克丹尼尔的过程神学世界观为其伦理思想的发展奠定了基础。他承认，有两个人物影响了他阐释以生命为中心的伦理观。首先，他认为奥尔多·利奥波德（Aldo Leopold，1887—1948）的大地伦理
137 （*land ethic*）是生态伦理学的重要进步。利奥波德关心的是发展一种伦理观，以引导人类建立“与大地以及生长在大地之上的动植物的关系”[83]。用令人极易想起施韦泽用以定义道德的话来说，“保存生命、促进生命和发展生命是善的，……毁坏生命、伤害生命或压制生命是恶的”；利奥波德的大地伦理同样认为，“当某行动倾向于保持生物群落的完整性、稳定性和美丽时，它是正确的。反之，则是错误的”[84]。正如利奥波德所见，生物群落的善即对生态系统的影响，处于优先地位，而且构成衡量行为伦理品质的标准。

第二，麦克丹尼尔认为施韦泽是“动物权利运动的伟大导师”[85]，他的伦理观是对强调制度而非个人观点的“一种纠正”：“许多环境学家已经接受了奥尔多·利奥波德的‘大地伦理’，它也需

要阿尔贝特 · 施韦泽的生命伦理作为补充。”[86]麦克丹尼尔坚持认为，施韦泽“在本世纪初推进他敬畏生命的伦理观时，他很好地预见了当代动物权利活动家对于消除动物不必要痛苦方面的担忧”[87]。值得注意的是，麦克丹尼尔虽然承认施韦泽的影响力，但他把敬畏的对象严格限制在“个体同类的生物，特别是动物”[88]。 这种重心的转移符合麦克丹尼尔的兴趣，因为我们已经多次看到，施韦泽(原则上)有志于维护所有生命的内在价值。

麦克丹尼尔试图将利奥波德的大地伦理和施韦泽的敬畏生命整合到“以生命为中心的伦理观中，这种伦理对在人类征服下遭到虐待的个体动物和更大的生物整体的退化做出回应”[89]。 他以生命为中心的伦理观包含了三种“道德美德”。

“第一个道德美德是敬畏生命”，这一美德赞同施韦泽的观点，它意味着拥有一种“内在的禀赋，尊重和关心其他动物、植物和地球家园，拒绝在人类生命和其他生命形式之间划出明显的界线”[90]。 第二个道德美德是培育耆那教非暴力的道德戒律，这与施韦泽对印度伦理思想的运用相一致：

> 在诸多世界宗教中，对生命最虔诚的宗教……是耆那教和受耆那教影响的佛教的古典传统，它们均持有非暴力教义或不伤害动物的主张。正如这些亚洲传统所表明的那样，对生命的悲悯理所当然地延伸到人类和动物身上。它正确地引导人类逐步降低对动物的伤害。[91]

值得指出的是，麦克丹尼尔对施韦泽敬畏生命的处理方式把非暴 138
力原则的关注范围缩小到人类和动物领域。

第三个道德美德是行使积极的善意(*active goodwill*)。 在这里，麦克丹尼尔又一次可能与施韦泽进行心照不宣的对话，施韦泽坚持认为，“不作为的理想[即避免毁坏的消极义务]妨碍了真正的伦理通往积极的爱的道路”，而积极的爱寻求的是促进和帮助其他生命。[92]或者用麦克丹尼尔的话来说，积极的善意不仅意味着避免伤害非人类的生物，而且还意味着“为[一种生物]积极培育机会……以实现其利益”[93]。

施韦泽强调生命意志与自我的分裂，与之类似，麦克丹尼尔也认为这个世界充满了物种间相互竞争的利益。虽然他的三个道德美德在理论上适用于所有生命，但人类必须在不同的生命形式中做出实际的选择，这难免既伤害某些生命的利益，也保护另一些生命的利益。为了以一致的方式分辨不同物种的利益，他提出了一种“利益等级”的区分方法。虽然所有生物都有内在价值，但麦克丹尼尔(像伯奇和科布一样)认为，有些生物比其他生物拥有更多内在价值，因此也值得更重要的伦理考虑。

麦克丹尼尔的出发点与伯奇和科布非常相似。他对施韦泽的两难选择有几分同情，但没有完全理解这个困境的真实顽固性。这个困境的关键在于概括性(*generality*)和有效性(*validity*)。对施韦泽来说，被迫使用一个特别的解决方案(为了有效性)不是一个很好的选择。但是，所有概括性论点无法成立的情况更难以接受。伯奇和科布以及跟随他们观点的麦克丹尼尔都看到了两难选择的两只角，但偏向其中一只。从这个意义上说，我们具有的是一种并列的主张——尽管它缺乏通常被认为是可取的特征，如对旧论点的批评和对新论点最低限度的批评，但主要参与者可能会误以为这是一场真正的争论。事实上，麦克丹尼尔很少试图超出独断，也没有意识到他倾向于低估自己“案例”的弱点这一问题。

当然，这需要付出一定的代价。施韦泽对人类中心主义的危险极为敏感，而麦克丹尼尔则比伯奇和科布更大胆地(或更不谨慎)致力于展开一系列理论命题，而这些命题显然越来越以人类为中心。在试图为价值等级次序提供基础的过程中，麦克丹尼尔先后求助于“神经系统的复杂性”，“心灵”的存在和“经验的丰富性”。[94]这些提供理论支持的理据多种多样，它们的伪可测量性(pseudo-measurability)也日益增加，其中任何一个理据都缺乏批判性或历史性的讨论，这些都对它们的可靠性产生了不利的影响，甚至它们的作者似乎也把这种不 139
利影响归于其中任何一个理据。尽管如此，麦克丹尼尔接近施韦泽的判断，而在结尾处，他承认：“基于内在价值的程度，对判断的需要必须以敬畏生命作为补充。”[95]但一旦这样做，麦克丹尼尔只不过我们带回了最初的两难困境，意识到存在相互竞争的利益(施韦泽)与对利益进行排序(伯奇和科布，麦克丹尼尔)，这两者的紧张关系仍然存在。

已经有一些基督教神学家对施韦泽的一些关键的生命伦理观念做出回应。这种持久的，甚至是迅速增长的兴趣，证明了他的先见之明，他所关注的议题在不同程度上出现在当代生态伦理学和动物伦理学，以及宇宙论、本体论和生命哲学中。他对当代生命伦理学争论产生了直接和间接影响，这为衡量产生重大反应的敬畏能力提供了一个标准。施韦泽的思想将持续对狭隘的生命伦理观念提出挑战，并对如何扩大这些观念的范围提供洞见。从这个意义上说，我们还需要进一步参与到施韦泽的思想之中。

注　释

[1] Don Cupitt，*The New Religion of Life in Everyday Speech*(London：SCM Press，1991)，61.

[2] Paul Tillich，in George Marshall and David Polling，*Schweitzer：A Biography*(London：Geoffrey Bles，1971)，276.

[3] 1959年1月11日，阿尔贝特·施韦泽教育基金会(伊利诺斯州芝加哥)最早制作

了这个节目，芝加哥大学联合神学院院长 Jerald Brauer 主持了采访。芝加哥施韦泽教育基金会现已不存在。

[4] Tillich 与 Jerald Brauer 的访谈，*The Theological Significance of Schweitzer*，11 January 1959，手稿收藏于昆尼皮亚克大学阿尔贝特·施韦泽人文研究所档案馆，1。

[5] Ibid.，2，3.

[6] Ibid.，6.

[7] Ibid.，7.

[8] Ibid.，11.

[9] *CRW*，84.

[10] Tillich，*The New Being*(London：SCM Press，1956)，11.

[11] Tillich，*Systematic Theology*，3 vols.(Chicago：University of Chicago Press，1976)，3:12. 此后引用为 *ST*，标记章节。

[12] Ibid.，3:19(我加的斜体)。

[13] Jeremy Yunt，"Reverencing Life in its Multidimensionality：Implications in the Thought of Paul Tillich for a Deep Environmental Ethic"(Pacific School of Religion，Berkeley，California，May 1999)，34.

[14] *ST*，3:34.

[15] Ibid.，3:36.

[16] Ibid.，3:13.

[17] *TEACH*，47.

[18] *ST*，3:15.

[19] *OMLT*，104.

[20] *ST*，1:62.

[21] *PC*，310.

[22] *ETHICS*，192.

[23] Ibid.

[24] Tillich，*The Shaking of the Foundations*(London：SCM Press，1954)，159.

[25] *PC*，237.

[26] Ibid.，282.

[27] Tillich，*Spiritual Situation in our Technical Society*，ed. J. Mark Thomas (Macon，Ga.：Mercer University Press，1988)，115；同时参见 *ST*，1:34。

[28] Tillich，*Perspectives on Nineteenth- and Twentieth-Century Protestant Philosophy* (London：SCM Press，1967)，195—196，197.

[29] Tillich，*Theological Significance of Schweitzer*，7—8.

[30] Ibid.，8.

[31] *ST*，3:16.

[32] Durwood Foster，"Afterglows of Tillich，" *Newsletter of the North American Paul Tillich Society* 23，no.1(January 1997)：23.

[33] *ST*，3:96.

[34] 参见 Tillich，*Christianity and the Encounter of World Religions*(New York：Columbia University Press，1963)；同时参见 *ST*，esp. 3:96—97。

[35] *ST*，3:97.

[36] Tillich，*Theological Significance of Schweitzer*，9—10.

[37] *TEACH*，25.

[38] *REV*，15(施韦泽加的强调)。

[39] *PC*，312.

[40] *ST*，3:54.

[41] Tillich，*Shaking of the Foundations*，81，15(蒂利希加的强调)。

[42] *PC*，290.

[43] Schweitzer，sermon，"Reverence for Life，" Strasbourg(16 February 1919)，in *RFL*，112.

[44] *ST*，2:53；同时参见 *ST*，3:134—138。

[45] Tillich，*Love*，*Power*，*and Justice*：*Ontological Analyses and Ethical Applications*

(London：Oxford University Press，1954)，66，68—69.

[46] Tillich，*Shaking of the Foundations*，155(蒂利希加的强调)。

[47] *MYST*，384.

[48] Schweitzer，"Philosophy and the Movement for the Protection of Animals，" in Joy，*The Animal World of Albert Schweitzer：Jungle Insights into Reverence for Life*，187.

[49] *REV*，23.

[50] *PAUL*，59.

[51] *ST*，2：96.

[52] Tillich，*Shaking of the Foundations*，139.

[53] Ibid.，83—84.

[54] Tillich，*New Being*，176(蒂利希加的强调)。

[55] *ST*，3：383，432，433.

[56] Schweitzer，in *The African Sermons*，"Preparing for the Kingdom of God"(30 November 1913)，15. 未出版的布道收藏于昆尼皮亚克大学阿尔贝特 · 施韦泽人文研究所档案馆。

[57] Schweitzer，in Mozley，*The Theology of Albert Schweitzer for Christian Inquirers*，83.

[58] Tillich，*Shaking of the Foundations*，85，86(蒂利希加的强调)。

[59] *ST*，3：422.

[60] Ibid.，3：387.

[61] Ibid.，2：97.

[62] John B.Cobb，Jr.，*Is It Too Late? A Theology of Ecology*(Beverly Hills，Calif.：Bruce，1972)，49.

[63] Ibid.，49，53.

[64] Ibid.，86.

[65] Cobb，*Sustainability：Economics，Ecology，and Justice*(New York：Orbis，1992)，99.

[66] Charles Birch and Cobb，*The Liberation of Life：From the Cell to the Community*(Cambridge：Cambridge University Press，1981)，148(我加的斜体)。 此后引用为 *LIB*。

[67] Ibid.，149.

[68] *OMLT*，237，同时参见第 204 页。

[69] Schweitzer，in Anderson，*Schweitzer Album*，162.

[70] Nigel Biggar，*The Hastening That Waits：Karl Barth's Ethics*(Oxford：Clarendon Press，1993)，12.

[71] *PC*，318.

[72] *OMLT*，158.

[73] *EDGE*，25.

[74] *PC*，p.312

[75] *LIB*，152.

[76] Ibid.，153.

[77] Ibid.，158.

[78] *OMLT*，235.

[79] Jay B.McDaniel，*Of God and Pelicans：A Theology of Reverence for Life*(Louisville：Westminster/John Knox Press，1989)，16. 此后引用为 *GAP*。

[80] Ibid.，21.

[81] Ibid.，22.

[82] Ibid.

[83] Aldo Leopold，*A Sand County Almanac*(New York：Oxford University Press，1949)，201.

[84] Ibid.，224—225.

[85] *GAP*，58.

[86] McDaniel，*With Roots and Wings：Christianity in an Age of Ecology and Dialogue*(Maryknoll，N.Y.：Orbis Books，1995)，47.

[87] *GAP*，58.
[88] McDaniel，*With Roots and Wings*，47.
[89] *GAP*，60.
[90] Ibid.，73.
[91] McDaniel，*With Roots and Wings*，73；同时参见 *GAP*，73。
[92] ETHICS，188.
[93] *GAP*，73.
[94] Ibid.，79，84.
[95] Ibid.，84.

第 7 章　寻找之旅在继续 141

施韦泽的夫人海伦娜于 1957 年去世，她在去世前不久曾问过施韦泽打算在兰巴雷内呆多久，施韦泽回答道："直到我一息尚存。"事实上，自从 1915 年施韦泽在奥戈维河上获得启示之后，他在河岸边住了半个世纪之久，直到 1965 年 9 月 4 日去世。

尽管当今有些人可能难以相信，施韦泽被誉为他那个时代的知识和道德巨人之一。他一共撰写了 23 本著作，销量多达数以百万本。许多人认为他在兰巴雷内的工作是把基督教付诸行动的普遍典范。他对耶稣和保罗的学术研究引起了激烈的学术争论。他对巴赫的研究被认为是开创性的。因他对和平做出的国际努力以及对原子武器的强烈反对，他于 1952 年获得了诺贝尔和平奖。在人类努力的诸多领域中，似乎没有其他人像他这样备受推崇和被视为偶像。

然而，这颗闪耀着如此光芒的巨星，在一两代人的短短时间里就变得暗淡了。对敬畏生命的误解要远远多于它所遭到的忽视。这位伟大的医生很可能预见到他的理智生活的作品会遇到这种不适，他指出："如果这种不适出现，那么成功将归功于许多人，他们承担了让全世界理解敬畏生命这一概念的责任。"[1]如果是这样的话，施韦泽的追随者没有从中得到什么教益。正如我们所看到的，对他的伦理 142

观的误解是多方面的，并构成了对他形象的错误描述，这几乎与历史上任何一位重要人物所遭受的误解一样。

神秘的价值

施韦泽第一个，也许最重要的贡献是对生命价值的神秘领悟(*the mystical apprehension of the value of life*)。当前许多争议的核心是价值问题：在我们之外的生命是否拥有价值，如果有，是什么类型的价值，以及为什么有价值。施韦泽强调的是，对生命价值的认识和理解是一种神秘的领悟。这种理解是首要的，因为所有随后的决定和选择都有赖于对生命价值的认识。

要理解这一点，或许最好回想一下柏拉图，他把民主城邦的哲学家描述成那些“对各种权利概念争论不休的人，他们自己却从未见过正义本身”[2]。同样，施韦泽坚持认为，一个人不可能对自己或世界上的其他人拥有正确的认识，除非他首先对生命本身的价值具备充分的感知。实际上，一切都取决于对价值的事先认识。为了更充分地理解施韦泽的洞见，将他的立场与在基督教传统中的思想家所阐述的工具主义和功利主义的价值考量进行对比，或许是有益的。施韦泽肯定一种积极的观点，认为“生命”的每一种显现形式“本身都具有价值”[3]，并且相信“生命的奥秘对我们来说总是太深刻了，它的价值是我们没有能力估计的”[4]。他拒绝对生命的任何显现形式加入主观的价值判断——比如，这是有价值的，这是可牺牲的——生命的任何表现，在这个意义上，他的思想带有典型的斯多葛主义色彩。正如皮埃尔·哈多(Pierre Hadot)评论道：“斯多葛学派臭名昭著的可把握的表象(*phantasia kataleptike*)——‘客观表象’——恰恰发生在我们避免对赤裸裸的现实做出任何判断价值的时候。”[5]施韦泽论证道，生命意志的每一种显现均独立于人类中心主义的表象而作为自在自为的存在。

与之相对，许多著名的基督教神学家对生命提出工具主义的理解。圣奥古斯丁深深扎根于创造秩序的神学传统中，他对《旧约》中禁止杀戮的相关观点做出如下论述：

> 当我们说“你不可杀戮”，我们不是把对象理解为植物，因为它 143
> 们没有感觉，也不是非理性的动物，它们虽然会飞、会游、行走或爬行，但它们因缺乏理性而与我们相区分，因此通过造物主对我们的公正授命，我们可以为自己的使用目的而杀戮或保存其他生命；若真是这样，我们只能将其理解为这是针对人的戒律。[6]

奥古斯丁拒绝与非人类生命结为共同体，在基督教传统中，他并不是唯一一个这样想的思想家。圣托马斯·阿奎那也认为“愚蠢的动物和植物缺乏理性的生命”，这是“一种迹象，表明它们天生就被奴役，并适用于被人类所使用”[7]。阿奎那深受亚里士多德秩序观念的影响，他赞同低等造物的存在目的是为了服务高级造物。关于解决人类是否可以合法地杀死生命这一问题，他的结论如下：

> 为目的而使用一个事物并没有什么罪过。现在万物的秩序是这样的，不完美的事物为了完美的事物而存在……正如哲学家[亚里士多德]所说，如果人类为了动物的利益而使用植物，而人类为了自身的利益而使用动物，这并不违法。[8]

在《反异教大全》(*Summa Contra Gentiles*)一书中，阿奎那再次阐述了对创造的一种工具主义和等级次序的理解：

> 有人说，人类杀死不会说话的动物是犯罪，他们的错误可以如此驳斥：上帝的旨意原是要叫人按着自然的秩序使用动物。因此，人类利用动物并没有过错，无论是通过杀戮还是以其他任何方式。[9]

阿奎那对非人类造物的角色的理解几乎是严格按照其服务于人类需求的能力。他坚持认为，创造仅仅是为了“理智造物”而创造的：“动物和植物的神圣法令不是为了保存它们，而是为了保存人类”，因此，“正如奥古斯丁所说……它们的生与死都是为了服务我们的需求”[10]。在他的神学中，非人类生命的价值是由其对人类利益的效用来衡量的。因为它缺乏理性，所以非人类的造物可以被认为是人类的工具，而只有人类才具有理性能力。

可以肯定的是，虽然阿奎那和奥古斯丁相信人类不能与缺乏理性灵魂的非人类造物建立共同体关系，但阿奎那并不否认动物和植物有灵魂的存在。每一个生命都被认为拥有某个类型“灵魂”。然而，他确实对不同类型的灵魂做出了明显的区分：对植物来说是“植物灵魂”，对动物来说是“感觉灵魂”，对人类来说则是“理性灵魂”。[11]
144 理性被认为是一种卓越的能力，它决定了我们灵魂的不朽，这是一种非人类造物明确缺乏的特质。

在基督教改革家中也发现了类似的对非人类生命的工具主义的理解，尤其是约翰·加尔文和马丁·路德。加尔文谈论《创世记》第1章中关于动物服从人类统治的问题：“从中我们推断出万物被创造的目的是什么；也就是说，生命中的任何便利和必需品都可能是人类所需要的。”[12]他再一次写道：“因为我们知道宇宙是特别为人类而建造的，我们也应该在他[上帝]这里中寻找这个目的。”[13]加尔文相信：“人类可以使动物屈从于他们自己的便利，并可以根据他们的愿望和需要，把动物用于各种各样的用途。”[14]对加尔文来说，非人类造物被简化为服务于人类目标的工具。路德则效仿加尔文类似的观点。洪水过后，“人类对动物就像暴君一样，对它们的生死拥有绝对的控制权”[15]。对路德而言，这是上帝给予人类的“礼物”，它表明上帝“对人类喜爱而仁善”[16]。非人类造物缺乏理性，不能与人类结为共同体，这种理解在很大程度上主导了基督教对动物和植物生命的讨论，并成为将非人类生命形式排除在道德考虑之外的辩护理由。

这些思想家与这两种传统和大多数现代神学相似，都一致认为非人类生命是实现人类目标的一种实用性工具。与之相对，施韦泽认为，生命的价值不在于某一具体物种所具有的某种特定的官能或能力，而在于所有生命都共同拥有的生命意志。他提出了一个与基督教经院派和改革派观点相反的观点：生命具有独立于人类计算的内在价值。施韦泽在法国斯特拉斯堡的布道演讲“敬畏生命”（1918年）中，阐述了人类对周遭生命的行为。他在开头彻底驳斥基督教关于人类对待非人类生命行为的传统观念：“基督教，从最初的几个世纪到中世纪，并没有使人们在对待生物方面变得行为高尚。……数世纪以来，人们发现行为上最大的轻率和残忍与最热切的虔诚信仰结合在一起。”他继续抨击忽视非人类生物的神学基本理论：

> 人们很少考虑我们应该怎样对待这些可怜的生灵，而是一次又一次地考虑如何最大限度地把人类和它们区分开来：“你有一个不朽的灵魂。而动物没有。我们之间有一道无法逾越的鸿沟”，说得好像我们真的非常理解动物一样。[17]

145 阿奎那、奥古斯丁、加尔文和路德等人强调人类与其他生命形式的区别，而施韦泽则声称，这种强调模糊了人类敬畏非人类生命的道德责任。他还对如何解决这些分歧的巨大困难发表了如下评论：

> 有意识的、有感觉的生命分界线到底如何确定？没有人说得清楚。动物在哪里停止，植物在哪里开始？对于植物：即使我们无法证明它们的感觉，它们是否可能拥有感觉和敏感性？难道不是每一个生命过程，甚至是两种元素的结合，都与感觉和敏感性之类的能力联系在一起吗？[18]

不管施韦泽对植物生命有知觉的评论是否准确，他确实提醒人们注意，人类对灵魂或感觉等问题缺乏明确的认知，不应该由此对其他生命形式产生不利影响。R.G.弗雷(R.G. Frey)沿着这些思路认为，把感觉作为道德权利的基础，“将会谴责所有无感觉的造物，包括低等动物，最好的情况是，它们的道德地位远不如人类，而最糟糕的情况是，它们的道德地位可能完全超出道德界限之外”[19]。例如，笛卡尔主义认为动物大体上是缺乏感觉的机器，而基督教传统现在普遍认为动物是有感觉的造物。

但施韦泽认为，选择一种使人类凌驾于其他生命形式之上的性质，这种做法本身就已经把那些缺乏这种特质的生命排除在人类的道德关切之外。许多主张动物权利的生命伦理学家(如伯奇、科布和麦克丹尼尔)都接受了经院哲学家和宗教改革家的伦理预设，即人类应该只把道德关切的范围扩展到那些同样具有诸如感觉或理性等特质的人。功利主义哲学家彼得·辛格(Peter Singer)同样没有理解施韦泽所说的尊重生命的含义，他说道：“如果一个存在不能忍受痛苦，不能享受快乐，就没有什么[道德]可言。”[20]辛格把世界划分两个部分：值得道德考虑的生命是那些有自我意识的、有感觉的生物，以及(据说)无感觉的、道德上不那么重要的生物。这些思想家没有对这一立场提出批评，而是效仿类似的观点，只不过将道德关怀的范围扩大了一点。

施韦泽坚持认为，人类应该寻求“体验存在于所有生命形式之间的内在联系”[21]，而不是关注各种生命形式之间的差异。他认为，功利主义的世界观遮蔽了我们与世界的关系。他的这句格言概括了所有生命之间强烈的相互关联：“我是意欲生活在意欲生活的生命之 146
中的生命。”[22]自我意识与道德意识相辅相成，把自我置于一个宇宙维度中(在这个维度中，自我逐渐意识到它与其他生命意志的关系)将改变人类对自身和其他生命的感知。因此，施韦泽对人类的定义不是通过把人类和其他生命并置在一起，而是通过人类与其他生命的关系性。从这样一种社会性本体论出发，他强调，“我们与其他生物之间的差异性、陌生感在这里被消除了”，他告诫人类“要对所有的存在怀有一种爱和敬畏……无论它们与我们从外表来看有多么不同”[23]。

对生命或施韦泽所说的生命意志的价值的神秘领悟，成为人类、非人类生物与无限的生命意志(上帝)之间本体论连续性(ontological continuity)的核心概念。正是基于这种联系的意义而非差异或效用，施韦泽向我们提出挑战，让我们去寻找人类与生命的其他显现形式的联系。

扩展视野

如果我们能够容忍施韦泽对基督教神学某些最根深蒂固的原则提出来的质疑，那么我们就能更清楚地理解他上述见解的深谋远虑。

第二个挑战是通过从以人为中心转移到以神为中心的宇宙观来扩展道德责任的视野。在1919年发表的一次布道中，施韦泽质疑人类是否应该被视为创造的目的：

> 大自然的目的，与她成千上万生命的涌向，不能被理解为……仅仅是人类存在的前提。当我抬起眼睛望着天空，对自己说，这些亮光指向无穷多的世界，那么我的存在和人类的存在变得如此之渺小，我无法设想人类的圆满实现是这个世界的目的。自然不是人性的预设，人性也不能把自己想象成无限世界的目的。……在无限的世界中，我们的存在在我们自己看来是极为微不足道的，而我们却认为世界应该为了微不足道的人性而存在，这就是一种极大的冒犯，这种感觉在我们孩童时代思想过程逐渐苏醒的时候就已经经历过了。
>
> ……[虽然]人类和人性可以被理解为世界的终极目的，但这只有在梦一般的臆想中才是正确的，因为摆在我们面前的奥秘还没有获得解释。[24]

147 在他的两篇文章“现代文明中的宗教”（“Religion in Modern Civilization”，1934)和“敬畏生命的伦理”（“The Ethics of Reverence for Life”，1936)中，施韦泽再次建议我们改变观点，从对人类的关注转向更广泛的关注：

> 看看星星，你就会明白我们的地球在宇宙中有多么渺小。看看地球，就会明白人类是多么渺小。地球早在人类出现之前就存在了。在宇宙的历史上，人类在地球上不过存在短短一瞬间。没有人在地球上存在的话，谁会知道地球不会再一次绕着太阳转呢？

因此,我们绝不能把人类放在宇宙的中心。

我们喜欢把人想象成自然的目标,然而事实并不支持这种观点。事实上,当我们想到宇宙的浩瀚无边,我们必须承认人是渺小的。当然,人类的生命很难被认为是宇宙的目标。人类的生存空间总是不稳定的。对地质时期的研究也表明这一点。人类与疾病的斗争也是如此。当你看到像我这样的人被昏睡病毁灭时,你就不会再想象人类的生命是大自然的目标。[25]

施韦泽直截了当地提出，人类不是整个宇宙的“中心”或“目标”。正如在他的大部分著作中所看到的那样，他把人类置于道德主体的独特角色，与爱的意志共同做工，以减少痛苦，并帮助实现末世论的救赎。但他在这里坚持认为，我们不能把人类来到地球与创造的唯一目的等同起来。施韦泽试图为宇宙意识(*cosmic consciousness*)腾出空间，这种做法的重要性决定了人类看待自己与世界关系的方式。特别值得一提的是，有两位基督教神学家进一步发展了这一观点：约翰·伯纳比(John Burnaby)和詹姆斯·古斯塔夫森(James Gustafson)对人类中心主义的生命观提出了类似的批评，并延续了由施韦泽开创的思想轨迹。

在施韦泽首次提出这一概念近半个世纪后，伯纳比在《基督教世界的信仰：〈尼西亚信经〉注释》(*The Belief of Christendom*: *A Commentary on the Nicene Creed*, 1963)一书中对基督教信仰中的人类中心主义创世观提出异议。他主张宇宙中其他生命形式是为人类而创造的这一“假设”并不是“基督教信仰所要求的”立场。值得进一步引用伯纳比对这一观点的讨论：

我们很容易就读到[《创世记》第1章],好像宇宙的整个结构

> 没有其他目的，只有为了人类物种的诞生，其中所有的事物都是为
> 148 人类而创造的。我们可以从这里进一步假设，人类的“用途”仅仅
> 在于他的幸福，甚至他物质上的舒适。
>
> 现在人类物种……让“万物都伏在他的脚下……包括牛羊和田野的走兽”。《诗篇》的作者还宣称：“人算什么，你竟顾念他？”《约伯记》从创造的神秘中，以及人类理解或控制创造的能力限度中，执行谦卑的忠告。……人类不仅是地球的产物，也是整个恒星宇宙的产物，而恒星宇宙是让人类的进化在这个特定的星球上成为可能的背景和宇宙秩序。……尽管如此，这些考虑并不能使我们证明宇宙是为了人类而被创造出来的。
>
> ……我们不能由此就假定，即使那些“在我们脚下受支配”的事物要比约伯所设想的范围要广得多，也不能假定上帝的宇宙目的也只是为了我们自己。作为一个整体的创造目的必须超出我们的理解。……因此，我们不可能认为上帝创造万物的目的只是为了满足人类的自然欲望和需要。我们不需要放弃古老的洞见，人在其存在的终极目的中寻找到自己的圆满实现，而人类存在的目的被包含在所有创造的目的之中——上帝的荣耀。……当人类眼目清明，看见上帝在创造中体现出来的仁善，就来敬拜上帝，上帝也由此在地上得了荣耀。但如果认为上帝的荣耀取决于人类眼睛的存在，那就太自以为是了。[26]

伯纳比对《信经》的评论呼应并扩展了施韦泽的见解。两者都认为，人类不能假定自己是创造的目标。与此相关，两位思想家都认为上帝的目的延伸到所有的创造：所有生命，整个宇宙，其目的在原则上不是为了人类的需要而存在，而是为了“上帝的荣耀”。与之相关的观点是，创造的意义并不依赖于人类对其价值的评估，因为它

对上帝的价值与对人类的效用无关。在这里，伯纳比从一个以人类为中心的物种价值的评价方式转变为一个以神为中心的评价方式，并由此将施韦泽以神学为基础的观点更具体化。

伯纳比再次以施韦泽的神学思想为基础，主张基督徒对创世的理解必须超出人类物种的范围。正如尼西亚《信经》所说，上帝是天地和“一切有形无形之物的创造者”。虽然《信经》用“天地”的用 149
语描述一个可以被我们感知的物质世界，但是附加的条款（“有形无形”）说明了上帝的创造范围并没有限制：“扩展到超出我们感知能力的事物范围之外。”[27]伯纳比帮助我们认识到，我们的价值感知是可以改变的。伯纳比从这个角度解读《信经》，并影响了他关于创造的道德地位的看法：伯纳比拒绝了一种工具主义的生命观，即物种的价值取决于人类的“感知”，他转而采用了一种以神为中心的创造观，坚持创造对于上帝拥有内在价值。伯纳比的评论强调了以人类为中心的神学观点是如何妨碍我们理解其他存在对于上帝的价值。

在《神学与伦理学》（*Theology and Ethics*）一书中，詹姆斯·古斯塔夫森发展了他所称作的*以神为中心的伦理*（*theocentric ethics*）。他认为，尽管以神为中心的宇宙观并不排斥人类尊严对于上帝的独特位置，但它确实否认了人类是唯一的价值承载者：“一切事物都是‘善’的，不仅仅是对我们有好处。”[28]古斯塔夫森写道：“如果一个人对上帝基本的神学感知是把它视为一个主宰一切创造的神，一个人对历史和自然中的生命的感知是把它看作存在的模式和相互依存的，那么，上帝所珍视的善必须比一个人对什么对我有益、什么对我的共同体有益，甚至什么对人类物种有益的一般认识更具包容性。”[29]在这里，他从神学的角度提出施韦泽的观点：只要上帝的创世目的延伸到整个造物，我们道德关怀的界限就不应局限于人类。基于施韦泽的思想，古斯塔夫森的批判对人类是否可以被视为上帝的“主要”关注对象这一观点提出质疑：

> 如果上帝的目的是“为了人类”，那么人类可能不是上帝创造的主要目的。上帝的主要目的可能不是为了拯救人类。人类在宇宙中的地位必须经过重新思考，人类与上帝的关系也一样。我旨在发展一种合理的道德命令：我们要过这样一种生活，以便让所有事物都以一种恰当的方式建立它们与上帝的关系。[30]

古斯塔夫森认为，对人类行为的评价不能以“确保人类利益”为基础，而应以人类“在宇宙中的位置”为依据。[31]

与伯纳比一样，他认为人类再不能是衡量所有生命价值的尺度，因为他们的利益不是上帝创世的全部目的。因此，以神为中心的伦理观没有把权利和善的概念局限在以人类为中心的范畴中，而是扩大对人类道德行动进行评价的语境。

150 施韦泽否定人类在宇宙中的中心地位，这可以被看作对基督教伦理学对人类与造物之间关系提出了一个新的理解，在这种关系中，物种价值独立于它们对人类目的的有用性。尤尔根·莫尔特曼和汉斯·昆(Hans Küng)发展了相似的论点：

> 自从现代西方文明的开端，我们就习惯把自然当作是为我们所用的环境；它与我们自身有关。我们观察所有其他自然生物，只关注它们在我们所关注领域的实用价值。只有人类才“为了他们自身而存在”。其他一切都是“为了人类而存在”。这种现代人类中心主义剥夺了自然的灵魂。在衡量它们对人类的效用之前，我们应该因地球、植物和动物本身的价值而尊重它们。[32]

至少，基于由施韦泽所提出的、由伯纳比和古斯塔夫森(如果不算上莫尔特曼和昆)所发展起来的思想，我们可以在他们思想的相交之处认为这是一个严肃的问题，事关人类对他们在创造中的地位的理解。我们不能假定上帝只关注人类，甚至主要关注人类。尽管基督教神学涉及人类学，施韦泽却向我们提出挑战，让我们看到它不应该止步于此。

创造中的邻居

施韦泽的第三个贡献涉及把一个人对“生命”的态度看作是基督教伦理观的试金石。人类与哪怕是最微小的生命显现形式的关系，都可以反映出他对造物主的态度。第一，这个观点首先肯定所有生命的价值，并把对非人类物种的考量纳入神学话语中：“在所有造物中思考爱之伦理的含义——这是我们这个时代要面临的艰巨任务。”[33]我们可能还记得，布伦纳和巴特虽然对施韦泽论点的某些方面持怀疑态度，但他们称赞施韦泽关心在伦理话语中缺乏对非人类物种的关注。要认真对待以神为中心的创造伦理观，也就是肯定一切生命对造物主都具有价值，都值得敬畏：“我们拒绝认为人类是‘其他造物的主人’，‘主’高于一切。我们不再说我们可以随心所欲地对待无感觉的存在。”[34]施韦泽反对道德等级次序这一悠久传统，在这个秩序中，人性处在价值递减的金字塔的顶端。他建议改 151
变我们与宇宙的关系：我们要为了生命自身而感知它的每一次显现，而不再是为了我们自身。

第二个相关的观点认为，非暴力和救助生命是伦理要求的核心。施韦泽写道：“只有当一个人服从帮助他所能帮助的所有生命的冲动，并避免伤害任何生命时，他才是真正合乎伦理的。”[35]这种彻底的非暴力立场最近被斯坦利 · 哈弗罗斯(Stanley Hauerwas)所采用，对他来说："非暴力不仅仅是我们基督教信仰的其中一个推断；它也是我们理解上帝的核心。"[36]对施韦泽来说，对和平生活的承诺不可能是以禁欲主义的方式接受世界；相反，它超越人类的界限，鼓励我们努力在创造的冲突地方实现和解。

第三，施韦泽的观点挑战了人类在这个世界上的唯一责任就是照顾好他们自己的物种这一主张。他对这一立场的拒绝让他的伦理观成为经久不息的思想资源。在祷告[37]和行动[38]中，人类被召唤去关心所有造物。他认为，敬畏生命提供了"比人道主义思想更深刻、更强大的东西。它包括了一切生灵"[39]。对人类生命的伦理关怀被视为更广泛的涵盖所有生命的道德视野的一部分。施韦泽在解读善良的撒马利亚人这一寓言中，试图扩展我们对邻居的理解，使之包括非人类的造物：

> 从前，人们会说：谁是你的邻居？是人。今天我们不能再这么说了。我们要走得更远，我们知道，地球上所有努力维持生命的生物和渴望免受痛苦的生物，都是我们的邻居。[40]

通过扩展邻居的范畴，以囊括所有生命，施韦泽对寓言的解读发展了耶稣拒绝局限邻居之爱的范围这一观念。正如理查德·海斯(Richard Hays)在《〈新约〉的道德愿景》(*The Moral Vision of the New Testament*)一书中写道："关键是，我们被召唤成为无助者的邻居，我们要超越传统的责任观念，以便向那些我们可能认为不值得同情的人提供维持生命的援助。"[41]施韦泽拒绝律法主义者向耶稣提出的那个限制性问题；他没有缩小邻居的范围，而是重新审视了这个问题。

施韦泽把非人类的生命也归入了邻居的范畴。他拒绝限制道德关怀的界限："敬畏生命不是在我周围画出一个界限明确的任务范围，而是要求每个人对他所能接触到的所有生命负责，并迫使他致力于救助生命。"[42]他把这个寓言理解为道德包容性的隐喻，这与非 152
人类物种的道德包容性类似。莫尔特曼在讨论施韦泽敬畏生命伦理观时，发展了扩展关怀邻居的范围这一论点。他写道："把爱的双重命令扩展到大地和同伴，在这方面我们可能做得不错，迄今为止我们默认预设：你要全心全意，以你全部的灵魂和力量去爱耶和华你的神，爱你的邻居，以及爱你自己——这个大地和你自己。"[43]就像耶稣拒绝对邻居做出基于种族的歧视性限制标准，施韦泽同样试图通过强调人类参与生命共同体（*community of life*）来对抗基于物种亲疏关系的局限性社群结构。

随着施韦泽的信念愈加深刻，他的一些想法的实践含义开始赶上他。其中一个变化是他晚年开始食用素食。他的摄影传记作家艾丽卡·安德森（Erica Anderson）讲道：

> 在医院的村子里，所有的鸟或动物——鸡、猪或羊——都不能作为食物被宰杀。渔民带来的鱼和鳄鱼肉偶尔也会出现在餐桌上，但施韦泽本人近年来已经放弃了吃肉和鱼，甚至放弃了他过去喜欢吃的肝饺子。
>
> "我再也不能吃任何曾经活着的东西了。"[施韦泽说道]有人质疑他的哲学，说上帝造了鱼和鸟给人吃，他回答说："根本没有这回事。"[44]

在施韦泽病危期间，他的女儿赖娜给他端来牛肉汤。他拒绝了。[45]

《在原始丛林的边缘》（*On the Edge of the Primeval Forest*）的读者可能首次对施韦泽杀死有毒蜘蛛、吃猴子肉，甚至携带枪支的故事感到震惊。但批评者忽视的是，这些活动属于他在奥戈维河上孕育主要思想之前的经验。当施韦泽谈论罪疚感时，他从不把自己排除在外。

在施韦泽的一生中，他的思想发展和实践发展都不容忽视。他对动物实验深恶痛绝，反对一切形式的狩猎运动。由此可见，他在90岁时改变了饮食习惯，对自己的要求比他在30岁时第一次下决心还要严格："[我将要让]我的生活成为我的论证。"[46]这绝非偶然，我们应该注意到，这种饮食限制不仅在20世纪50年代非常令人痛苦，在赤道森林中面临各种生活限制时就更是如此。与其批评施韦泽早期食用肉类和鱼类，我们不如批判性地理解，在当时，素食主义是如何地反文化，在实践中做起来是多么的艰难。

153 施韦泽并没有停止改变他的饮食习惯。他在兰巴雷内的医院是生态责任的典范：他不顾一切地保护树木和植物，把每一块木头、绳子、纸和玻璃都重新利用起来，拒绝接受会导致环境退化的现代技术。早在可持续发展（*sustainability*）、明智利用（*wise-use*）和中间技术（*intermediate technology*）的概念为大众所知之前，他就已经在实践这些理念，并在1962年启发了雷切尔·卡森撰写《寂静的春天》，以及帮助引领了当代环境运动。

敬畏的使命还在继续扩大。在20世纪50年代末和60年代初，施韦泽成为国际上反对核武器最直言不讳和最积极的人物。他曾经被认为是一个主动远离政治争议的人，而在这一时期，他极大地发展他的公共承诺。当他获得诺贝尔和平奖时，他发表了三次广播演说，后来出版《和平或核战争？》（*Peace or Atomic War*?）一书，他在书中呼吁停止一切核试验：“放弃核武器对和平至关重要。”[47] 1962—1963 年日内瓦会议结束后，各核大国签署了《禁止核试验条约》，1963 年 8 月 6 日，施韦泽写信给肯尼迪总统：“条约给了我希望，东方和西方之间可以避免爆发核战争。”施韦泽把这项条约的签订看作是“世界历史上最伟大的事件之一，也许是最伟大的事件”。他个人非常感谢肯尼迪的“远见卓识和勇气”，感谢他“能够观察到世界在通往和平的道路上已经迈出了第一步”[48]。

施韦泽是包容、非暴力伦理的先驱，他预言了当代对以生命为中心的伦理的深切关注。他一再提请人们注意，基于以人类为中心的思想而对世界做出理性批判这种做法的不足之处，并试图扩大伦理的范围，把生命的所有显现都纳入伦理关切的范围。

施韦泽预测，未来的时代在回顾我们对其他生命形式的忽视时会感到极为震惊：

> 在今天，宣称给予一切生命持续的关注，被认为是走得太远了……而这一关注是理性伦理的要求。人们将会惊讶地发现，人类需要这么长的时间来学会把对生命的轻率伤害看作是与伦理不相容的，然而，这一时刻正在降临。[49]

他向我们提出挑战，让我们看到，我们的道德共同体不仅仅由人类组成：“‘你对其中最小的一个做的，就是对我做的。’耶稣这句话对我们全部人都是真实的，它也理应决定我们应该对生命中最微小的那个做些什么。”[50] 撒马利亚人是一个打破传统责任观的爱的典范，因此对施韦泽来说，这个典范创造了一套从前没有过的全新的邻 154
居关系。当然，对他来说，寓言的结束语被看作是对基督教伦理的挑战：“你去照样行事吧。”

痛苦的印记

施韦泽的洞见对伦理学做出的第四个贡献在于，它引导人们对受苦中的生命保持道德敏感性(*moral sensitivity to suffering life*)。他一再提请人们注意那些“承受痛苦印记的人们的呼喊”[51]。谁是这个痛苦共同体的成员呢?

> 那些经历身体痛苦和身体创伤的人们由此而懂得什么是痛苦,他们属于全世界;他们因一种秘密的纽带而结合在一起。他们都知道人类可能会遭受的痛苦的恐怖,他们都深知对摆脱痛苦的渴望。[52]

痛苦共同体当然包括人类共同体，但它也扩展到人类的范围之外。对施韦泽来说，生命和痛苦不是相互分离的两个事物，而是一个概念：“一切生命都是痛苦的。[人类]意愿生存下去……不仅要经历人类的悲哀困苦，[还]要经历所有生灵的苦难。”[53]当施韦泽最喜欢的鹈鹕死去时，他说道：“他不必再受苦了。离别而不必受苦(*Scheiden ohne Leiden*)总归是美好的。”[54]在他自传的一段话中，他再次提到了他对普遍存在的痛苦的敏感性，以及从中产生的那种代价高昂、充满牺牲精神的爱：

> 只有在非常罕见的时刻,我才为活着而由衷感到高兴。我无法克制地感到我周遭的痛苦,不仅是人类的苦难,而且是弥漫在整个宇宙中的痛苦。

> 我从未试图把自己从这个痛苦共同体中抽离出来。在我看来，我们每个人都应该分担这个世界上的痛苦，这似乎是理所当然的事。[55]

施韦泽的评论引起了人们对生命本身悲剧性冲突的关注。在施韦泽式的思想中，这一关键主题包含四重意味。

第一个主题与神学取向或神学观点有关。反思的起点是一个认同痛苦的实践的、伦理的步骤。参与他人的痛苦被视为对神学概念化具有洞察力的先决条件。在这个框架中，痛苦的转化本质产生了 155
对现实的神学解释，正如痛苦共同体的成员所理解的那样：

> 从痛苦中解脱出来的人一定不要以为自己现在重获自由了，可以完全忘记过去，自由自在地重新开始生活。他现在是一个对痛苦和恐怖“睁大眼睛的人”，他必须帮助战胜这两个敌人（在人类力量所能控制的范围内），并为他人带来他自己所享受的解救。[56]

虽然施韦泽的思想不是当代解放伦理学的直接来源，但他以自己的方式和时机对支持解放思想的神学愿景提供了洞见。例如，女权主义者和自由主义者的神学观点同样引起了人们关注不要孤立理论和实践的重要性，或者把前者视为在神学上具有优势地位。迪特里希·朋霍费尔（Dietrich Bonhoeffer）的著作也代表了这种施韦泽式的神学转向。在一篇为合作成员写的文章中，他说道：

> 它仍然是一种具有不可估量价值的经验，我们至少在这一次学会从以下角度来看待世界历史上的重大事件，即从被排斥者、被

> 怀疑者、受虐待者、无权者、受压迫者和被侮辱者的角度，简言之，从苦难的角度，这样的经验具有不可估量的价值。……个人的痛苦是一个更有用的关键，在观察和积极理解世界的幸福而非个人的幸福上，个人的痛苦是一个更富有成效的原则。[57]

像施韦泽这样的以自由主义导向的神学，为痛苦共同体（*community of suffering*）的生活体验开辟了道路，由此塑造了神学反思。施韦泽和朋霍费尔都提到了这样的认同为神学提供了一个开阔眼界的视角。如果对苦难的承诺是神学思辨的一个起点，那么一个共同体神学就需要将“那些承受痛苦印记的人”的集体经历结合起来。施韦泽建议，痛苦共同体的成员获得一种超越个体思考的理解品质；作为一个共同体，他们形成了对上帝和世界额外的洞察力。他强调的是一种参与式的启示模式与命题式的启示模式的结合，而非对立。在《罗马书》第14章7节的一段重要经文中，施韦泽试图培养一种观念，即神学思辨“涉及那些富有同情心的人经受苦难”：

> 一个人一旦亲身经历了世界的苦难，就再也感受不到人类所
> 156 渴望的肤浅幸福。……他想到他所遇见的穷人，他所看见的病人，他所读到的那些人的悲惨命运，他的快乐之光笼罩在黑暗之中。……然后他听到诱惑人的声音：“为什么要折磨自己？不要这么敏感。要学会必要的冷漠。”这些诱惑不知不觉中破坏了一切善良的前提。
>
> 因此我要对你说：不要变得麻木不仁。保持警觉！这与你的灵魂息息相关！如果我——在这里，用这些话暴露我内心深处的思想——只会破坏这个世界想要闭眼沉睡的骗局！只有……你能够在敬畏生命面前不再退缩。……通常，我避免影响别人，因为这

> 需要承担责任,但……[愿]你们当中的每个人都经历巨大的痛苦,从中永远无法重获自由,但获得来自同情的智慧。[58]

施韦泽从对痛苦的个人理解(以及潜在的自我关注)转向了对他人痛苦的分享和反思。他试图从这个角度重塑神学:从这个共同体中,我们“感觉到我们通过经验明白这句话的意义:‘你们都是弟兄。’”。施韦泽对共同体的呼吁仍然是对当代神学的一个挑战:“但愿我在欧洲的慷慨朋友们能来这里[兰巴雷内],度过这样一个小时!”[59]

第二,施韦泽对苦难共同体的反思的特征是在基督身体中痛苦的公共性和关系性基础。“我们都应该承担世界的痛苦”这句话在他看来似乎是“一件理所当然的事情”,这让人想起使徒保罗的书信,使徒在《加拉太书》第6章2节写道,爱承受着他人的“重负”,并实现了基督的律法。他以耶稣付出极高代价的自我牺牲作为典范,并把这种牺牲投射到服务于共同体其他生命的道德使命中。这种观点在带有明显施韦泽式口吻的莫尔特曼的神学思想中得到了体现:

> 无论我们找到什么原因来解释创造从起源到圆满的脆弱条件,唯一重要的是人类与地球上其他生物共同承担苦难。在我们当前的情况下,创造的共同体是一个痛苦的共同体。……
>
> ……[这里]基督徒的痛苦是与整个苦难创造的爱的结合。[60]

莫尔特曼与施韦泽在苦难共同体上的关联是显而易见的。事实 157
上,莫尔特曼从这一认识中得出的伦理后果是敬畏生命,这“要求我们放弃对生命使用暴力”[61]。

第三,施韦泽提出了相关的见解:来自苦难的知识是分享耶稣的肉身性。通过将这一法则转化为基督论公式，即与基督一同受难的共同体法则，他似乎发展了黑格尔的上帝作为共同体存在（*God existing as community*）的概念［作为共同体中绝对精神（*Absolute Spirit*）的圣灵指所在］。人们不是严格地以个人身份来认识上帝，而是通过参与基督的肉身（以及其他方式）来认识上帝："我们也必须经受苦难。我们必须知道……耶稣吸引我们和他一起受苦。"[62]正如圣保罗在《腓立比书》第3章10节提到"基督的痛苦共同体"一样，痛苦共同体超越了个人的具体苦难，从而包含了整个共同体。这为施韦泽的伦理/基督神秘主义注入了一个更具参与性的、公共性的神学可用维度。

施韦泽对痛苦共同体的关注包含了人类承担世界苦难的负担。这需要舍弃自我以服务于其他生命：

> 无论我多么关心这个世界上的苦难，我从不让自己迷失在对它的沉思中。我一直坚信，我们每个人都可以做一点小小的事情来结束部分痛苦。因此，我逐渐得出结论，对于这个问题，我们所能理解的就是，我们必须像那些想要带来救赎的人们一样走自己的路。[63]

尽管施韦泽认为痛苦是他生活中不可避免的一部分，但他从未让痛苦主宰自己的存在。因此，他从这一见解中得出的第四个见解是，人类在世界上的责任包括寻求将其他生命从痛苦中解脱出来。长期或剧烈的身体痛苦被视为"比死亡更可怕的人类主宰"[64]。存在于人类和非人类世界的痛苦削弱人的力量，对痛苦这个本质的着重强调将注意力集中在救赎的问题上：

> 我们所有人，当我们看到苦难时，都必须接受救赎的欲望的挑战，去帮助所有的生灵。一直存在一股神秘的力量，我们在一个巨大的奥秘中行动：痛苦的奥秘。我们总是意识到我们有责任减轻痛苦。[65]

对痛苦的敏感性要求人类不仅要放弃对生命使用暴力（只要有可 158
能），而且还要减轻痛苦。这包括为他人做出代价巨大的自我牺牲，体现出对施韦泽而言的敬畏生命。他比其他任何神学家都更强调这一点：把世界上的苦难与服务其他生命联系起来。

存在一个隐含的基督论参考维度强调施韦泽的思想。毕竟，谁是带着痛苦印记的苦难仆人的杰出榜样？正如施韦泽告诉我们的那样，当我们被吸引进入他的共同体中，就会在生命的辛劳、挣扎和冲突中发现"他是"谁。从施韦泽开始，现代神学越来越多地强调上帝的苦难。莫尔特曼在他的著作中明确指出上帝的苦难和所有生命的解放之间的联系："上帝在他圣子的十字架上，把世界的苦难视为他自己的苦难。"[66]从中得出激进见解是，上帝也与那些承受痛苦印记的人们共同承受苦难。

解放生命

苦难的问题在这个世界上是无法解决的。施韦泽对痛苦共同体的洞见必然与救赎生命痛苦的末世论希望有关。他的实践末世论通过提供一个末世论解放观（*eschatology of liberation*，把所有生命从痛苦和死亡的奴役中解脱出来的普世救赎）与一个解放末世论（*liberation eschatology*，旨在现世实现上帝的国的未来和平的末世论伦理)，从而对当代神学做出了极大贡献。

施韦泽的末世论解放观援引了《旧约》和《新约》中普世救赎的愿景。他对天国的认知源于他对“先知以赛亚”(《以赛亚书》第11章6—9节)的阅读，先知宣称“上帝将拯救世界”。[67]圣保罗“不可思议的段落”[68](《罗马书》第8章22节)谈到了“整个造物对早期救赎的渴望”，并表达了“他对动物造物和自然世界的深切同情”[69]，这也构成了他末世论的形成过程。施韦泽盛赞保罗写给罗马人的信，在信中，使徒与造物都“渴望从受造之物中得到救赎……并且摆脱那受缚的身体”[70]。

施韦泽对救赎的愿景与创造本身一样详备。这也许是基督教传统中柏拉图主义的思想遗产(即相信灵魂不朽而非肉体复活)，这在很大程度上掩盖了天国囊括万物的形象。理查德·鲍克汉姆(Richard
159 Bauckham)和特雷弗·哈特(Trevor Hart)这样说道：“坚持肉体复活的教条主义在维护其堡垒以对抗人类命运的完全精神化的过程上遇到了困难，但在反对把人类命运理解为一种有别于其他造物的命运的持久倾向上，这一堡垒就没那么有效了。”[71]施韦泽写到基督教末世论的宇宙性广度，强调上帝的未来不仅是人类的未来，也是整个造物的未来这一重要意义。末世论是所有处在痛苦呻吟和悲叹中的造物的希望和解放的根源。他告诉我们，把个体与宇宙末世论、个人与普世希望之间割裂开来是错误的。这种宇宙末世论最显著地在莫尔特曼的著作中得以生根发芽：

> 如果作为造物主的上帝的未来与整个创造有关，那么无论末世论在何处被缩小到仅仅是创造的一个细微部分……都可以对创造的其他部分产生破坏性的影响，因为它剥夺了造物的希望。人类希望和恐惧的末世论领域一直以来是自我中心主义和人类中心

> 主义最为偏爱的游戏场。但真正的希望必须是普世的,因为它所治愈的未来囊括每一个人和整个宇宙。如果我们将希望寄托在一个受造之物身上,对我们而言,上帝就不再是上帝了。[72]

正如莫尔特曼指出，不存在两个上帝，即作为造物主的上帝和作为救世主的上帝。 相反，创造与救赎是统一的。 人类与其余物质性造物结为共同体，这一概念被嵌入了施韦泽对自我的定义(即生活在诸多生命意志中的生命意志)，末世论哲学重申这一点：天国的本质在于“圣灵的统治……通过在我们心中，并且通过我们而在整个世界中”[73]。 他向我们提出挑战，要我们找到一种把我们与世界共同救赎的教义，而非把人类从世界中拯救出来的教义。

虽然末世论救赎的形象可以导向超越性的末世，施韦泽仍然强调实践的末世论，他肯定一个更内在的末世论希望，以此与一个完全关注来世的末世论概念作斗争。 尽管施韦泽绝不是第一个讨论救赎的宇宙层面的神学家，但他的伦理末世论为人类在当下开始实现这样的普世救赎提供了一个强有力的模式。 他在实践上的推进激发了我们包容一切生命的伦理愿景。 因此，与施韦泽的末世论解放观具有内在联系的是他的解放末世论。

由施韦泽末世论观念提出的一个问题强调人类道德行动处在与未来与现在之间的关系中。 在当代神学中，有好几种途径来建构伦理学与末世论之间的关系。 一方面，它可以被看作是分离关系，在这 160
种关系中，末世论的未来将与现在如此不同，以至于两者之间很少或根本没有连续性。 另一方面，它可以被理解为连接关系，即人类当下的行为对未来具有重要意义。 分离关系表明，现在的道德行为对开启上帝的国几乎没有产生任何影响。 在这种情况下，末世论不能作为内在于历史之中的伦理的基础。 与之相对，如果这种关系是连接性质的，那么现在的人类道德行为可以被视为对末世论的未来产生影响。然而，一个连接性质的末世论理论有可能把末世论瓦解成人类行动，而不再重视上帝的行动。

施韦泽的实践末世论有一个优点，那就是以一种互补的方式肯定双方。实践指的是人类行为的一种确定模式（连接），而与之相对应的末世论却表达它对终极完善的神圣控制（分离）。通过这个构思，施韦泽把此世与彼世、现在与未来、历史与末世的关切结合在一起。他并不认为敬畏生命本身就会让上帝的国成为现实。它寻求预期一种尚未偿付的和平。通过强调未来，施韦泽坚持重视上帝末世论行为的创始，并避免将末世论救赎与内在于历史的转变混为一谈：

> 我们都非常熟悉这样一种观念，即通过个体积极的道德行为，上帝的国可以在人间实现。我们发现耶稣谈论道德活动，也谈论上帝的国，我们认为他也以一种对我们来说很自然的方式把这两者联系起来。然而，实际上，耶稣所说的上帝的国并不是指随着人类社会的发展而在这个世界上出现，而是指上帝把这个不完美的世界转变成一个完美的世界时，把他的国带到这个世界上来。[74]

天国不可能在上帝的行动之前完全实现，而末世论行动则带来一些单凭人类行动本身无法提供的事物。但是，敬畏生命的实践末世论中的连接关系为人类的当下行动提供了意义，为即将来临的天国铺平道路。施韦泽说道："基督教的本质是经历了长期的否定世界之后肯定世界。在否定世界的末世论世界观中，耶稣宣告了积极的爱的伦理。"[75]要理解这句话的意思，也许最好通过凸显施韦泽的实践末世论如何肯定一个此世的、积极的末世论伦理，以及上帝的国的终极实现。

施韦泽坚持对上帝的国的承诺，认为这是“基督教信仰所要求的 161
最伟大和最重要的事情”[76]。他相信，一旦移除对将来临事物的感知，末世论的伦理力量就会变得衰弱：“他们[人类]拒绝这个世界和上帝天国自然降临的观念，这都迫使他们不去做任何事情以改善现状。”[77]这里强调的是改变世界的末世论伦理。当对天国的末世论信仰退缩成遥远的期望时，末世论就发生了改变，而对施韦泽来说，其结果就是变得不合乎伦理。末世论天国现在被认为赋予了创造新天国的力量；也就是说，尚未实现的力量在塑造了现在的伦理原则。

施韦泽是将末世论视为道德行动的动力的先驱。令人惊讶的是，后来各种版本的解放神学是如何运用末世论的。莱蒂·罗素（Letty Russell）用降临冲击（*advent shock*）这一术语来描述与期望中的未来圆满相对比的当下无序感：“因为受到降临冲击的影响，我们寻求在我们所做的事中期望未来，敞开我们自己去做上帝圣灵的工作，期待不可能之事。”罗素认同施韦泽关于敬畏生命的实践末世论，并呼吁神学/末世论的伦理学进行转变，以“寻找另外不同的方式，让我们的现实和世界减少对人类、自然以及所有造物的伤害”[78]。古斯塔沃·古铁雷斯（Gustavo Gutierrez）评论道：“‘即将来临’的未来的吸引力在于它成为推动历史的力量。”[79]罗斯玛丽·雷德福·鲁伊特（Rosemary Radford Ruether）赋予末世论一种乌托邦式的功能：预言“即将到来的新时代的愿景，在这个新时代，现存的不公正制度将被克服，上帝将在历史中建立他所意欲的和平与正义的统治”[80]。同样地，末世论在詹姆斯·H.科恩（James H. Cone）的著作《黑人解放神学》（*A Black Theology of Liberation*）中也起到突出的作用。[81]这些末世论形象对现状提出了挑战，并提供了一个人应该为之奋斗的伦理愿景。

在这个意义上，末世论不仅关乎未来，对施韦泽来说，它还关乎天国在当下的意义。这样一种此世末世论(this-worldly eschatology)具备解放的功能——在施韦泽的例子中，这种末世论最大程度努力实现他对以赛亚和圣保罗的普世和平之愿景的理解。施韦泽关于敬畏生命的实践末世论提出了一个富有挑战性的呼吁，他召唤我们投身当下，以创造未来。

最后，也许施韦泽最大的贡献不在于他的话语，而在于他的思想被用于实践。当希庇亚斯要求苏格拉底给正义下一个定义时，苏格拉底回答道："我不言说正义，我用行动令正义得以理解。"[82]苏格
162 拉底告诉我们，如果我们不践行正义，我们就永远无法理解正义。施韦泽对神学和伦理学方面可能也会说同样的话，不过细节上作必要的修改(*Mutatis mundi*)。事实上，除非他作为一个人被我们遇到，否则他的挑战的全部力度仍然没有被发现。归根结底，他想让他的思想引导我们的实践——让我们开始"共同承担落在这个世界上的痛苦"[83]。对他来说，敬畏生命和实践末世论呼唤我们采取行动。施韦泽决定让他的生活成为他的论证，以继续激发我们思考合乎伦理的行动到底意味什么。他为我们提供的答案不仅与他所处的时代相关和令人不安，同样与我们的当今时代相关，也同样令人不安。

奥戈维河：一条支流

施韦泽死后被葬在了医院旁的空地，就在奥戈维河岸边不远处的棕榈树下。他留下了严格的指示，要求把他放在一个不加任何修饰的松木棺里，他的墓上只能放他亲手做的一个朴素的木十字架作为标记。他的灵柩里放着他那顶破旧的遮阳帽和一袋他时常带着喂动物的大米。参加他的葬礼的有医院工作人员、麻风病人、残疾人和其

他还能走路的病人。据报道，数百个来自加蓬各地的群体组成独木舟船队，从河流的上游或下游赶来参加他的葬礼。

施韦泽沉思着："河流和丛林！谁能真正描述它们给人们留下的印象呢？""不可能说这条河在哪里结束，这片土地从哪里开始……在这条河的每一个拐弯处，都出现了一条新的支流。奥戈维河不是一条河，而是一个水系，有三四条支流，蜿蜒在一起，其间散布着大大小小的湖泊。"[84]他的伦理思想的起源、发展和前景也是如此。我们对施韦泽敬畏生命的追寻之旅就像在河流上一样，蜿蜒曲折，上下求索，前后险阻而无止境。

而奥戈维河呢？它继续为那些希望踏上这趟旅程的人们而奔腾流动。

注　释

[1] Albert Schweitzer，转引自 American Humanist Association，*The Humanist* vol.29，no.3(May/June 1969) p.158。

[2] Plato，*The Republic*，pt.7，518，trans. F.M. Cornford(Oxford：Oxford University Press，1969)，232.

[3] *PC*，57(我加的斜体)。

[4] *ETHICS*，188.

[5] Pierre Hadot，*Philosophy as a Way of Life*，ed. Arnold Davidson (Oxford：Blackwell，1995)，187.

[6] St. Augustine，*The City of God*，1.20，trans. Marcus Dods(Edinburgh：T & T Clark，1877)，32.

[7] St. Thomas Aquinas，"Summa Theologica，" in *The Summa Theologica of St. Thomas Aquinas*，trans. Fathers of the English Dominican Providence (New York：Benzinger Brothers，1918)，pt.1，question 64：1.

[8] Ibid.

[9] Aquinas，*Summa Contra Gentiles*，trans. Joseph Rickaby (London：Burns & Oates，1950)，bk.3，12.

[10] Ibid.

[11] Ibid.，72，159，164.

[12] John Calvin，*Commentaries on the First Book of Moses Called Genesis*，vol.1(1：26)，trans. John King(Edinburgh：Edinburgh Printing Co.，1847)，96.

[13] John Calvin，*Institutes of the Christian Religion*，vol.20，1.16.6，trans. F.L. Battles(London：SCM Press，1961)，204.

[14] John Calvin，*Commentaries on the First Book of Moses Called Genesis*，vol.1(9：2)，291.

[15] Martin Luther，*Luther's Works*，vol.2，ed. Jaroslav Pelikan(St. Louis，Mo.：Concordia Publishing House，1958)，132.

[16] Ibid., 133.
[17] *REV*, 24.
[18] Ibid., 25(施韦泽加的强调)。
[19] R.G. Frey, "What Has Sentiency to Do with the Possession of Rights?" in *Animals' Rights—A Symposium*, ed. D.A. Paterson and R.D. Ryder(London: Centaur Press, 1979), 108.
[20] Peter Singer, *Animal Liberation: A New Ethics for Our Treatment of Animals* (London: Cape, 1976), 8—9; 同时参见 Singer, *Practical Ethics* (Cambridge: Cambridge University Press, 1993), 91。
[21] *REV*, 24.
[22] *PC*, p. 310.
[23] Ibid., 11.
[24] Ibid., 38, 39, 40.
[25] "Religion in Modern Civilisation" in Seaver, *Schweitzer: The Man and His Mind*, 341; *ETHICS*, 181, 188.
[26] John Burnaby, *The Belief in Christendom: A Commentary on the Nicene Creed* (London: SPCK Press, 1963), 40—42(Burnaby 加的强调)。
[27] Ibid., 41.
[28] James Gustafson, *Theology and Ethics*(Oxford: Basil Blackwell, 1981), 109 (Gustafson 加的强调)。
[29] Ibid., 96.
[30] Ibid., 112—113.
[31] Ibid., 99, 113.
[32] Hans Küng and Jürgen Moltmann, eds., *The Ethics of World Religions and Human Rights*(London: SCM Press, 1990), 131—132(Küng's and Moltmann 加的强调)。
[33] Schweitzer, "Philosophy and the Movement for the Protection of Animals," in Joy, *The Animal World of Albert Schweitzer: Jungle Insights into Reverence for Life*, 187.
[34] Schweitzer, in Anderson, *Schweitzer Album*, 174.
[35] *PC*, 310.
[36] Stanley Hauerwas, The *Peaceable Kingdom: A Primer in Christian Ethics* (London: SCM Press, 1984), xvii.
[37] 参见 *MCY*, 37。
[38] 参见 *EDGE*, 112, 157。
[39] Schweitzer, in Anderson, *Schweitzer Album*, 174.
[40] Ibid., 47.
[41] Richard Hays, *The Moral Vision of the New Testament: Community*, Cross, New Creation(Edinburgh: T. & T. Clark, 1997), 451.
[42] *OMLT*, 237.
[43] *SOURCE*, 49.
[44] Anderson, *Schweitzer Album*, 37.
[45] Free, *Animals, Nature, and Albert Schweitzer*, 40.
[46] Schweitzer, in Norman Cousins, *Dr. Schweitzer of Lambaréné*(New York: Harper & Brothers, 1960), 195.
[47] Albert Schweitzer, *Peace or Atomic War*? (New York: Henry Holt & Company, 1958), 47.
[48] Schweitzer, correspondence with John F.Kennedy(6 August 1963), in *LETT*, 383.
[49] *PC*, 310—311.
[50] *REV*, 32.
[51] *EDGE*, 124.
[52] Ibid., 124—125.
[53] *PC*, 239.

[54] Schweitzer in Anderson, *Schweitzer Album*, 64.
[55] *OMLT*, 242.
[56] *EDGE*, 125.
[57] Dietrich Bonhoeffer, *Gesammelte Schriften*, vol.2, 441，转引自 Eberhard Bethge, *Bonhoeffer: An Illustrated Biography in Documents and Photographs*, trans. Rosaleen Ockenden(London: Harper & Row, 1979), 1(我加的斜体)。
[58] *REV*, 19, 20—21.
[59] *EDGE*, 70.
[60] *SOURCE*, 120; Moltmann, *Theology of Hope*, 206.
[61] *SOURCE*, 50.
[62] Schweitzer, "We Shall Be Exalted," in *RFL*, 22.
[63] *OMLT*, 242—243.
[64] *EDGE*, 70.
[65] Schweitzer, in Anderson, *Schweitzer Album*, 162.
[66] Moltmann, *The Crucified God*, vol.2, *The Church in the Power of the Spirit* (London: SCM Press, 1992), 277；同时参见 Paul Fiddes, *The Creative Suffering of God*(Oxford: Clarendon Press, 1992)。
[67] Schweitzer, in *The African Sermons*, "Preparing for the Kingdom of God" (30 November 1913), 15. 未出版的布道收藏于昆尼皮亚克大学阿尔贝特·施韦泽人文研究所档案馆。
[68] *REV*, 23.
[69] Schweitzer, "Philosophy and the Movement for the Protection of Animals," in Joy, *The Animal World of Albert Schweitzer: Jungle Insights into Reverence for Life*, 187.
[70] *PAUL*, 59.
[71] Richard Bauckham and Trevor Hart, *Hope Against Hope: Christian Eschatology in Contemporary Context*(London: Darton, Longman & Todd, 1999), 128.
[72] Moltmann, *The Coming of God: Christian Eschatology*, trans. Margaret Kohl (London: SCM Press, 1996), 132.
[73] *MKG*, 183.
[74] *CRW*, 16—17.
[75] *OMLT*, 70.
[76] Schweitzer, "The Conception of the Kingdom of God in the Transformation of Eschatology," in Mozley, *The Theology of Albert Schweitzer for Christian Inquirers*, 88.
[77] Ibid., 89.
[78] Letty Russell, *The Future of Partnership*(Philadelphia: Westminster, 1979), 102; Russell, *Household of Freedom: Authority in Feminist Theology*(Philadelphia: Westminster Press, 1987), 64.
[79] Gustavo Gutierrez, *A Theology of Liberation*(New York: Orbis Books, 1973), 164.
[80] Rosemary Ruether, *Sexism and God-Talk: Toward a Feminist Theology*(Boston: Beacon Press, 1983), 24.
[81] James Cone, *A Black Theology of Liberation*(New York: Lippincott, 1970).
[82] Xenophon, *Memorobilia*, trans. Amy Bonnette(Ithaca, N.Y.: Cornell University Press, 1994), 4:4:10.
[83] *OMLT*, 242.
[84] Schweitzer, *On the Edge of the Primeval Forest*, trans. C.T. Campion.(London: A.&C.Black, 1922), 21—22.

参考文献

163 参考文献缩写

以下文献缩写已在注释中注明了施韦泽的主要著作和多次引用的其他人的精选著作。本书对第一次提到的每一本出版物，都提供了详细的文献信息。

施韦泽著作

CRW *Christianity and the Religions of the World*

EDGE *On the Edge of the Primeval Forest*

GOETHE *Goethe*: *Five Studies*

IND *Indian Thought and Its Development*

LEBEN *Die Geschichte der Leben-Jesu-Forschung*

LETT *Letters 1905—1965*

LIFE "*The Ethics of Reverence for Life*"

MCY　*Memoirs of Childhood and Youth*

MKG　*The Mystery of the Kingdom of God*

MYST　*The Mysticism of Paul the Apostle*

OMLT　*Out of My Life and Thought*

PAUL　*Paul and His Interpreters*

PC　*The Philosophy of Civilization*

QUEST　*The Quest of the Historical Jesus*

REV　*A Place for Revelation*：*Sermons on Reverence for Life*

RFL　*Reverence for Life*

SPIRIT　"*The Tornado and the Spirit*"

TEACH　*The Teaching of Reverence for Life*

精选著作 164

CD　*Church Dogmatics*，Karl Barth

ChrL　*The Christian Life*（*vol.4*，*pt.4*，*Church Dogmatics*），Karl Barth

DI　*The Divine Imperative*，Emil Brunner

ETHICS　*Ethics*，Karl Barth

GAP　*Of God and Pelicans*，Jay B.McDaniel

LIB　*The Liberation of Life*，Charles Birch and John B.Cobb，Jr.

PATH　*The Jaina Path of Purification*，Padmanabh S.Jaini

SOULS　*Harmless Souls*，W.J. Johnson

SOURCE　*The Source of Life*，Jürgen Moltmann

ST　*Systematic Theology*，Paul Tillich

WWR *The World as Will and Representation*，Arthur Schopenhauer

189 施韦泽著作

Christianity and the Religions of the World. Translated by Joanna Powers. London：Allen & Unwin，1939. Originally published as *Das Christentum und die Weltreligionen*(Munich：C.H. Beck，1923).

Die Weltanschauung der Ehrfurcht vor dem Leben：*Kulturphilosophie III Erster und zweiter Teil*. Edited by Claus Günzler and Johann Zürcher (Munich：C.H. Beck，1999).

The Forest Hospital at Lambaréné. New York：Henry Holt & Company，1931. Originally published in 3 vols. as *Mitteilungen aus Lambaréné* (Bern：Paul Haupt，1925；Strasbourg：Imprimerie Alsacienne，1926；Strasbourg：Imprimerie Alsacienne，1928).

From My African Notebook. Translated by Mrs. C.E. B.Russell(London：Allen & Unwin，1938). Originally published as *Afrikanische Geschichten*. Leipzig：Felix Meiner，1938.

Indian Thought and Its Development. Translated by Mrs. C.E. B.Russell. Boston：Beacon Press，1936. Originally published as *Die Weltanschauung der Indischen Denker*(Munich：C.H. Beck，1935). Also published as *Les Grands penseurs de l'Inde*(Paris：Payot，1936).

J.S. Bach. Translated by Ernest Newman. London：A. & C.Black，1911. Originally published as *J.S. Bach*：*le musicien-poète*(Paris：Costallat，1905)，and as *J.S. Bach*(Leipzig：Breitkopf & Härtel，1908).

The Kingdom of God and Primitive Christianity. Translated by L.A. Garrard. New York: Seabury Press, 1966. Originally published as *Reich Gottes und Christentum*(Munich: C.H. Beck, 1966).

Memoirs of Childhood and Youth. Translated by Kurt and Alice 190
Bergel. New York: Syracuse University Press, 1997. Originally published as *Aus Meiner Kindheit und Jugendzeit*(Munich: C.H. Beck, 1924).

More from the Primeval Forest. Translated by C.T. Campion. London: A. & C. Black, 1931. Published in the United States as *The Forest Hospital at Lambaréné* (New York: Macmillan, 1948). Originally published as *Das Urwaldspital zu Lambaréné*(Munich: C.H. Beck, 1931).

The Mystery of the Kingdom of God. Translated by Walter Lowrie. London: A. & C. Black, 1914. Originally published as *Das Abendmahlsproblem auf Grund der Wissenschaftlichen Forschung des 19. Jahrhunderts und der Historischen Berichte* (Tübingen: J.C. B. Mohr, 1901).

The Mysticism of Paul the Apostle. Translated by W. Montgomery. London: A. & C.Black, 1955. Originally published as *Die Mystik des Apostels Paulus*(Tübingen: J.C. B.Mohr, 1930).

On the Edge of the Primeval Forest. Translated by C.T. Campion. London: A. & C.Black, 1922; New York: Macmillan, 1948. Originally published as *Zwischen Wasser und Urwald* (Bern: Paul Haupt, 1920).

Out of My Life and Thought: An Autobiography. Translated by Antje Bultmann Lemke. New York: Henry Holt & Company, 1990.

Originally published as *Aus Meinem Leben und Denken*（Leipzig：Felix Meiner，1931）.

Paul and His Interpreters：*A Critical History*. Translated as W.Montgomery. London：A. & C. Black，1948. Originally published as *Geschichte der paulinischen Forschung von der Reformation bis auf die Gegenwart*（Tübingen：J.C. B.Mohr，1912）.

Peace or Atomic War? New York：Henry Holt & Company，1958. Originally published as *Friede oder Atomkrieg*?（Bern：Paul Haupt，1958）.

The Philosophy of Civilization. vol.1，*The Decay and Restoration of Civilization*. vol.2，*Civilization and Ethics*. Translated by C.T. Campion. New York：Macmillan，1950；reprint，New York：Prometheus Books，1987. Originally published as *Verfall und Wiederaufban der Kultur*，vol.1，and *Kultur und Ethik*，vol.2，*Kulturphilosophie*（Bern：Paul Haupt，1923）.

Philosophy of Religion. Translated by Kurt Leidecker and appearing in Thomas Kiernan(ed.)，*A Treasury of Albert Schweitzer*. New York：Citadel Press，1965. Originally published as *Die Religionsphilosophie Kants*（Tübingen：J.C. B.Mohr，1899）.

The Problem of Peace in the World Today. Edited by Norman Cousins New York：Harper & Brothers，1955.

The Psychiatric Study of Jesus. Translated by Charles R. Joy. Boston：Beacon Press，1948. Originally published as *Die psychiatrische Beurteilung Jesu*（Tübingen：J.C. B.Mohr，1913）.

The Quest of the Historical Jesus. Translated by W.Montgomery. London：A. & C. Black，1910；reprint，London：SCM Press，1996.

Originally published as *Von Reimarus zu Wrede*(Tübingen: J.C. B.Mohr, 1906). First complete English edition edited by John Bowden and translated by W.Montgomery, J.R. Coates, Susan Cupitt, and John Bowden(London: SCM Press, 2000).

The Story of My Pelican. Translated By: Martha Wardenburg. 191
London: Souvenir, 1964. Originally published as *Le Pélican du Docteur Schweitzer*(Paris: Editions Sun, 1952).

The Teaching of Reverence for Life. Translated and edited by Richard and Clara Winston(New York: Holt, Rinehart & Winston, 1965).

施韦泽的论文、布道或书信

Albert Schweitzer: *An Anthology*. Edited and translated by Charles R.Joy(Boston: Beacon Press, 1947).

Albert Schweitzer: *Leben*, *Werk und Denken 1905—1965*. Edited by Hans Walter Bähr. Heidelberg: Verlag Lambert Schneider, 1987. Translated by Joachim Neugroschel as *Letters 1905—1965*(New York: Macmillan, 1992).

The Animal World of Albert Schweitzer: *Jungle Insights into Reverence for Life* Edited and translated by Charles R.Joy(Boston: Beacon Press, 1950; reprint, Hopewell, NJ: Ecco Press, 1998).

Gespräche über das Neue Testament. Munich: C. H. Beck, 1994. Translated by Pierre Kemner as *Conversations sur le Nouveau Testament*(Paris: Brepols, 1994).

Goethe: *Five Studies*. Edited and translated by Charles R.Joy(Boston:

Beacon Press，1948).

A Place for Revelation：*Sermons on Reverence for Life*. Translated by David Larrimore Holland. New York：Macmillan，1988.Originally published as *Was Sollen Wir Tun？12 Predigten über ethische Probleme*，ed. Martin Strege and Lothar Stiehm（Heidelberg：Verlag Lambert Schneider，1986).

Reverence for Life：*The Words of Albert Schweitzer*. Edited by Harold Robles(New York：HarperCollins，1993).

Strassburger Predigten. Munich：C.H. Beck，1966. Edited by Ulrich Neuenshwander and translated by Reginald H.Fuller as *Reverence for Life*(New York：Harper & Row，1969).

Strassburger Vorlesungen. Edited by Erich Gräßer and Johann Zürcher (Munich：C.H. Beck，1998).

The Theology of Albert Schweitzer for Christian Inquirers. Edited by E.N. Mozley(London：A.&C.Black，1950). See esp. pages 79—108.

The Wit and Wisdom of Albert Schweitzer. Edited and translated by Charles R.Joy(Boston：Beacon Press，1949).

施韦泽的期刊文章

"The Ethics of Reverence for Life." *Christendom* 1(Winter 1936)：222—239. From a transcript of Schweitzer's Gifford Lectures made by Reverend Dwight C.Smith，edited and revised by Schweitzer.

"Forgiveness." *Christian World*(1 November 1934)：11.

"The H-Bomb." *Saturday Review* 27(17 July 1954)：23.

"*Die Idee des Reiches Gottes*." *Schweizerische Theologische Umschau* 23(January—February 1952):2—20. 192

"How Can We Attain the Kingdom of God?" *Christian Century* 72(7 September 1955):1021—1022.

"An Obligation to Tomorrow." *Saturday Review* 41(24 May 1958): 21—28.

"Philosophy and the Movement for the Protection of Animals." *International Journal of Animal Protection*(May 1935).

"Das Recht der Wahrhaftigkeit in der Religion." *Christliche Welt* (1932):941—942.

"Relations of the White and Colored Race." *Contemporary Review* CXXV(January 1928):65—70.

"Religion in Modern Civilization." *Christian Century* (23 and 28 November 1934):1483—1484 and 1519—1521.

"Reverence for Life." *The Animal Magazine*(October 1935):3—4.

"Schweitzer Sees the End of Civilization." *Christian Century* LXIV (1 October 1947):1165.

"The State of Civilization." *Christian Register* (September 1947):320—323.

"The Tornado and the Spirit." *Christian Register*(September 1947): 328.

193

索　引

注：人名、主题词后面的页码是本书的英文版页码。英文版页码标在页边空白处。

图书在版编目(CIP)数据

敬畏生命:阿尔贝特·施韦泽对伦理思想的伟大贡献/(美)阿拉·保罗·巴萨姆(Ara Paul Barsam)著;黄素珍译.—上海:上海人民出版社,2019

书名原文:Reverence for Life—Albert Schweitzer's Great Contribution to Ethical Thought

ISBN 978-7-208-16187-0

Ⅰ.①敬 Ⅱ.①阿… ②黄… Ⅲ.①施韦策(Schweitzer, Albert 1875-1965)-生命哲学-研究 Ⅳ.①B083 ②K835.656.2

中国版本图书馆CIP数据核字(2020)第038192号

责任编辑 任俊萍

封面设计 张志全工作室

敬畏生命

——阿尔贝特·施韦泽对伦理思想的伟大贡献

[美]阿拉·保罗·巴萨姆 著

黄素珍 译

出　　版 上海人民出版社

(200001 上海福建中路193号)

发　　行 上海人民出版社发行中心

印　　刷 上海商务联西印刷有限公司

开　　本 635×965 1/16

印　　张 16

插　　页 4

字　　数 191,000

版　　次 2020年4月第1版

印　　次 2020年4月第1次印刷

ISBN 978-7-208-16187-0/B·1437

定　　价 56.00元